O PRINCÍPIO DA DIGNIDADE DA PESSOA HUMANA E A NORMA JURÍDICA TRIBUTÁRIA

CIP-BRASIL. CATALOGAÇÃO NA PUBLICAÇÃO

SINDICATO NACIONAL DOS EDITORES DE LIVROS, RJ

C35p

Castro, Anna Lucia Malerbi de
O princípio da dignidade da pessoa humana e a norma jurídica tributária / Anna Lucia Malerbi de Castro. - 1. ed. - São Paulo : Noeses, 2019.

272 p.
ISBN 978-85-8310-129-1

1. Direito tributário - Brasil. 2. Direitos fundamentais - Brasil. 3. Dignidade (Direito) - Brasil. I. Título.

19-58909

CDU: 342.7(81)

Meri Gleice Rodrigues de Souza - Bibliotecária CRB-7/6439

ANNA LUCIA MALERBI DE CASTRO

Bacharel em Direito pela Universidade Presbiteriana Mackenzie. Especialista em Direito Constitucional pela Escola Superior de Direito Constitucional. Mestre em Direito Tributário pela PUC-SP. Professora seminarista do IBET – Instituto Brasileiro de Estudos Tributários. Diretora de Divisão de Recursos Extraordinários, de Pedido de Uniformização e da Turma Regional de Uniformização - TRF 3ª Região.

O PRINCÍPIO DA DIGNIDADE DA PESSOA HUMANA E A NORMA JURÍDICA TRIBUTÁRIA

2019

Copyright © Editora Noeses 2019
Fundador e Editor-chefe: Paulo de Barros Carvalho
Gerente de Produção Editorial: Rosangela Santos
Arte e Diagramação: Renato Castro
Revisão: Georgia Evelyn Franco
Designer de Capa: Aliá3 - Marcos Duarte

TODOS OS DIREITOS RESERVADOS. Proibida a reprodução total ou parcial, por qualquer meio ou processo, especialmente por sistemas gráficos, microfílmicos, fotográficos, reprográficos, fonográficos, videográficos. Vedada a memorização e/ou a recuperação total ou parcial, bem como a inclusão de qualquer parte desta obra em qualquer sistema de processamento de dados. Essas proibições aplicam-se também às características gráficas da obra e à sua editoração. A violação dos direitos autorais é punível como crime (art. 184 e parágrafos, do Código Penal), com pena de prisão e multa, conjuntamente com busca e apreensão e indenizações diversas (arts. 101 a 110 da Lei 9.610, de 19.02.1998, Lei dos Direitos Autorais).

2019

Editora Noeses Ltda.
Tel/fax: 55 11 3666 6055
www.editoranoeses.com.br

À minha mãe, Maria Cristina, minha eterna gratidão, por não me deixar desistir nunca.

Ao meu marido Sérgio, exemplo de honra e incansável companheirismo nas trilhas inquietantes de meus sonhos no universo do direito.

Aos irmãos Eufêmia e Luciano, pelo exemplo de amor a iluminar meu destino, entrego-lhes as mais belas flores de meu coração.

AGRADECIMENTOS

Ao Professor Paulo de Barros Carvalho, gratidão por existir em minha vida, cujo incomparável exemplo me guia no caminho pelos anseios de concretização da Justiça.

Ao Professor Roque Antonio Carrazza, agradeço pelo constante incentivo e presença incomparável na minha jornada acadêmica, quando aprendi que lutar pelos direitos fundamentais dos contribuintes sempre vale a pena.

Ao Professor Robson Maia Lins, cujo brilho e talento inspiraram meus humildes passos na trilha do conhecimento científico.

À Professora Maria Leonor Leite Vieira, por sempre renovar em mim a esperança e meu sorriso a cada momento do desenvolvimento desta obra.

À Desembargadora Marisa Ferreira dos Santos, a alegria de partilhar de seus ensinamentos e minha honra em poder expressar minhas singelas opiniões na busca de meu aprimoramento.

À Doutora Isadora Segalla Afanasieff e Karina Vidali Balieiro por me conduzirem a novos horizontes, onde encontrei meu feliz destino.

Minha gratidão às meninas de meu coração que, a exemplo de uma orquestra em que a melodia é composta por muitos em uníssono movimento instrumental, este time teve dedicação e amor incomparáveis, fazendo-me resistir a cada letra:

Anna Paula, Carla Regina, Luciana, Sophia, Rosangela Santos e Elizete Martins.

Aos queridos Francisca e Franklin, grata pelo empenho, eficiência e carinho, sendo certo que meu aprendizado maior foi expressar minha alma em formato de palavras.

Na reta final, minha gratidão aos queridos da Vila, pelos aplausos e reconhecimento, convívio que expressa minha colheita no plantio da vida: Bruno, Nilce, Victor, Felipe, Anderson, Sueli, Guilherme e Giulia.

À querida Equipe DIRE da Turma Recursal de São Paulo, meu sincero agradecimento por caminharem comigo na jornada profissional, permitindo que meu sonho se concretizasse na forma de um livro.

PREFÁCIO

Tenho para mim que, na escala dos atos de valoração, nenhum pode ser mais elevado, mais sublime, mais edificante, do que o da *"dignidade da pessoa humana"*. Ao homem, posto no mundo com suas flagrantes limitações, prisioneiro que é de restritas funções existenciais básicas, não poderia restar-lhe algo tão grandioso como a prerrogativa de preservar sua autoimagem, a nobreza de seu caráter, a distinção e a respeitabilidade de suas virtudes, modos de expressar, em súmula estreita, aquilo que diz respeito à vibração intrassubjetiva à que chamamos de *"dignidade da pessoa humana"*.

A importância desse sobrevalor é tão grande que o legislador constituinte de 1988 não hesitou em inscrevê-lo no Texto Supremo, de maneira clara e insofismável, fazendo-o expandir por todas as porções do direito posto. Ora, sabemos que um fato jurídico qualquer, cortado na multiplicidade intensiva e extensiva do real, entra no direito pela porta aberta das hipóteses normativas. Todavia, esse ingresso há de fazer-se observando-se o plexo de princípios que moldam a produção legislativa no Brasil, o que significa, dizendo-o de outro modo, que a *"dignidade da pessoa humana"* não pode ser esquecida, seja qual for o momento de juridicização da experiência social de que participemos.

Pois bem, este e não outro, é o tema escolhido pela jovem e talentosa jurista Anna Lucia Malerbi, cheia de vida, irradiando simpatia e, há muito tempo, prestando os mais relevantes serviços jurídico-acadêmicos à Pontifícia Universidade Católica de São Paulo e ao IBET – Instituto Brasileiro de Estudos Tributários. Mesmo exercendo a elevada função de Diretora dos recursos extraordinários da Turma Recursal de São Paulo, na Justiça Federal, deu seguimento a seus estudos, convicta de que o saber, como escreveu Gerardo de Mello Mourão, é o pavimentado alicerce do poder. *"Quem sabe, pode. Quem sabe arma sua máquina de dominação, com o poder real – o poder fundado no saber – o único que não é falso, nem frágil, nem efêmero"* (*A Invenção do Saber – Paz e Terra – 1983, SP, pg.12*).

Percorrendo seus escritos originais, percebi, desde logo, a amplitude da pesquisa e a maneira pela qual a Autora, num estilo sempre forte e elegante, desenvolveu o discurso deste livro.

O tema, sabemos, é difícil, situando-se no altiplano da Filosofia e, dentro dela, da Axiologia ou teoria dos valores. Mas Anna Lucia mostrou dominá-lo, descrevendo-o com a eloquência de mestra, título que, reconhecidamente, a Banca Examinadora de seu concurso, por unanimidade, resolveu outorgar-lhe.

A obra distribui-se em dez capítulos, a saber, (1) Princípios jurídicos; (2) Princípios e regras; (3) O direito como sistema constitucional e a teoria dos valores; (4) Norma jurídica e incidência jurídico-tributária; (5) O princípio da dignidade da pessoa humana; (6) A segurança jurídica como princípio balizador do Estado Democrático de Direito; (7) Disciplina constitucional da tributação; (8) Direitos fundamentais e tributação; (9) Princípios constitucionais tributários; e (10) Dignidade da pessoa humana e tributação.

É preciso salientar que o livro que o leitor tem em mãos professa, com competência e entusiasmo, o Constructivismo lógico-semântico, na sua acepção genuína, mantendo-se a Autora fiel aos seus elementos de sustentação. O "português" é bem cuidado, o que dá clareza e precisão à mensagem exposta. E o texto atem-se com firmeza nos elementos essenciais que lhe dão a estabilidade necessária para suportar o sentido. Na linguagem de Beaugran & Dressler, brilham por sua presença a coesão e a coerência (centrados no texto), e a informatividade, a situacionalidade, a intertextualidade, a intencionalidade e a aceitabilidade (centrados nos usuários).

Meus efusivos cumprimentos à Anna Lucia, que elaborou obra de tanta valia para a comunidade jurídico-tributária; à Pontifícia Universidade Católica de São Paulo pelo elevado nível da titulação de pessoa tão qualificada; e à Noeses que editou, também com muita categoria, este livro, acrescentando uma peça enriquecedora às bibliotecas de ensino jurídico deste país.

São Paulo, 18 de agosto de 2019.

Paulo de Barros Carvalho

Professor Emérito e Titular da PUC/SP e da USP.
Membro da Academia Brasileira de Filosofia.

SUMÁRIO

AGRADECIMENTOS VII

PREFÁCIO... IX

INTRODUÇÃO 1

1. PRINCÍPIOS JURÍDICOS.. 3

    1.1 Relevância dos princípios jurídicos..................... 3

    1.2 Os princípios jurídicos na doutrina de Paulo de Barros Carvalho.. 7

    1.3 Conceito de princípio.. 11

    1.4 Juridicidade dos princípios jurídicos 18

    1.5 Escorço histórico... 19

        1.5.1 Jusnaturalismo 19

        1.5.2 Positivismo 20

        1.5.3 Pós-positivismo... 23

2. PRINCÍPIOS E REGRAS... 27

    2.1 Características comuns e a teoria dos valores... 27

XIII

2.2 Distinções e conflitos.. 28

2.3 Princípios e sua aplicabilidade........................... 34

2.4 Princípios constitucionais.................................... 37

3. O DIREITO COMO SISTEMA COMUNICACIONAL E A TEORIA DOS VALORES.................................. 45

3.1 Teoria dos sistemas.. 45

3.2 O direito como sistema de normas jurídicas...... 49

3.3 Teoria dos valores.. 51

3.4 A linguagem como caminho do conhecimento.. 56

4. NORMA JURÍDICA E INCIDÊNCIA JURÍDICO-TRIBUTÁRIA.. 67

4.1 A compreensão e o direito.................................. 67

4.2 Conceito de norma jurídica................................ 70

4.3 A estrutura hipotético-condicional da norma jurídica.. 72

4.4 O fenômeno da incidência jurídico-tributária.... 76

5. O PRINCÍPIO DA DIGNIDADE DA PESSOA HUMANA... 83

5.1 Uma reflexão sobre os direitos humanos ao longo do seu percurso histórico: visão de Matthias Kaufmann 83

5.2 Abordagem analítica do princípio da dignidade da pessoa humana.. 94

5.3 Dimensão jurídico-constitucional do princípio da dignidade da pessoa humana.......................... 98

5.4 O vínculo entre os direitos fundamentais e a dignidade da pessoa humana.............................. 105

O PRINCÍPIO DA DIGNIDADE DA PESSOA HUMANA
E A NORMA JURÍDICA TRIBUTÁRIA

6. A SEGURANÇA JURÍDICA COMO PRINCÍPIO BALIZADOR DO ESTADO DEMOCRÁTICO DE DIREITO.. 117

6.1 Constituição: conceito e características.............. 117

6.2 O princípio da segurança jurídica 124

6.3 O sobreprincípio da segurança jurídica e o sistema constitucional tributário 131

6.4 Segurança jurídica e os princípios jurídicos tributários 134

7. DISCIPLINA CONSTITUCIONAL DA TRIBUTAÇÃO. 139

7.1 O sistema tributário na Constituição de 1988 139

7.2 Competência tributária... 144

    7.2.1 Privatividade.. 148

    7.2.2 Indelegabilidade 148

    7.2.3 Incaducabilidade 149

    7.2.4 Inalterabilidade 150

    7.2.5 Irrenunciabilidade..................................... 151

    7.2.6 Facultatividade 151

7.3 Limitações constitucionais ao poder de tributar 152

8. DIREITOS FUNDAMENTAIS E TRIBUTAÇÃO . 165

8.1 Dimensões dos direitos fundamentais................ 165

8.2 Características dos direitos fundamentais......... 167

8.3 Classificação dos direitos fundamentais............. 167

8.4 Direitos fundamentais e a relação jurídica tributária 169

XV

9. PRINCÍPIOS CONSTITUCIONAIS TRIBUTÁRIOS 175

9.1 Princípio da estrita legalidade 177

9.2 Princípio da igualdade 182

9.3 Princípio da anterioridade 187

9.4 Princípio da irretroatividade 191

9.5 Princípio da proibição de confisco 193

10. DIGNIDADE DA PESSOA HUMANA E TRIBUTAÇÃO 197

10.1 O mínimo existencial e seus aspectos relevantes, na visão de Ricardo Lobo Torres 206

10.1.1 A positivação do direito ao mínimo existencial 208

10.1.2 A questão da pobreza 209

10.1.3 A teoria do mínimo existencial 211

10.1.4 O conceito de direito ao mínimo existencial... 211

10.2 Direitos fundamentais e seu núcleo essencial: a dignidade da pessoa humana 216

10.3 O princípio da não obstância do exercício de direitos fundamentais por via da tributação .. 220

10.4 Dignidade da pessoa humana e mínimo vital 224

10.5 Capacidade contributiva e mínimo existencial 233

CONCLUSÃO 243

REFERÊNCIAS 247

INTRODUÇÃO

O direito constitucional tributário está frente a um de seus maiores desafios: compatibilizar os princípios relativos a direitos fundamentais e a atividade tributante estatal, imersos num mundo atual extremamente complexo, onde é incessante a busca pela credibilidade num Estado Democrático de Direito, no qual o cidadão, ao exercer seu papel central na sociedade, tenha a garantia da efetividade de valores já prescritos há trinta e um anos na Constituição Federal.

O presente estudo tem por finalidade analisar o sistema tributário nacional previsto no nosso ordenamento jurídico, sob o prisma da estrutura principiológica, adotada pela Carta de 1988, atinente aos direitos fundamentais, notadamente o da dignidade da pessoa humana, ocupante de espaço relevante no cenário jurídico brasileiro como valor fundamental, aliado à segurança jurídica.

De início, será feita uma análise dos princípios sob vários aspectos: definição, acepções semânticas, evolução na ordem do direito constitucional: movimentos do jusnaturalismo, positivismo e pós-positivismo; o caminho percorrido, dos princípios gerais de direito aos princípios constitucionais, e sua respectiva aplicabilidade; visão de vários doutrinadores a amparar a atual concepção de normatividade dos princípios; a questão da diferença entre princípios e regras e seus conflitos; e a visão dos princípios jurídicos como valor e limite objetivo.

Após, abordar-se-á o direito, objeto cultural imerso no universo da linguagem, como sistema comunicacional, e a teoria dos valores. O direito como linguagem pressupõe a existência

1

do homem que o constrói, com o escopo de alcançar determinadas finalidades; ao alicerçar nossa premissa no constructivismo lógico-semântico, teremos o caminho do conhecimento de algo, mediante atribuição de sentido pela linguagem, envolta em referências culturais valoradas pelo sujeito cognoscente, permitindo que a interpretação ganhe foros de cientificidade.

A norma jurídica, sua delimitação conceitual e sua estrutura hipotético-condicional serão igualmente analisadas, conjugando tal tema à fenomenologia da incidência jurídico-tributária.

Partir-se-á, então, para a reflexão sobre os princípios da dignidade da pessoa humana, segurança jurídica, nas dimensões de valor, garantia, certeza e previsibilidade do direito, adentrando, ao final, à disciplina constitucional da tributação, à luz dos direitos fundamentais e do direito ao mínimo existencial.

Há presentemente uma busca, dentro da era contemporânea constitucional, de elementos que visem a concretizar os direitos fundamentais. Na seara do direito tributário, a garantia do mínimo existencial é vertente direta e concreta da realidade humana, direito intrínseco de toda pessoa, a viabilizar a efetividade do princípio constitucional da dignidade humana.

O valor, colhido pelo constituinte de 1988, expresso no princípio da dignidade da pessoa humana, como um dos fundamentos no Estado Democrático de Direito, insere-se no sistema de direito positivo como norma jurídica. Relevante para a compreensão, interpretação e aplicação dos mandamentos constitucionais atinentes a todos os subsistemas do ordenamento jurídico pátrio, dentre eles o tributário, configurando vetor protetivo como direito fundamental do contribuinte.

O direito tributário do terceiro milênio, inserido na novel visão humanística, deve iluminar-se pelos pilares constitucionais da valorização da dignidade da pessoa humana e da cidadania. O contribuinte, antes de mais nada, é cidadão e tem direito a uma tributação justa, à vida digna com qualidade e ao desenvolvimento humano, não mitigados por cálculo aritmético que nem sequer tangencia as necessidades mínimas de sobrevivência, pelo contrário, deve ser elevado pela fruição de direitos e participação em um país que preserva seu maior tesouro: o homem.

1. PRINCÍPIOS JURÍDICOS

1.1 Relevância dos princípios jurídicos

As palavras de John Rawls sobre o papel da justiça nos servem como inspiração no caminho deste estudo:

> Justiça é a primeira virtude das instituições sociais, como a verdade o é para o pensamento. Uma teoria que, embora elegante e econômica, não seja verdadeira, deverá ser revista ou rejeitada; da mesma forma, leis e instituições, por mais eficientes e engenhosas que sejam deverão ser reformuladas ou abolidas se forem injustas [...]. Consequentemente, numa sociedade justa, as liberdades entre os cidadãos são iguais à tomada como estabelecida; os direitos, sustentados pela justiça, não estão sujeitos a barganhas políticas ou cálculos de interesses sociais.[1]

A compreensão do sistema jurídico e da sua efetividade importa a análise, por primeiro, dos princípios, que são diretrizes e norteiam o caminho que o direito irá percorrer. Aliás, frise-se, sempre onde houver direito, teremos a presença dos princípios jurídicos.

Relativamente aos princípios, sua dimensão dogmática e relevância como fundamento do sistema jurídico são

---

1. RAWLS, John. *Uma teoria da justiça*. Brasília: Editora Universidade de Brasília, 1981, p. 28.

inquestionáveis. Expressam valores escolhidos pela sociedade em seus âmbitos político, social e econômico, que informam o Estado Democrático de Direito.

Os princípios são a estrela máxima do universo ético-jurídico, a influenciar o conteúdo e alcance de todas as normas. Tal influência, real e concreta, se deve ao fato de ter sido a teoria dos princípios inovadora na órbita jurídica, desde o movimento pós-positivismo até os dias atuais.

Eles constituem a sempre preocupação dos constitucionalistas, bem assim dos tributaristas, porque o sistema tributário está posto de forma minudente e específica na Constituição Federal. Tema essencial para se compreender o constitucionalismo contemporâneo e, para tanto, é preciso aprofundar esta pesquisa científica acerca dos fundamentos e natureza dos princípios. Assim, os princípios gerais de direito e os princípios constitucionais têm seu peculiar aspecto quanto à normatividade e respectiva aplicabilidade no direito positivo.

Compete ao direito positivo regular condutas intersubjetivas, por meio da linguagem prescritiva, e certo é que evoluiu com a história humana e seu conjunto de normas integrativas albergou, segundo correntes doutrinárias diversas, normas-regras e normas-princípios, sendo importante conhecê-las. A trajetória da hermenêutica alterou-se igualmente, passando da concepção de princípios na ordem pragmática apenas, para a sua concepção normativa dotada de aplicabilidade e efetividade.

Entendemos, na esteira da escola do constructivismo lógico-semântico, que o direito positivo é composto de normas jurídicas válidas num dado país e que os princípios são normas jurídicas dotadas de sentidos diversos, tendo eles várias acepções, a indicar ora critérios objetivos relevantes – limites objetivos –, ora expressão de valores.

Relevante ressaltar que, ao adotarmos a doutrina de Paulo Barros Carvalho, teremos sempre a referência dos princípios como proposições jurídicas construídas a partir do texto

O PRINCÍPIO DA DIGNIDADE DA PESSOA HUMANA
E A NORMA JURÍDICA TRIBUTÁRIA

positivado, ocupando patamar hierarquicamente superior na escala do sistema jurídico positivo. Para ele,

> o direito positivo, formado unicamente por normas jurídicas, não comportaria a presença de outras entidades, como por exemplo, princípios. Estes não existem ao lado das normas, co-participando da integridade do ordenamento. Não estão ao lado das unidades normativas, justapondo-se ou contrapondo-se a elas. Acaso estivessem seriam formações linguísticas portadoras de uma estrutura sintática. E qual é esta configuração lógica? Ninguém, certamente, saberá responder a tal pergunta, porque "princípios" são "normas jurídicas" carregadas de forte conotação axiológica. É o nome que se dá a regras do direito positivo que introduzem valores relevantes para o sistema, influindo vigorosamente sobre a orientação de setores da ordem jurídica.[2]

O direito, como objeto cultural, é um corpo de linguagem, composto por normas jurídicas válidas, num dado país, em certo momento histórico. Ele existe para ser aplicado, efetivado, pelo processo de positivação.

O conhecimento é caminho que se busca pela escola filosófica do constructivismo lógico-semântico sob o enfoque de que ele se constitui pela linguagem, delimitado o objeto e escolhido o respectivo método, com o propósito de redução de complexidades.

Não há como resolver as inúmeras e intrincadas questões jurídicas postas pelas relações sociais sem uma dogmática principiológica que assegure, num Estado Democrático de Direito, os direitos fundamentais e essenciais do homem, bem assim como os objetivos da nação, traçados pela sua Carta Constitucional.

É no comprometimento com a normatividade principiológica que iremos alcançar o primado da justiça e a efetividade de todo o sistema de direito positivo.

Não precisamos, pois, aguardar, postergar, nem imaginar e admirar os princípios, como distantes e inalcançáveis, tal qual um planeta integrante do sistema solar. Ao contrário, eles são

---

2. CARVALHO, Paulo de Barros. *Direito tributário, linguagem e método.* 4. ed. São Paulo: Noeses, 2011, p. 261.

reais, palpáveis, substanciais e presentes em todas as normas do sistema jurídico. Assim, tendo a Constituição se formado pelas forças sociais, políticas, econômicas, religiosas e ideológicas que dão forma à sociedade, os "fatores reais de poder", na clássica lição de Ferdinand Lassale,[3] guiaram os passos dos constituintes e estão presentes na nossa Carta Política, pois, caso contrário, estaríamos diante de mera folha de papel.

Deixamos, com a promulgação da Constituição, de ser meros espectadores, mas nos tornamos partícipes de um verdadeiro Estado que prestigia a igualdade, a solidariedade e a liberdade. Para alicerçar nossa defesa quanto à efetividade dos valores principiológicos, colacionamos a seguinte lição de Paulo de Barros Carvalho:

> Os valores e sobrevalores que a Carta Maior proclama hão de ser partilhados entre os cidadãos, não como quimeras ou formas utópicas simplesmente desejadas e conservadas como relíquias na memória social, mas como algo pragmaticamente realizável, apto para, a qualquer instante, cumprir seu papel demarcatório, balizador, autêntica fronteira nos hemisférios da nossa cultura.[4]

Nossa Carta Política garante a todo homem o direito a condições mínimas de existência digna, como se observa do Preâmbulo e mais, dos enunciados prescritos no art. 3º, I a IV, referentes aos objetivos fundamentais da República Federativa do Brasil, quais sejam: construção de uma sociedade livre, justa e solidária; garantia de desenvolvimento nacional; erradicação da pobreza e da marginalização; redução das desigualdades sociais e regionais, além de promoção do bem de todos, sem preconceitos de origem, raça, sexo, cor, idade e quaisquer outras formas de discriminação.

O constituinte de 1988 deu importância central aos direitos humanos e fundamentais, conforme enunciado expresso

---

3. LASSALE, Ferdinand. *O que é a Constituição?* Tradução de Ricardo Rodrigues Gama. 2. ed. Campinas: Russell, 2007, p. 22.

4. CARVALHO, Paulo de Barros, *Direito tributário, linguagem e método*, cit., p. 58.

no art. 1º, elevando-os à estatura dos princípios da soberania, cidadania, pluralismo, reconhecimento do trabalho pela livre-iniciativa, direitos sociais e tributários.

Partilhamos da assertiva, na esteira de Barros Carvalho,[5] de que os enunciados postos no Preâmbulo têm caráter prescritivo, de intensa carga axiológica, integrando o direito posto com força normativa, como exposição de motivos, proposições introdutórias a orientar o intérprete quanto ao percurso da mensagem constitucional.

A carga axiológica de seus enunciados não lhe retira a prescritividade, pois são valores supremos a serem perseguidos pela órbita do direito, seus aplicadores, intérpretes e cidadãos.

1.2 Os princípios jurídicos na doutrina de Paulo de Barros Carvalho

Considerando nossa premissa de que o direito é objeto cultural, imerso em linguagem, impende adentrar no quanto exposto por Barros Carvalho acerca dos princípios, seu conceito e acepções distintas, inovando nosso campo de conhecimento, a propiciar a utilização do signo "princípio" de forma a fundamentar nossa assertiva da sua normatividade e sua plena aplicabilidade como ente integrante do sistema do direito positivo.

É certo afirmar, com plena convicção, que há princípios jurídicos em todos os campos do direito.

O percurso do conhecimento é, como veremos, árduo processo que envolve a elaboração de proposições sobre certas situações, coisas e pessoas.

A linguagem, produzindo sua própria realidade, é utilizada pelo homem na criação de fatos que reputa relevantes, pela qual se expressam os valores que possui, influenciado pelo seu ambiente social, sob a influência de dado tempo histórico.

---

5. CARVALHO, Paulo de Barros. *Derivação e positivação no direito tributário*. São Paulo: Noeses, 2011, v. 1, p. 13.

ANNA LUCIA MALERBI DE CASTRO

Segundo Barros Carvalho:

> O vocábulo "princípio" porta, em si, uma infinidade de acepções, que podem variar segundo os valores da sociedade num dado intervalo da história. No direito, ele nada mais é do que uma linguagem que traduz para o mundo jurídico-prescritivo, não o real, mas um ponto de vista sobre o real, caracterizado segundo os padrões de valores daquele que o interpreta.[6]

Entender o que vem a ser "princípio" comporta, no ensinamento de Barros Carvalho, um caminho a iniciar-se com o estudo dos "princípios" dentro dos níveis da linguagem jurídica, sua classificação em critérios objetivos – quer na ordem jurídica geral, quer no subsistema do direito tributário.

Prossigamos, então, nesse caminho, iniciando pela abordagem dos "princípios" nas diversas linguagens jurídicas.

Linguagem jurídica é o sistema de comunicação voltado para se referir ao fenômeno jurídico e deve ser entendida como o direito positivado e a dogmática jurídica, ou ciência do direito em sentido estrito, além de outros sistemas que adotam o direito positivo como objeto de conhecimento.

Temos, então, a ciência do direito ou dogmática jurídica como metalinguagem descritiva, objetivando a compreensão da linguagem-objeto que, por sua vez, é a ordem jurídica positivada, sob as coordenadas de tempo e espaço.

Barros Carvalho[7] aborda a temática, divisando princípios empíricos, ontológicos e lógicos. Por princípios ontológicos temos no campo do direito privado a assertiva de que o que não estiver juridicamente proibido, estará juridicamente permitido; e, aplicável ao direito público, o que não estiver juridicamente permitido, estará juridicamente proibido.

Como princípio jurídico empírico, exemplifica Barros Carvalho: "De acordo com a Constituição vigente, o Brasil é uma República Federativa (princípio federativo e republicano)."[8]

---

6. CARVALHO, Paulo de Barros. *Direito tributário, linguagem e método*, cit., p. 256.

7. Idem, 258.

8. Ibidem.

8

O PRINCÍPIO DA DIGNIDADE DA PESSOA HUMANA
E A NORMA JURÍDICA TRIBUTÁRIA

E, por fim, princípio lógico-jurídico: "Toda conduta obrigatória, está necessariamente permitida (em linguagem formalizada, diremos: (Op-Pp), em que 'O' é o modal 'obrigatório', 'P', o 'permitido' e 'p' uma conduta qualquer)."[9]

Paulo de Barros Carvalho, para quem princípios são normas jurídicas introdutoras de valores importantes, afirma que "o direito positivo é formado única e exclusivamente, por normas jurídicas (para efeitos dogmáticos), apresentando todas o mesmo esquema sintático (implicação), ainda que saturadas com enunciados semânticos diversos (heterogeneidade semântica)" e ainda que "como construção do ser humano, sempre imerso em sua circunstância (Gasset), é um produto cultural e, desse modo, portador de valores, significa dizer, carrega consigo uma porção axiológica que há de ser compreendida pelo sujeito cognoscente – o sentido normativo, indicativo dos fins (*thelos*) que com ela se pretende alcançar".[10]

É importante assinalar que, embora existam inúmeros significados possíveis para a palavra "princípio", este, quando empregado quer de forma simples ou como indicativo de enunciado complexo, há que se manifestar invariavelmente de maneira proposicional, descritiva ou prescritiva.

A relevância da expressão em descritividade (expresso em metalinguagem) ou prescritividade (expresso em linguagem-objeto) reside na implicação de escolha, diante do caso concreto, do uso de princípios como "gerais" – princípio da legalidade (art. 5º, II, da CF); "específicos" – princípio da legalidade estrita tributária (art. 150, I, da CF); "explícitos" – princípios da anterioridade (art. 150, III, "b", "c" e § 1º; 195, § 6º, da CF), irretroatividade (art. 150, III, "a", da CF) ou "implícitos" – princípio da não obstância do exercício de direitos fundamentais. E permite ainda classificá-los em "empíricos", "lógicos", "ontológicos", "epistemológicos" e "axiológicos".

---

9. CARVALHO, Paulo de Barros. *Direito tributário, linguagem e método*, cit., p. 258.

10. Idem, p. 262.

Exemplifica Barros Carvalho o princípio epistemológico-jurídico com a "norma fundamental" referida por Kelsen, como sendo um princípio epistemológico-jurídico, colocado na condição de pressuposto da atividade cognoscitiva do direito. Sem a "norma fundamental", ou regressaríamos ao infinito, jamais começando a tarefa cognoscente, ou sacrificaríamos o cânone do isolamento do objeto, sem o que o estudo não atingiria a dignidade da ciência.

Assim, "princípio" pode ser utilizado de diversas maneiras: como normas que indicam critérios objetivos relevantes; como indicativo do valor propriamente dito; e, ainda, como limite objetivo.

Elucidativo, a respeito, o ensinamento de Barros Carvalho:

> Assim, nessa breve digressão semântica, já divisamos quatro usos distintos: a) como norma jurídica de posição privilegiada e portadora de valor expressivo; b) como norma jurídica de posição privilegiada que estipula limites objetivos; c) como os valores insertos em regras jurídicas de posição privilegiada, mas considerados independentemente das estruturas normativas; e d) como limite objetivo estipulado em regra de forte hierarquia, tomado, porém, sem levar em conta a estrutura da norma. Nos dois primeiros, temos "princípio" como "norma", nos dois últimos, "princípio" como "valor" ou como "critério objetivo".[11]

Reputamos de alta relevância o exposto na doutrina de Barros Carvalho, uma vez que o princípio da dignidade da pessoa humana, como integrante nuclear dos direitos fundamentais, exsurge no direito tributário exatamente nos contornos do rol dos princípios especificados na Constituição como garantias do contribuinte. Ora serão os direitos fundamentais expressos como "norma jurídica" propriamente dita, ora serão "valores" a serem considerados na interpretação e aplicação do direito no caso concreto e, ainda, apresentar-se-ão como "limites-objetivos", barreira imposta na Carta Magna, em evidente proteção ao contribuinte.

---

11. CARVALHO, Paulo de Barros. *Direito tributário, linguagem e método*, cit., p. 266.

O PRINCÍPIO DA DIGNIDADE DA PESSOA HUMANA
E A NORMA JURÍDICA TRIBUTÁRIA

Assim, o exercício da competência tributária pelas pessoas políticas nos moldes constitucionais constitui direito fundamental do contribuinte e limite ao Estado na instituição dos tributos. E, mais, as limitações constitucionais do poder de tributar igualmente expressam esses valores e são, não restam dúvidas, verdadeiros "limites objetivos" impostos à atividade tributante.

No chamado "Estatuto do Contribuinte", os princípios constitucionais que regem seus direitos fundamentais exsurgem ora como "valores", ora como "limites-objetivos". Na atividade hermenêutica e da própria compreensão do universo jurídico, tais distinções semânticas relevam extrema importância, notadamente num trabalho que se pretende científico.

É preciso identificar, em cada uso do termo "princípio", a qual acepção estamos nos referindo, pois, deve-se, ao máximo possível, evitar contradições e ambiguidades.

E conclui textualmente Barros Carvalho:

> Seja como for, os princípios aparecem como linhas diretivas que iluminam a compreensão de setores normativos, imprimindo-lhes caráter de unidade relativa e servindo de fator de agregação num dado feixe de normas. Exercem eles uma reação centrípeta, atraindo em torno de si regras jurídicas que caem sob seu raio de influência e manifestam a força de sua presença.[12]

O que devemos notar é que sempre, nas acepções demarcadas por Barros Carvalho, há menção quanto à posição privilegiada que ocupam. Não seria possível, pois, ser diferente, porque princípios são os pilares, de elevada carga axiológica, presentes em todo ordenamento jurídico.

1.3 Conceito de princípio

Destaque-se, por primeiro, que conceituar é selecionar propriedades, ou seja, é a escolha de características, traços relevantes.

---

12. CARVALHO, Paulo de Barros. *Direito tributário, linguagem e método*, cit., p. 266.

Segundo Barros Carvalho:

> E surge o conceito, após aplicação do critério seletivo que o legislador adotou, critério este que nada mais é que um juízo de valor expedido em consonância com sua ideologia, tomada a palavra, neste ensejo, como pauta de valores, tábua de referências axiológicas.[13]

A etimologia da palavra "princípio", originária do latim *principium, principii*, remete à ideia de começo, origem, revelando ainda o caráter superior, núcleo basilar de um sistema.

Necessário, de início, conceituar o que vem a ser, exatamente, princípio jurídico. Paulo Bonavides, ao elucidar essa questão, cita a investigação a que se propôs Riccardo Guastini, que esclareceu não haver apenas uma conceituação de princípio jurídico, mas seis diferentes concepções, as quais, por sua importância, convêm ser mencionadas:

> Em primeiro lugar, o vocábulo "princípio" [...] se refere a normas (ou a disposições legislativas que exprimem normas) providas de um alto grau de generalidade. Em segundo lugar [...], os juristas usam o vocábulo "princípio" para referir-se a normas (ou a disposições que exprimem normas) providas de um alto grau de indeterminação e que por isso requerem concretização por via interpretativa, sem a qual não seriam suscetíveis de aplicação a casos concretos. Em terceiro lugar, [...] os juristas empregam a palavra "princípio" para referir-se a normas (ou disposições normativas) de caráter "programático". Em quarto lugar, [...] o uso que os juristas às vezes fazem do termo "princípio" é para referir-se a normas (ou a dispositivos que exprimem normas) cuja posição na hierarquia das fontes de direito é muito elevada. Em quinto lugar [...], os juristas usam o vocábulo princípio para designar normas (ou disposições normativas) que desempenham uma função "importante" e "fundamental" no sistema jurídico ou político unitariamente considerado, ou num ou noutro subsistema do sistema jurídico conjunto (o direito civil, o direito do trabalho, o direito das obrigações). Em sexto lugar, [...] os juristas se valem da expressão "princípio" para designar normas (ou disposições que exprimem normas) dirigidas aos órgãos de aplicação, cuja específica função é fazer a escolha dos dispositivos ou das normas aplicáveis nos diversos casos.[14]

---

13. CARVALHO, Paulo de Barros. *Direito tributário, linguagem e método*, cit., p. 262.

14. BONAVIDES, Paulo. *Curso de direito constitucional*. 27. ed. atual. São Paulo:

O PRINCÍPIO DA DIGNIDADE DA PESSOA HUMANA
E A NORMA JURÍDICA TRIBUTÁRIA

Aurélio Buarque de Holanda Ferreira define princípios e suas várias acepções:

> Princípio. (Do lat. *principiu*). S.m. 1. Momento ou local ou trecho em que algo tem origem [...] 2. Causa primária. 3. Elemento predominante na constituição de um corpo orgânico. 4. Preceito, regra, lei. 5. Pex. Base; germe [...] 6. Filos. Fonte ou cauda de uma ação. 7. Filos. Proposição que se põe no início de uma dedução, e que não é deduzida de nenhuma outra dentro do sistema considerado, sendo admitida, provisoriamente, como inquestionável. São princípios os axiomas, os postulados, os teoremas etc.[15]

Longo foi o percurso doutrinário, desde a antiga hermenêutica, que considerava os princípios como preceitos programáticos, independentemente de qualquer normatividade e efetividade jurídicas. Eram de aplicação subsidiária e integrativa nas lacunas legais, jungidos aos ditames dos códigos.

Ao depois, na fase pós-positivista, ganharam os princípios nova roupagem, no universo constitucional contemporâneo.

Paulo Bonavides, citando o jurista espanhol F. de Castro, assinala que "os princípios são verdades objetivas, nem sempre pertencentes ao mundo do ser, senão do dever-ser, na qualidade de normas jurídicas, dotadas de vigência, validez e obrigatoriedade".[16]

Significa dizer que, tanto os princípios explícitos quanto os implícitos são normas jurídicas, dotadas de vinculabilidade e juridicidade.

Entendendo princípios como proposições jurídicas, é certo que todo enunciado compreende uma significação e esta sempre será implícita. Teremos, pois, princípios expressos toda vez que essas proposições, construídas a partir do texto do direito positivo, sejam idênticas ao quanto prescrito em enunciado jurídico e princípios implícitos quando essas

---

Malheiros, 2012, p. 257-258.

15. FERREIRA, Aurélio Buarque de Holanda. *Novo dicionário da língua portuguesa*. 2. ed. Rio de Janeiro: Nova Fronteira, 1986, p. 1.393.

16. BONAVIDES, Paulo. *Curso de direito constitucional*, cit., p. 256.

proposições não guardam a correlação de identidade, característica dos primeiros. Assim, essa distinção entre princípios expressos e implícitos não merece acolhida.[17]

Na dicção de Eros Roberto Grau,[18] deve-se atentar para o fato de que os princípios de direito existem inseridos num determinado ordenamento jurídico (sistema de referibilidade) e jamais estão fora dele. Em outro giro, cada sistema jurídico possui sua base principiológica latente e limitada à estrutura normativa positivada.

São as normas de direito gênero e espécies os princípios e as regras, segundo o novel discurso metodológico científico, caindo por terra o antigo duelo princípio x norma. É dizer tanto princípio como regra são normas jurídicas.

Segundo a premissa aqui adotada, o direito positivo é composto de normas jurídicas, inexistindo outras espécies dentro deste sistema.

Passemos à abordagem dos princípios jurídicos, sua evolução conceitual e definições.

Preliminarmente importa, por relevante, lembrar John Hosper, para quem conceito difere de definição. Ao definir o objeto cultural, por via da linguagem competente, estamos explicando seu conceito. Diz o filósofo: "Uma pessoa pode possuir o conceito de uma palavra, saber utilizá-la em diversos contextos todos os dias, sem ser capaz de lhe dar uma definição."[19]

A definição não se coaduna com a essência da coisa, mais sim com a eleição de critérios que apontam o uso da palavra, identificando-a no mundo comunicacional. Assim, definimos "termos", limitando a vaguidade semântica, a fim de viabilizar seu uso.

---

17. CARVALHO, Aurora Tomazini de. *Curso de teoria geral do direito*: o constructivismo lógico-semântico. 2. ed. São Paulo: Noeses, 2010, p. 499.

18. GRAU, Eros Roberto. *A ordem econômica na Constituição de 1988*. 16. ed. rev. e atual. São Paulo: Malheiros, 2014, p. 152.

19. HOSPER, John. *Introducción al análisis filosófico*. 2 ed. Madrid: Alianza Universidad, 1984, p. 142, apud CARVALHO, Aurora Tomazini de. *Curso de teoria geral do direito*: o constructivismo lógico-semântico, cit., p. 59.

O PRINCÍPIO DA DIGNIDADE DA PESSOA HUMANA
E A NORMA JURÍDICA TRIBUTÁRIA

O ato de definir refere-se à compreensão do conjunto de elementos da teoria jurídica que expressa o que vêm a ser princípios à luz da Constituição, e a sua extensão a caracterizar o corpo normativo.

Assim, parte-se da ideia de que princípio é o começo, a premissa de um dado sistema, ou ainda, na lição de Luiz-Diez Picazo, referida por Bonavides, "a ideia de princípio [...] deriva da linguagem da geometria, onde designa as verdades primeiras".[20]

Assinala Celso Antônio Bandeira de Mello, ao conceituar princípio jurídico, que

> mandamento nuclear de um sistema, verdadeiro alicerce dele, disposição fundamental que se irradia sobre diferentes normas compondo-lhes o espírito e servindo de critério para sua exata compreensão e inteligência, exatamente por definir a lógica e a racionalidade do sistema normativo, no que lhe confere a tônica e lhe dá sentido harmônico.[21]

Miguel Reale remete a importância dos princípios para a ciência em geral, apontando que:

> Os princípios são, pois, verdades ou juízos fundamentais, que servem de alicerce ou de garantia de certeza de um conjunto de juízos, ordenados em um sistema de conceitos relativos a dada porção da realidade. Às vezes também, se denominam princípios certas proposições que, apesar de não serem evidentes ou resultantes de evidências, são assumidas como fundantes da validez de um sistema particular de conhecimentos, como seus pressupostos necessários.[22]

F. de Clemente, citado por Paulo Bonavides, formula a seguinte definição: "Princípio de direito é o pensamento diretivo que domina e serve de base à formação das disposições

---

20. PICAZO, Luiz-Diez. Los principios generales del derecho en el pensamiento de F. de Castro. *Anuario de Derecho Civil*, v. 36, fasc. 3º, p. 1.267-1.268, out./dez. 1983, apud BONAVIDES, Paulo, *Curso de direito constitucional*, cit., p. 255-256.

21. MELLO, Celso Antonio Bandeira de. *Curso de direito administrativo*. 9. ed. rev., atual. e ampl. São Paulo: Malheiros, 1997, p. 450-451.

22. REALE, Miguel. *Filosofia do direito*. 11. ed. São Paulo: Saraiva, 1986, p. 60.

singulares de Direito de uma instituição jurídica, de um Código ou de todo um Direito Positivo."[23]

Destaca-se, por paradigmática a definição da Corte Constitucional italiana de 1956, sempre lembrada por inúmeros doutrinadores:

> Faz-se mister assinalar que se devem considerar como princípios do ordenamento jurídico aquelas orientações e aquelas diretivas de caráter geral e fundamental que se possam deduzir da conexão sistemática, da coordenação e da íntima racionalidade das normas, que concorrem para formar assim, num dado momento histórico, o tecido do ordenamento jurídico.[24]

Todavia, foi com Crisafulli, menciona Paulo Bonavides, que o essencial aspecto da normatividade, intrínseco aos princípios, veio a lume:

> Princípio é, com efeito, toda norma jurídica, enquanto considerada como determinante de uma ou de muitas outras subordinadas, que a pressupõem, desenvolvendo e especificando ulteriormente o preceito em direções mais particulares (menos gerais), das quais determinam, e, portanto, resume, potencialmente, o conteúdo: sejam, pois estas efetivamente postas, sejam, ao contrário, apenas dedutíveis do respectivo princípio geral que as contém.[25]

Geraldo Ataliba ensina que "princípios são as linhas mestras, os grandes nortes, as diretrizes magnas do sistema jurídico que apontam os rumos a serem seguidos por toda a sociedade e obrigatoriamente perseguidos pelos órgãos do governo (poderes constituídos)".[26]

---

23. CLEMENTE, F. de, El método en la aplicación del derecho civil, *Revista de Derecho Privado*, v. 4, n. 37, p. 290, apud BONAVIDES, Paulo, *Curso de direito constitucional*, cit., p. 256.

24. BONAVIDES, Paulo. *Curso de direito constitucional*, cit., p. 256-257.

25. CRISAFULLI, Vezio. *La Costituzione e le sue disposizioni di principio*, Milano, 1952, p. 15, apud BONAVIDES, Paulo. *Curso de direito constitucional*, cit., p. 257.

26. ATALIBA, Geraldo. *República e Constituição*. 3. ed. São Paulo: Revista dos Tribunais, 1985, p. 34.

O PRINCÍPIO DA DIGNIDADE DA PESSOA HUMANA
E A NORMA JURÍDICA TRIBUTÁRIA

Roque Antonio Carrazza conceitua princípio jurídico como

> um enunciado lógico, implícito ou explícito, que, por sua grande generalidade, ocupa posição de preeminência nos vastos quadrantes do Direito e, por isso mesmo, vincula, de modo inexorável, o entendimento e a aplicação das normas jurídicas que com ele se conectam.[27]

Segundo Jerzy Wróblewski, o termo "princípios do direito" é polissêmico e seu uso se refere a regras de direito positivo, no campo das ciências jurídicas e ainda na teoria do direito e dogmática jurídica. Assim, aparecem como regras, palavras ou construções que servem de base ao direito, como fontes de sua criação, aplicação ou interpretação. O autor arrola cinco tipos de princípios:

> a) Princípio positivo do direito: é a norma explicitamente formulada no texto do direito positivo, a saber, quer uma disposição legal, quer uma norma construída a partir dos elementos contidos nestas disposições; b) Princípio implícito do direito: é uma regra tratada como premissa ou consequência das disposições legais ou das normas; c) Princípio extrassistêmico do direito: é uma regra tratada como princípio, mas que não é nem princípio positivo do direito, nem princípio implícito do direito; d) Princípio-nome do direito: é o nome caracterizando os traços essenciais de uma instituição jurídica; e) Princípio-construção do direito: é a construção do legislador racional ou perfeito, pressuposta na elaboração dogmática do direito ou na aplicação e interpretação jurídica.[28]

---

27. CARRAZZA, Roque Antonio. *Curso de direito constitucional tributário*. 30. ed., rev., ampl. e atual. até a Emenda constitucional n. 84/2014. São Paulo: Malheiros, 2015, p. 49.

28. No original: *"a) Principe positif du droit: c'est la norme explicitement formulée dans le texte du droit positif, à savoir soit une disposition légale, soit une norme construite à partir des éléments contenus dans ces dispositions; b) Principe implicite du droit: c'est une régle traitée comme prémisse ou conséquence des disposition légales ou des normes; c) Principe extrasystémique du droit: c'est une régle traitée comme principe, mais qui n'est ni principe positif du droit, ni principe implicite du droit; d) Principe-nom du droit: c'est le nom caractérisant les traits essentiels d'une institution juridique; e) Principe-construction du droit: c'est la construction du législateur rationnel ou parfait, presupposée dans l'élaboration dogmatique du droit ou dans l'application et l'interprétation juridique."* (WRÓBLEWSKI, Jerzy. Principes du droit. In: ARNAUD, André-Jean et al. (Dir.). *Dictionnaire encyclopédique de théorie et de sociologie du droit*. Paris: Librairie Générale de Droit et de Jurisprudence; Bruxelles: E. Story-Scientia, 1988. p. 318 – nossa tradução).

Francesco Ferrara observa que

> todo o edifício jurídico se alicerça em princípios supremos que formam as suas ideias directivas e o seu espírito, e não estão expressos, mas são pressupostos pela ordem jurídica. Estes princípios obtêm-se por indução, remontando de princípios particulares a conceitos mais gerais, e por generalizações sucessivas aos mais elevados cumes. E é claro que quanto mais alto se eleva esta indução, tanto mais amplo é o horizonte que se abrange.[29]

Percebe-se, pois, convergência semântica da doutrina em definir princípios jurídicos como essência, parâmetro fundamental, irradiando no sistema normativo seus comandos e valores, com vistas à aplicabilidade. A norma jurídica, seu elemento integrante, deve guardar obediência aos princípios para garantia do próprio funcionamento do sistema.

1.4 Juridicidade dos princípios jurídicos

A questão da juridicidade dos princípios, notadamente aqueles inseridos nos Textos Constitucionais, envolve o reconhecimento de sua eficácia normativa, deixando para trás o pensamento clássico, que entendia os princípios apenas como diretrizes indeterminadas de caráter consultivo.

Alçados às Cartas Constitucionais, os princípios ganham novo relevo e interpretação, passando então de princípios gerais para constitucionais. Não se olvide, todavia, que os fundamentos da ciência constitucional contemporânea encontram guarida nos alicerces principiológicos gerais do direito para entender, presentemente, que gozam os princípios de eficácia e normatividade.

Assim, com o escopo de compreensão hermenêutica do direito, devemos buscar em que termos se dá a irradiação dos efeitos dos princípios, situados na hierarquia máxima do sistema normativo, ou seja, na Constituição Federal, especialmente

---

29. FERRARA, Francesco. *Interpretação e aplicação das leis.* 2. ed. Tradução de Manuel A. Domingues de Andrade. São Paulo: Saraiva, 1940, p. 61-62.

porque vinculam a aplicabilidade e interpretação das demais normas que se encontram em patamares inferiores na escala do sistema do direito positivo.

Oportuno assinalar, novamente, que o direito, na qualidade de objeto cultural, tem em seus elementos normativos, invariavelmente, a presença de valores.

Ademais, defendemos que como proposições jurídicas de elevado teor axiológico, os princípios expressam os valores relevantes que devem ser implementados pelo sistema jurídico normativo, inexistindo quaisquer dúvidas quanto à normatividade, aplicabilidade e eficácia deles. Ademais, como será abordado, teremos princípios como da segurança, da igualdade e da dignidade da pessoa humana como valores. E, na órbita do direito tributário, princípios como da legalidade, da anterioridade e da irretroatividade, dentre outros, que expressam limites objetivos, ou seja, são instrumentos que o legislador previu para atingir determinadas finalidades, ou seja, exatamente concretizar tais valores.

Vejamos, então, as fases pelas quais passaram os princípios, na jornada pela sua juridicidade.

1.5 Escorço histórico

1.5.1 Jusnaturalismo

A fase jusnaturalista, a mais antiga e clássica, durou longo período, até a escola histórica do direito, na qual os princípios eram enunciados abstratos, cuja carga ético-valorativa era grande e inspiradora do primado da justiça.

Norberto Bobbio, ao discorrer sobre o direito natural, esclarece que "poderíamos definir a corrente do direito natural como aquela corrente de pensamento jurídico segundo a qual uma lei, para ser lei, deve ser conforme a justiça".[30]

---

30. BOBBIO, Norberto. *Teoria geral do direito*. Tradução de Denise Agostinetti. 3. ed. São Paulo: Martins Fontes, 2010, p. 47.

Prossegue o jurista, no que pertine à doutrina do direito natural, reduzindo a *quaestio* da validade ao primado da justiça, e extraindo dois argumentos da doutrina jusnaturalista:

> a) é doutrina constante dos jusnaturalistas que os homens, antes de entrar no estado civilizado (regido pelo direito positivo), viviam no *estado de natureza*, cuja característica fundamental é ser um estado em que não vigorem outras leis a não ser as naturais. Pois bem, é também doutrina concorde que o estado de natureza é impossível e que é preciso sair dele (para Locke e Hobbes trata-se de um cálculo utilitário; para Kant, de um dever moral) para fundar o Estado. [...] b) é doutrina comum dos jusnaturalistas que o direito positivo não conforme com o direito natural deve ser considerado injusto, mas não obstante isso deve ser obedecido (é chamada a *teoria da obediência*). Mas o que significa propriamente "obedecer"? Significa aceitar uma certa norma de conduta como vinculativa, ou seja, como existente num dado ordenamento jurídico e, portanto, válida. [...].[31]

Paulo Bonavides, ao citar Flórez-Valdés, afirma que na fase jusnaturalista, os princípios gerais de direito são

> "axiomas jurídicos" ou normas estabelecidas pela reta razão. São, assim, normas universais de bem obrar: são os princípios de justiça, constitutivos de um direito ideal. São, em definitivo, "um conjunto de verdades objetivas derivadas da lei divina e humana."[32]

Assim, os jusnaturalistas se socorriam dos pilares do direito natural, entendendo insuficientes os princípios presentes no ordenamento jurídico para solucionar os casos concretos ou lacunas legais.

1.5.2 Positivismo

Após a fase jusnaturalista, exsurge no mundo jurídico a fase positivista, oposta à anterior, que reduz a justiça à

---

31. BOBBIO, Norberto. *Teoria geral do direito*, cit., p. 49-50.

32. ARCE Y FLÓREZ-VALDÉS, Joaquín. *Los principios generales del derecho y su formulación constitucional*, p. 38, apud BONAVIDES, Paulo. *Curso de direito constitucional*, cit., p. 261, nota 21.

O PRINCÍPIO DA DIGNIDADE DA PESSOA HUMANA
E A NORMA JURÍDICA TRIBUTÁRIA

validade. Assim, os princípios ganham roupagem legal, penetrando os códigos, afirmando que o justo é aquilo que é comandado, e aparecendo, ainda, como fonte normativa subsidiária.

Assim, Norberto Bobbio, ao comparar as doutrinas jusnaturalista e a do positivismo jurídico, afirma: "Para um jusnaturalista, uma norma não é válida se não é justa; para a teoria oposta, uma norma só é justa enquanto é válida. Para uns a justiça é a convalidação da validade, para outros a validade é a convalidação da justiça."[33]

Lembremos também que Hans Kelsen[34] afirma que o que constitui o direito como direito é a questão da validade, pois, como sistemas de ordem da conduta humana, possuem essas ordens o mesmo fundamento de validade – norma fundamental. A problematização do que é justiça e do que vem a ser justo, no seu entender, pertence ao mundo da ética e da moral, vez que é possível contradição entre a ordem jurídica e a moral. Sob a ótica da ciência jurídica da ética, a validade das normas jurídicas independe da correlação com a ordem moral. Pode haver uma norma positivada e válida que prescreva enunciado que contrarie a ordem moral.

Thomas Hobbes, caracteristicamente consequencialista, lembrado por Bobbio[35] como aquele que sintetiza de forma completa o positivismo jurídico, em oposição radical ao jusnaturalismo, sustenta que existe apenas a lei positiva, que nos guia quanto aos critérios do justo e do injusto. Em sua doutrina, não há distinção entre validade da norma jurídica e justiça, mas ambas têm origem no direito positivo.

Gordillo Cañas, referido por Paulo Bonavides,[36] afirma que os princípios invadem os códigos como "válvulas de segurança" impeditivas do "vazio normativo".

---

33. BOBBIO, Norberto. *Teoria geral do direito*, cit., p. 51.

34. KELSEN, Hans. *Teoria pura do direito*. Tradução de João Baptista Machado. 8. ed. 5. tiragem. São Paulo: Martins Fontes, 2015, p. 33 e 77.

35. BOBBIO, Norberto. *Teoria geral do direito*, cit., p. 51-52.

36. GORDILLO CAÑAS, Antonio. Ley, principios generales y Constitución: apuntes para una relectura, desde la Constitución, de la teoría de las fuentes del derecho.

ANNA LUCIA MALERBI DE CASTRO

Foi o surgimento da escola histórica do direito e dos códigos que antecipou o fim do direito natural clássico, com a expansão do movimento positivista, a partir do fim do século XIX, até primeira metade do século XX.

Exsurgem, então, os princípios gerais de direito como princípios norteadores e fundantes do direito positivo.

Discorre Paulo Bonavides, com supedâneo em Floréz-Valdés:

> Estes princípios se induzem por via de abstração ou de sucessivas generalizações, do próprio Direito Positivo, de suas regras particulares [...]. Os princípios, com efeito, já estão dentro do Direito Positivo e, por ser este um sistema coerente, podem ser inferidos do mesmo. Seu valor lhes vem não de serem ditados pela razão ou por constituírem um Direito Natural ou ideal, senão por derivarem das próprias leis.[37]

Aqui, ainda enfrentamos a questão da ausência de normatividade dos princípios presentes no Texto Constitucional, pois eram entendidos apenas como normas programáticas supralegais.

Paulo Bonavides destaca acerca da doutrina defendida por Bobbio e Crisafulli:

> Norberto Bobbio em *Teoria dell'Ordinamento Giuridico*, assinala: os princípios gerais são, a meu ver, normas fundamentais ou generalíssimas do sistema, as normas mais gerais. O nome de princípios induz em engano, tanto que é velha questão entre juristas se os princípios são ou não normas. Para mim não há dúvida: os princípios gerais são normas como todas as demais. E esta é a tese sustentada também pelo estudioso que mais amplamente se ocupou da problemática, ou seja, Crisafulli. Para sustentar que os princípios gerais são normas os argumentos vêm a ser dois e ambos válidos: antes de tudo, se são normas aquelas das quais os princípios gerais são extraídos, através de um procedimento de generalização sucessiva, não se vê por que não devam

---

Anuario de Derecho Civil, v. 41, n. 2, p. 484-485, abr./jun.1988, apud BONAVIDES, Paulo. *Curso de direito constitucional*, cit., p. 262.

37. ARCE Y FLÓREZ-VALDÉS, Joaquín. *Los principios generales del derecho y su formulación constitucional*, apud BONAVIDES, Paulo. *Curso de direito constitucional*, cit., p. 263.

ser normas também eles: se abstraio de espécies animais obtenho sempre animais, e não flores ou estrelas. Em segundo lugar, a função para a qual são abstraídos e adotados é aquela mesma que é cumprida por todas as normas, isto é, a função de regular um caso. Para regular um comportamento não regulado, é claro: mas agora servem ao mesmo fim para que servem as normas expressas, E por que então não deveriam ser normas?[38]

Os princípios, e também concordamos com os doutrinadores citados, são normas jurídicas dotadas de alta carga axiológica, o que não lhes retira, em absoluto, a condição de normas.

1.5.3 Pós-positivismo

A partir das últimas décadas do século XX, entra-se em fase diversa, na qual momentos importantíssimos renovam a doutrina constitucionalista. Surgem as Constituições promulgadas, levando em conta a presença imprescindível dos princípios, reconhecidos no ápice normativo, informador de toda a ordem jurídica.

É com Ronald Dworkin que se caracteriza novo horizonte de reconhecimento definitivo da normatividade intrínseca aos princípios, em oposição à fase positivista, criticada em sua obra.

Assim explica Paulo Bonavides, ao discorrer sobre a doutrina de Dworkin, ressaltando a posição desse jurista:

> Na análise crítica ao positivismo, Dworkin proclama que, se tratarmos princípios como direito, faz-se mister rejeitar três dogmas dessa doutrina: O primeiro, diz ele, é o da distinção entre o Direito de uma comunidade e os demais padrões sociais (*social standards*) aferidos por algum *test* na forma de regra suprema (*master rule*). O segundo — prossegue — referente à doutrina da discrição judicial — a "discricionariedade do juiz". E, finalmente, o terceiro, compendiado na teoria positivista da obrigação legal, segundo a qual uma regra estabelecida de Direito — uma lei — impõe tal obrigação, podendo ocorrer, todavia, a hipótese de que num caso complicado (*hard case*), em que tal lei não se possa achar, inexistiria a obrigação legal, até que o juiz formulasse nova regra para

---

38. BONAVIDES, Paulo. *Curso de direito constitucional*, cit., p. 265, nota 33.

o futuro. E, se aplicasse, isto configuraria legislação *ex post facto*, nunca o cumprimento de obrigação já existente.[39]

A partir dessa posição, longa foi a jornada até o constitucionalismo contemporâneo, motivo pelo que trataremos das posições doutrinárias mais relevantes, como as contribuições de publicistas espanhóis, italianos e franceses, para a imposição, desdobramento e compreensão do fenômeno da normatividade dos princípios e sua juridicidade.

As doutrinas de Esser, Alexy, Dworkin e Crisafulli reconhecem que o princípio tem atuação normativa e constitui parte integrante da dogmática jurídica (corpo normativo do direito positivo), sendo ponto de partida para a possibilidade de servir como instrumento para a solução das mais variadas questões jurídicas concretas, em vista de seu caráter abrangente, amplo e imperativo.[40]

A doutrina se divide naqueles que entendem que princípios têm caráter de ideias jurídicas como vetores a nortear o caminho do operador do direito, dotados de eficácia jurídica no campo da realidade social, e daqueles que entendem que princípios são leis, ou seja, são regras jurídicas aplicáveis.

A contribuição de Crisafulli, lembra Paulo Bonavides, é de suma importância, pois reconhece e consolida a máxima de que os princípios são como normas, aplicáveis, portanto, e ainda assinala que "os princípios (gerais) estão para as normas particulares como o mais está para o menos, como o que é anterior e antecedente está para o posterior e o consequente". Assim, entende o jurista italiano, que princípio é "toda norma jurídica considerada como determinante de outra ou outras que lhe são subordinadas, que a pressupõem, desenvolvendo e especificando ulteriormente o preceito em direções mais particulares".[41]

---

39. BONAVIDES, Paulo. *Curso de direito constitucional*, cit., p. 265, nota 34.

40. Idem, p. 271.

41. CRISAFULLI, Vezio. *La Costituzione e le sue disposizioni di principio*, Milano, 1952, p. 91, apud BONAVIDES, Paulo. *Curso de direito constitucional*, cit., p. 272, nota 64.

O PRINCÍPIO DA DIGNIDADE DA PESSOA HUMANA
E A NORMA JURÍDICA TRIBUTÁRIA

Ressalta, igualmente, que além da sua eficácia, os princípios constitucionais são relevantes, no que concerne à sua eficácia interpretativa, possuindo função de construção dentro do sistema do direito, que é, intrinsecamente, dinâmico.

Assim, com evidente esforço dogmático da teoria geral do direito e da filosofia, construiu-se doutrina robusta acerca da normatividade dos princípios, superando-se as incongruências e adversidades do embate entre os direitos natural e positivo.

Assinala Aurora Tomazini de Carvalho que

> o pós-positivismo é um movimento recente que mistura tendências normativistas e culturalistas, surgindo como uma crítica à dogmática jurídica tradicional (positivismo), à objetividade do direito e à neutralidade do intérprete. Suas ideias ultrapassam o legalismo estrito do positivismo, sem, no entanto, recorrer às categorias da razão subjetiva do jusnaturalismo.[42]

Na fase do pós-positivismo, surgem as contribuições fundamentais de Friedrich Müller, Ronald Dworkin e Robert Alexy, inovando e alterando a compreensão do que eram princípios nas órbitas do direito natural e positivo, admitindo-os como normas dotadas de carga valorativa, presentes nas Constituições e, em menor escala nos códigos, com elevada eficácia normativa e hierarquicamente superior nos sistemas jurídicos escalonados, como os atuais.

Sob a nossa perspectiva dogmática, a da escola filosófica do constructivismo lógico-semântico, os princípios são proposições jurídicas, constituídos de enunciados dotados de alta expressão valorativa, presentes na Lei Fundamental, cujos efeitos se irradiam por todo sistema do direito positivo, no campo do "dever-ser". Certo é que todas as normas produzidas – quer as gerais e abstratas (lei em sentido amplo), quer as individuais e concretas (decisões judiciais e administrativas) – em qualquer campo de construção humana, por via de linguagem

---

42. CARVALHO, Aurora Tomazini de. *Curso de teoria geral do direito*: o constructivismo lógico-semântico, cit., p. 81.

25

competente, observada a legitimidade dos agentes credencia-dos pelo sistema, devem guardar estrita observância com os va-lores presentes nos princípios. É a supremacia da Constituição.

Ressalte-se, por oportuno, que existem diversos pontos co-muns nas abordagens doutrinárias aqui expostas com a nossa corrente filosófica, quais sejam, todos têm nos princípios o re-conhecimento da alta carga axiológica que possuem, sendo que tais conteúdos evoluem com o tempo e estão restritos ao campo cultural do intérprete, características mesmas do direito como expressão normativa da dinamicidade da realidade social. Tais valores estão presentes nas proposições jurídicas denominadas princípios, ocupantes de posição hierárquica elevada na escala do sistema do direito − nas Constituições −, ausente discre-pância quanto à sua normatividade e efetividade.

A escola do constructivismo lógico-semântico, cujos fun-damentos foram trazidos à baila por Lourival Vilanova, tem instrumentalidade específica, tais como a imprescindibilida-de da linguagem na construção da realidade, semiótica e teo-ria dos valores, sendo que para os conceitos relevantes para a teoria geral do direito sempre serão utilizadas essas referên-cias e premissas.

2. PRINCÍPIOS E REGRAS

2.1 Características comuns e a teoria dos valores

Impende perquirir neste momento algumas abordagens teóricas das características comuns dos princípios e regras, dentre elas, o aspecto da normatividade que exsurge pela condição de espécie do gênero norma jurídica.

Os princípios e, igualmente as regras, são normas, pois imbuídos de essencial característica normativa do "dever ser" — expressão deôntica dos modais: proibido, permitido, obrigatório.

Nossa proposta enfatiza que os princípios, como proposições jurídicas, são significações construídas pelo intérprete, cujo balizamento cultural é inerente à atividade hermenêutica, sendo enunciados que expressam valores ou limites objetivos. São, pois, normas jurídicas, dotadas de alta carga valorativa.

Nas lições de Alexy e Lorenzetti, o que para eles importa é o traço incomum de dois tipos de normas — assim, referem-se a normas-princípios e normas-disposições. A partir da identidade essencial, partir-se-á para as diferenças quanto à face normativa e à natureza peculiar de cada um.

Os princípios possuem características singulares, pois são a expressão inicial dos valores fundamentais do ordenamento jurídico e busca auxiliar o conteúdo material de outras disposições normativas.

Walter Claudius Rothenburg anota os pensamentos de Alexy e Lorenzetti:

> Robert Alexy refere-se aos "conceitos básicos jusfundamentais materiais, os de dignidade, liberdade e igualdade, com os quais têm sido incorporados à Constituição e, assim, ao direito positivo, os princípios mais importantes do direito racional moderno", por sua vez Lorenzetti os coloca como superiores às demais normas, razão esta de sua hierarquia e de sua atuação como limites porque "determinam integralmente qual há de ser a substância do ato pelo qual são executados".[43]

Também José Joaquim Gomes Canotilho[44] reconhece como características do princípio a fundamentalidade, no que se refere às ideias primeiras do direito, e a função de fonte do direito, além de agir como alicerce, base do sistema jurídico (natureza normogenética). Ele ressalta o aspecto da força determinante dos princípios constitucionais, afirmando que eles não são simplesmente os princípios que a Constituição, de forma simplesmente declarativa, consagra, mas são os princípios constitutivamente positivados pela Constituição.

Tal reflexão vai além da defesa da validade dos princípios constitucionais pela simples razão de sua positividade. Defende Gomes Canotilho que isso consistia no "erro do positivismo mais grosseiro". Daí a busca do conteúdo principiológico, de acordo com as raízes fundamentais de cada sistema jurídico, impedindo o exegeta de ir buscar em "instâncias transcendentes" esse referencial.

2.2 Distinções e conflitos

Importa analisar a histórica distinção entre princípios e regras e sua evolução doutrinária.

---

43. ROTHENBURG, Walter Claudius. *Princípios constitucionais*. Porto Alegre: Sérgio Antonio Fabris, 1999, p. 16.

44. CANOTILHO, José Joaquim Gomes. *Constituição dirigente e vinculação do legislador*: contributo para compreensão das normas constitucionais programáticas. Coimbra: Coimbra Editora, 1982, p. 277-278.

O PRINCÍPIO DA DIGNIDADE DA PESSOA HUMANA
E A NORMA JURÍDICA TRIBUTÁRIA

Vamos iniciar com Robert Alexy,[45] que identificou duas categorias de distinções: as fortes e as fracas. As distinções fortes são aquelas que pressupõem uma diferença qualitativa ou lógica entre princípios e regras. As diferenças fracas são as marcadas pela diferenciação quantitativa ou de grau.

A distinção qualitativa ou lógica traz como principais representantes Ronald Dworkin e o próprio Alexy.

Dworkin, em decisiva contribuição, cujo fim era de nítida oposição ao positivismo, formula sua distinção entre princípios e regras, ao combatê-lo, pois ele concebia o direito como conjunto exclusivo de regras, sem revelar a importância dos princípios na órbita fenomenológico-jurídica. Já as regras eram aplicadas à maneira do "tudo ou nada", sob os aspectos da sua validade ou não.

Assim, para Dworkin, os princípios diferem das regras pela visão de estrutura lógica, aproximando-se o direito da moral. Diz o autor que princípio é *"standard* que deve ser observado, não porque favoreça ou assegure uma situação econômica, política ou social considerada desejável, mas porque é uma exigência da justiça, da equidade ou de alguma outra dimensão da moralidade".[46]

Daí decorre que a presença dos princípios deve ir mais longe, na concepção teórica, do que simples processos formais e distantes das considerações valorativas morais relevantes.

Prossegue Dworkin, na diferenciação entre princípios e regras, sob o aspecto lógico, ao afirmar que

> ambos estabelecem *standards* que apontam para decisões particulares relativas a obrigações jurídicas em determinadas

---

45. ALEXY, Robert. Sistema jurídico, principios jurídicos y razón práctica. Traducción de Manuel Atienza. *Doxa*, Alicante, Universidad de Alicante, n. 5, p. 139-151, 1988.

46. No original: *"standard that is to be observed, not because it will advance an economical, political, or social situation deemed desirable, but because it is a requirement of justice or fairness or some other dimension of morality"* (DWORKIN, Ronald. *Taking rights seriously.* 16. ed. Cambridge, MA: Harvard University Press, 1978. p. 22 – nossa tradução).

circunstâncias, mas diferem quanto ao caráter da orientação que estabelecem. As regras são aplicáveis à maneira do tudo ou nada. Se os fatos que a regra estipula estão dados, então ou a regra é válida, caso em que a resposta que fornece deve ser aceita, ou então não é, caso em que em nada contribuirá para a decisão.[47]

As regras são aplicáveis, portanto, a partir da aferição da validade; os princípios incidem, diferentemente, sem levar em conta a imediata consequência jurídica em face do caso concreto — o tudo ou nada. Os princípios abarcam situações inúmeras e indefinidas, que independem de especificidades da decisão concreta. É dizer, têm os princípios evidente dimensão mais ampla e importante no contexto sistêmico.

Na concepção de Dworkin, portanto, a aplicabilidade das regras se dá pelo critério de natureza formal, quanto à sua validade; os princípios têm sua incidência determinada pelos aspectos materiais e substantivos, pois sua importância, diante do caso concreto, levará em conta sua carga valorativa e moral.

Robert Alexy[48] tem seu entendimento baseado na qualificação dos princípios como mandamentos de otimização, podendo ser aplicados em diferentes graus. Discorre sempre sob o enfoque de tratar as regras e princípios sob o manto conceitual de norma.

A definição de princípios como deveres de otimização é trazida por Humberto Ávila:

> Daí a definição de princípios como deveres de otimização aplicáveis em vários graus segundo as possibilidades normativas e fáticas: normativas, porque a aplicação dos princípios depende dos princípios e regras que a eles se contrapõem; fáticas, porque

---

47. No original: *"Both sets of standards point to particular decisions about legal obligation in particular circumstances, but they differ in the character of the direction they give. Rules are applicable in all-or-nothing fashion. If the facts a rule stipulates are given, then either the rule is valid, in which case the answer it suplies must be accepted, or it is not, in which case it contributes nothing to the decision."* (DWORKIN, Ronald, *Taking rights seriously*, cit., p. 24 – nossa tradução).

48. ALEXY, Robert. *Teoria dos direitos fundamentais*. Tradução de Virgílio Afonso da Silva. São Paulo: Malheiros, 2008, p. 89-91.

O PRINCÍPIO DA DIGNIDADE DA PESSOA HUMANA
E A NORMA JURÍDICA TRIBUTÁRIA

> o conteúdo dos princípios como normas de conduta só pode ser determinado quando diante dos fatos [...].[49]

Diz Alexy, textualmente, que

> tanto regras quanto princípios são normas, porque ambos dizem o que deve ser. Ambos podem ser formulados por meio das expressões deônticas básicas do dever, da permissão e da proibição. Princípios são, tanto quanto as regras, razões para juízos concretos de dever-ser, ainda que de espécie muito diferente. A distinção entre regras e princípios é, portanto, uma distinção entre duas espécies de normas. [...] O ponto decisivo na distinção entre regras e princípios é que princípios são normas que ordenam que algo seja realizado na maior medida possível, dentro das possibilidades jurídicas e fáticas existentes. Princípios são, por conseguinte, mandamentos de otimização, que são caracterizados por poderem ser satisfeitos em graus variados e pelo fato de que a medida devida de sua satisfação não depende somente das possibilidades fáticas, mas também das possibilidades jurídicas. O âmbito das possibilidades jurídicas é determinado pelos princípios e regras colidentes. Já as regras são normas que são sempre ou satisfeitas ou não satisfeitas. Se uma regra vale, então, deve se fazer exatamente aquilo que ela exige; nem mais, nem menos. Regras contêm, portanto, determinações no âmbito daquilo que é fática e juridicamente possível. Isso significa que a distinção entre regras e princípios é uma distinção qualitativa, e não uma distinção de grau. Toda norma é ou uma regra ou um princípio.[50]

A teoria defendida por Alexy e a exposta por Dworkin, muito embora em épocas e contextos jurídicos diversos, se assemelham, e as diferenças entre princípios e normas se tornam mais evidentes nos casos de colisão. Assim, na órbita da validade, em caso de colisão, uma das regras será válida e a outra inválida. Os princípios, contrariamente, por conterem fundamentos, devem ser conjugados com outros fundamentos vindos de outros princípios, cuja colisão será resolvida pela dimensão de peso. Verificar-se-á qual dos princípios tem maior peso, e ele se sobreporá ao outro, sem perda de validade.

---

49. ÁVILA, Humberto. *Teoria dos princípios*: da definição à aplicação dos princípios jurídicos. 14. ed. atual. São Paulo: Malheiros, 2013, p. 41.

50. ALEXY, Robert. *Teoria dos direitos fundamentais*, cit., p. 87 e 90-91.

No que pertine à distinção em seu aspecto quantitativo ou de grau, encontra-se ela na abordagem positivista do direito. Aqui os princípios não guardam diferenças de ordem lógica em relação às regras, são as normas fundantes com maior grau de generalidade e abstração.

Corrente cujo representante é Riccardo Guastini, caracteriza os princípios jurídicos por três critérios: a) relações com outras normas; b) enunciado linguístico; c) generalidade.

No que tange às relações com outras normas, é certo que os princípios têm a qualidade de servirem de fundamento a outras normas, sendo que estas abarcam especificações principiológicas e também são meios jurídicos para executar o previsto na enunciação dos princípios.

Quanto ao enunciado linguístico e a generalidade, os princípios são dotados de generalidade e vacuidade, possibilitando, ao operador do direito, ampla atuação discricionária. É o chamado "grau de abertura" semântica que possuem os princípios.

Vejamos exemplos trazidos por Robert Alexy:

> Há diversos critérios para se distinguir regras de princípios. Provavelmente aquele que é utilizado com mais frequência é o da generalidade. Segundo esse critério, princípios são normas com grau de generalidade relativamente alto, enquanto o grau de generalidade das regras é relativamente baixo. Um exemplo de norma de grau de generalidade relativamente alto é a norma que garante a liberdade de crença. De outro lado, uma norma de grau de generalidade relativamente baixo seria a norma que prevê que todo preso tem o direito de converter outros presos à sua crença.[51]

Lembremos a lição de Norberto Bobbio de que os princípios gerais são "normas fundamentais ou generalíssimas do sistema, as normas mais gerais".[52]

---

51. ALEXY, Robert. *Teoria dos direitos fundamentais*, cit., p. 87.

52. BOBBIO, Norberto. *Teoria do ordenamento jurídico*. Tradução de Maria Celeste Cordeiro Leite dos Santos; revisão técnica de Claudio de Cicco. 7. ed. Brasília: Universidade de Brasília (UnB), 1996, p. 159.

O PRINCÍPIO DA DIGNIDADE DA PESSOA HUMANA
E A NORMA JURÍDICA TRIBUTÁRIA

Importa assinalar que tais ponderações teóricas têm direta implicação na interpretação do sistema jurídico, cabendo ao exegeta o uso e a aplicação coerente com as disposições exaradas pelo sistema na adesão da teoria qualitativa ou forte, ou quantitativa ou fraca.

Dispõe Humberto Ávila que

> o decisivo, por enquanto, é saber que a qualificação de determinadas normas como princípios ou como regras depende da colaboração constitutiva do intérprete. É dizer, na sua dimensão lógica, qualitativa ou substancial, os princípios diferem das regras, evidenciando a relevância e essencialidade para o campo da hermenêutica, é preciso atentar, sempre, para os critérios de identificação das normas-princípios e normas-regras.[53]

Vejamos os ensinamentos de Josef Esser, citado por Humberto Ávila: "Princípios são aquelas normas que estabelecem fundamentos para que determinado mandamento seja encontrado. Mais do que uma distinção baseada no grau de abstração da prescrição normativa, a diferença entre os princípios e as regras seria uma distinção qualitativa. O critério distintivo dos princípios em relação às regras seria, portanto, a função de fundamento normativo para a tomada de decisão."[54]

Assim, no campo da aplicação, os princípios são normas jurídicas impositivas, "mandados de otimização", na dicção de Alexy. Os graus de concreção são distintos, voltados à condição fática e jurídica a ser amparada. As regras, entretanto, prescrevem na órbita deôntica (proibido, permitido, obrigatório) comandos para serem cumpridos.

São os operadores do direito, no processo interpretativo que vão identificar e aplicar princípio ou regra para solucionar o caso concreto. Decorre que tal diferenciação qualitativa

---

53. ÁVILA, Humberto. *Teoria dos princípios*: da definição à aplicação dos princípios jurídicos, cit., p. 38.

54. Idem.

encontra relevância justamente nesse processo, sem comprometer o caráter vinculativo das normas constitucionais.

Humberto Ávila assim aborda os critérios diferenciadores entre princípios e regras:

> Em primeiro lugar, há o critério do caráter hipotético-condicional, que se fundamenta no fato de as regras possuírem uma hipótese e uma consequência que predeterminam a decisão, sendo aplicadas ao modo "se"", "então", enquanto os princípios apenas indicam o fundamento a ser utilizado pelo aplicador para futuramente encontrar a regra para o caso concreto [...]. Em segundo lugar, há o critério do modo final de aplicação, que se sustenta no fato de as regras serem aplicadas de modo absoluto "tudo ou nada", ao passo que os princípios são aplicados de modo gradual "mais ou menos". Em terceiro lugar, o critério do relacionamento normativo, que se fundamenta na ideia de a antinomia entre as regras consubstanciar verdadeiro conflito, solucionável com a declaração de invalidade de uma das regras ou a criação de uma exceção, ao passo que o relacionamento entre os princípios consiste num imbricamento, solucionável mediante ponderação que atribua uma dimensão de peso a cada um deles. Em quarto lugar, há o critério do fundamento axiológico, que considera os princípios, ao contrário das regras, como fundamentos axiológicos para a decisão a ser tomada [...].[55]

2.3 Princípios e sua aplicabilidade

A generalidade não impede a aplicação normativa dos princípios. Tal característica quer apenas dizer que qualitativamente (grau de densidade semântico-normativa) os princípios têm caráter mais abstrato do que as normas-regras, não interferindo, absolutamente, na impossibilidade de aplicação ao caso concreto.

Fernando Muniz Santos, citado por Walter Claudius Rothenburg, relativamente à densidade normativa, informa que "compreende-se a capacidade ou não duma determinada

---

55. ÁVILA, Humberto. *Teoria dos princípios*: da definição à aplicação dos princípios jurídicos, cit., p. 42-43.

O PRINCÍPIO DA DIGNIDADE DA PESSOA HUMANA
E A NORMA JURÍDICA TRIBUTÁRIA

norma jurídica incidir num caso concreto de maneira direta, sem a necessidade da já aludida 'mediação concretizadora', por parte dos operadores jurídicos".[56]

Os princípios são dotados de vaguidade e constituídos de enunciados abertos e amplos, abrigando linhas mestras a nortear as demais normas do sistema jurídico. Daí expressarem valores principais de uma sociedade em dado tempo histórico e, também, a importância de serem abstratos e abrangentes para acolher as evoluções sociais, políticas e mesmo jurídicas da sociedade.

Não são os princípios, todavia, abstratos ao ponto de inatingíveis seus conteúdos e inalcançáveis, por imprecisão terminológica ou técnica. Ao contrário, têm significação determinada, com grau de concreção, via das operações interpretativas e integrativas do direito (próprios da hermenêutica).

José Joaquim Gomes Canotilho[57] obtempera que os princípios não são impredictíveis, não permitem, mais, aos operadores do direito, opções livres e descomprometidas com o ordenamento jurídico, que, diga-se, é sistema sintaticamente homogêneo, pois o que é aberto é seu aspecto semântico. Os princípios projetam seus valores sobre todas as demais normas, limitados pela juridicidade objetiva.

Devemos observar, contudo, que o aspecto da generalidade é diferente para os princípios e regras, assim como não se confunde com a característica da vaguidade.

Walter Claudius Rothenburg dispõe:

> Note-se que generalidade e vagueza não se confundem, quando se considera generalidade apenas em relação ao âmbito de abrangência (quantidade de situações) e não em relação ao

---

56. SANTOS, Fernando Muniz. *Os princípios e as regras constitucionais enquanto normas jurídicas*, trabalho apresentado no Curso de Mestrado/Doutorado da Faculdade Federal do Paraná, Curitiba, 1995, p. 16, apud ROTHENBURG, Walter Claudius. *Princípios constitucionais*, cit., p. 18.

57. CANOTILHO, José Joaquim Gomes. *Direito constitucional e teoria da Constituição*. 7. ed. Coimbra: Almedina, 2009, p. 1.167.

conteúdo (tipo de situação). Uma norma pode ser precisa em seu significado, mas genérica em seu alcance, como a que diz que "ninguém será privado de direitos por motivo de crença religiosa ou de convicção filosófica ou política, salvo se as invocar para eximir-se de obrigação legal a todos imposta e recusar-se a cumprir prestação alternativa, fixada em lei".[58]

Quanto ao aspecto da generalidade das regras jurídicas, significa que foram criadas para um número indeterminado de atos/fatos, porém numa situação jurídica determinada.

Diferentemente, os princípios são gerais, em razão da ilimitada abrangência de situações jurídicas.

Nota-se, mais, que toda a determinação semântica dos princípios deve levar em conta o contexto social, político e jurídico, num dado momento histórico. Tal circunstância contextual dirá quais caminhos interpretativos devem ter os princípios, para atingir suas finalidades precípuas.

Veja-se, então, a relevância da generalidade e da vaguidade, porque implicam a chamada "plasticidade" que têm os princípios jurídicos, pois lhes permitem ajustes às diferentes fases históricas, inerentes à condição evolutiva ético-social do homem.

Cármem Lúcia Rocha, a propósito, fala em "polimorfia" dos princípios:

> A polimorfia principiológica na Constituição é que possibilita a multiplicidade de sentidos que se acrescentam e se sucedem, a fim de que o sistema tenha permanência, presença e eficácia social e jurídica. Fosse o princípio encarcerado num único sentido e a sua cristalização unívoca e imutável imporia, como condição de eficiência do sistema jurídico, que a cada nova visão social do Direito se alterasse, formalmente, a ordem normada, a fim de que novos termos, nos quais fossem eles expostos, sintonizasse o ideário social com o definido constitucionalmente.[59]

---

58. ROTHENBURG, Walter Claudius. *Princípios constitucionais*, cit., p. 18-19.

59. ROCHA, Cármem Lúcia Antunes. *Princípios constitucionais da administração pública*. Belo Horizonte: Del Rey, 1994, p. 39.

Em outro dizer, os princípios, dotados dessas características intrínsecas, são os que permitem a própria higidez do sistema jurídico ao longo do tempo. A adaptabilidade às demandas concretas, que se alteram com agilidade, notadamente no mundo moderno, é que constituem seu primado imortal.

2.4 Princípios constitucionais

Conceituar os princípios constitucionais é compreender o significado de seus elementos integrantes, no campo da teoria jurídica, que compõem a ideia principiológica presente na Constituição. São normas jurídicas de conteúdo axiológico amplo que positivam valores de tal monta que são prescritos na Norma Fundamental.

É, pois, no direito constitucional, que os princípios ganham relevo e tipicidade diferenciada, porque presentes no ápice normativo que é a Constituição. Tal universo presente nas Constituições hodiernas exige uma cientificidade mais detalhada e profunda, no que pertine à positivação normativa e eficácia desse arquétipo dos princípios, para fins de efetividade e aplicação.

Ruy Samuel Espíndola retrata bem o desafio do constitucionalismo atual:

> Colocados na Constituição – cúspide normativa dos estados democráticos de direito – os princípios transmudaram de juridicidade e propuseram novas, instigantes e complexas questões à jusconstitucionalística contemporânea. Conceituá-los, classificá-los, defini-los, imiscuí-los em adequada base metodológica, lançando luzes para sua correta compreensão, interpretação e aplicação, constitui alguns dos desafios contemporâneos colocados aos juristas. Ou melhor: teorizá-los para estabelecer uma compreensão constitucionalmente adequada, inerente ao modelo democrático-social de Constituição, preponderante em nosso tempo, e, ainda, para estatuir um conceito em bases constitucionalmente aptas para dizer da normatividade dos princípios "na" Constituição e dos problemas teóricos e dogmáticos ligados à existência jurídica dos princípios constitucionais, é dever-tarefa dos constitucionalistas da atualidade.[60]

---

60. ESPÍNDOLA, Ruy Samuel. *Conceito de princípios constitucionais*. São Paulo: Revista dos Tribunais, 1999, p. 29-30.

É certo que em toda ordem jurídica, sistêmica portanto, deve haver harmonia e integração entre seus elementos. Então, resulta clara a presença de valores superiores e diretrizes fundamentais. Os princípios constitucionais se inserem nesse tópico porque são as premissas básicas de uma dada ordem jurídica. Seus efeitos irradiam-se por todo sistema, pois são quer o ponto de partida, quer a indicação da trilha a ser percorrida pelas demais normas positivadas.

Leciona Cármem Lúcia Rocha:

> Os princípios constitucionais são os conteúdos intelectivos dos valores superiores adotados em dada sociedade política, materializados e formalizados juridicamente para produzir uma regulação política no Estado. Aqueles valores superiores encarnam-se nos princípios que formam a própria essência do sistema constitucional dotando-o, assim, para cumprimento de suas funções, de normatividade jurídica. A sua opção ético-social antecede a sua caracterização normativo-jurídica. Quanto mais coerência guardar a principiologia constitucional com aquela opção, mais legítimo será o sistema jurídico e melhores condições de ter efetividade jurídica e social.[61]

Confira-se o que ensinam Luiz Alberto David Araujo e Vidal Serrano Nunes Júnior relativamente ao tema dos princípios constitucionais: "Os princípios são regras-mestras dentro do sistema positivo. Devem ser identificados dentro da Constituição de cada Estado, as estruturas básicas, os fundamentos e os alicerces desse sistema. Fazendo isso estaremos identificando os princípios constitucionais."[62]

Vale atentar que no nosso país vigora uma Constituição escrita e rígida, que goza de supremacia hierárquica normativa e cujo corpo se constitui de normas dotadas de imperatividade e eficácia mínimas. A realidade social é dinâmica e ela é que

---

61. ROCHA, Cármem Lúcia Antunes. *Princípios constitucionais da administração pública*, cit., p. 23.

62. ARAUJO, Luiz Alberto David; NUNES JÚNIOR, Vidal Serrano. *Curso de direito constitucional*. 17. ed. atual. até a EC n. 71 de 29 de novembro de 2012. São Paulo: Verbatim, 2013, p. 106-107.

O PRINCÍPIO DA DIGNIDADE DA PESSOA HUMANA
E A NORMA JURÍDICA TRIBUTÁRIA

informa e concede vida, quer ao direito, quer à Constituição, sua expressão máxima normativa. Assim, o significado de princípio também se altera, variando em seu aspecto semântico, acompanhando o dinamismo da sociedade, seja nos âmbitos políticos, sociais ou culturais.

O direito, como leciona Von Ihering, citado por Eros Grau,[63] existe em função da sociedade, e não o inverso, a sociedade subjugando-se a ele. O direito é objeto cultural, e assim não podemos concebê-lo como ciência estática, quer no que se refere à interpretação jurídica, quer na expressão do legislador. É no momento presente histórico e cultural que a vida em sociedade se manifesta, e tal valoração dinâmica é vetor de aplicabilidade para os princípios, componentes do sistema jurídico.

Perceptível, *ictus oculi*, que nossa Carta Constitucional abriga normas principiológicas, de nítido caráter mais abstrato e amplo, carregadas de valores e princípios, normas jurídicas que são, com limites objetivos dotados de especificidade, voltados ao cumprimento de determinadas finalidades, como veremos.

Confiram-se, em nossa Constituição, as disposições principiológicas. Segundo Luís Roberto Barroso, superada pela dogmática moderna a distinção entre normas e princípios, sendo que as normas constitucionais enquadram-se em dois tipos, normas-princípio e normas-disposição, cabe ao intérprete buscar, de forma escalonada, não obstante a ausência de hierarquia em razão do princípio da unidade da Constituição, qual a estrutura principiológica presente no ordenamento constitucional, ou seja, seu "catálogo tópico", dividido, em síntese, em

> princípios fundamentais do Estado Brasileiro: o republicano (art. 1º, *caput*), o federativo (art. 1º, *caput*), o do Estado democrático de direito (art. 1º, *caput*), o da separação de Poderes (art. 2º), o presidencialista (art. 76) e o da livre-iniciativa (art. 1º, IV). São decisões políticas fundamentais do constituinte; princípios gerais: o da legalidade (art. 5º, II), o da liberdade (art. 5º, II e

---

63. IHERING, Rudolf Von. *A evolução do direito*, Salvador: Progresso, 1956, p. 424, apud GRAU, Eros Roberto, *A ordem econômica na Constituição de 1988*, cit., p. 166, nota 17.

diversos incisos do art. 5º, como IV, VI, IX, XIII, XIV, XV, XVI, XVII etc.), o da isonomia (art. 5º, *caput* e inciso I), o da autonomia estadual e municipal (art. 18), o do acesso ao Judiciário (art. 5º, XXXV), o da segurança jurídica (art. 5º, XXXVI), o do juiz natural (art. 5º, XXXVII e LIII) e do devido processo legal (art. 5º, LIV). São as regras de limitação dos Poderes, carregando valoração ética; princípios setoriais: dentre os da Administração Pública (art. 37, *caput*): o da legalidade administrativa, impessoalidade, moralidade e publicidade, o do concurso público (art. 37, II) e o da prestação de contas (arts. 70, parágrafo único, 34, VII, "d", e 35, II); dentre os da organização dos Poderes: o majoritário (arts. 46 e 77, parágrafo 2º), o proporcional (arts. 45 e 58, § 1º), o da publicidade e da motivação das decisões judiciais e administrativas (art. 93, IX, X), o da independência e imparcialidade dos juízes (arts. 95, 96) e o da subordinação das Forças Armadas ao poder civil (art. 142); dentre os da tributação e orçamento: os da capacidade contributiva (art. 145, §1º), legalidade tributária (art. 150, I), isonomia tributária (art. 150, II), anterioridade da lei tributária (art. 150, III), imunidade recíproca das pessoas jurídicas de direito público (art. 150, VI, "a"), anualidade orçamentária (art. 165, III), universalidade do orçamento (art. 165, § 5º) e exclusividade da matéria orçamentária (art. 165, § 8º); dentre os da ordem econômica: os da garantia da propriedade privada (art. 170, II), da função social da propriedade (art. 170, III), da livre concorrência (art. 170, IV), da defesa do consumidor (art. 170, V) e da defesa do meio ambiente (art. 170, VI); dentre os da ordem social: os da gratuidade do ensino público (art. 206, IV), da autonomia universitária (art. 207) e da autonomia desportiva (art. 217, I).[64]

Assinala Luís Roberto Barroso[65] que tal delimitação abrangente dos princípios constitucionais é uma sistematização preliminar que destaca o aspecto prático dos princípios, conduzindo o intérprete à superação do "legalismo estrito" para, dentro do sistema constitucional vigente, buscar a solução mais justa e neutralizar subjetivismos pessoais e políticos, compelindo-o à motivação de seu convencimento.

---

64. BARROSO, Luís Roberto. *Interpretação e aplicação da Constituição*: fundamentos de uma dogmática constitucional transformadora. 5. ed. rev. atual e ampl. São Paulo: Saraiva, 2003, p. 157-160.

65. Idem, p. 160.

O PRINCÍPIO DA DIGNIDADE DA PESSOA HUMANA
E A NORMA JURÍDICA TRIBUTÁRIA

Aponta Eros Grau sobre nosso sistema normativo:

> O sistema que o direito é compõe-se de: princípios explícitos, recolhidos no texto da Constituição ou da lei; princípios implícitos, inferidos como resultado da análise de um ou mais preceitos constitucionais ou de uma lei ou conjunto de textos normativos da legislação infraconstitucional (exemplos: o princípio da motivação do ato administrativo, art. 93, X, da Constituição; o princípio da imparcialidade do juiz, arts. 95, parágrafo único, e 5º, XXXVII da Constituição); e princípios gerais de direito, também implícitos, coletados no direito pressuposto, qual o da vedação de enriquecimento sem causa.[66]

Resulta claro que os princípios constitucionais têm natureza de norma, de lei, expressando comandos de ordem político-ética presentes mais valores fundamentais e sociais. Daí insere-se que, além da natureza jurídica, os princípios apresentam uma natureza política, social e ideológica.

Vejamos então, ainda que brevemente, os subsídios de Ronald Dworkin à análise dos princípios, referidos por Eros Roberto Grau:

> Penetrando o tema, Dworkin observa que, em determinados casos, sobretudo nos casos dificultosos, quando os profissionais do direito arrazoam ou disputam sobre direitos e obrigações legais, fazem uso de pauta (*standards*) que não funcionam como regras, mas operam de modo diverso, como princípios, diretrizes (*policies*) ou outra espécie de pauta. Propõe-se, então, a usar o vocábulo princípio genericamente, para referir, em conjunto, aquelas pautas que não são regras; em outras ocasiões, no entanto − adverte − é mais preciso, distinguindo entre princípios e diretrizes.[67]

Nota-se que Dworkin denomina "diretrizes" aquilo que se estabelece como meta a ser alcançada − nos âmbitos político, social e econômico − e chama de princípios as pautas a serem cumpridas como comandos fundantes, tais como a justiça e honestidade, todos de cunho moral.

---

66. GRAU, Eros Roberto. *A ordem econômica na Constituição de 1988*, cit., p. 155.

67. Idem, p. 156.

Para nossa proposta aqui deduzida, temos princípios como valores e princípios como limites objetivos, procedimentos, portanto, utilizados para concretizar valores prestigiados pelo ordenamento jurídico.

Não basta afirmar que no sistema jurídico, composto por normas jurídicas, os princípios são tipos de normas, dotados de imperatividade. Existem inúmeras implicações jurídicas, sobretudo no campo da interpretação do sistema jurídico.

Os princípios revelam, na lição de Jorge Miranda, a necessária função ordenadora do sistema, sua ação imediata, conferindo coerência ao ordenamento jurídico. Diz ele que

> os princípios são ainda necessariamente normativos, incorporam um dever ser, consistem em comandos da mesma natureza das normas-preceitos. Com a referência explícita que se lhes faz trata-se, porém, de procurar uma visão mais ampla da ordem social normativa que é o Direito do que aquela que decorreria de uma qualquer concepção positivista, literalista e absolutizante das fontes legais.[68]

Quanto às características dos princípios, além da generalidade sempre lembrada, ficamos com o acréscimo doutrinário de Domenico Farias, lembrado por Paulo Bonavides, quanto à presença da "fecundidade". Pondera ele que os princípios consistem em fundamento e "alma" de outras normas. Decorrente dessa característica da fecundidade, exsurgem duas funções importantes dos princípios, que são a interpretativa e a integrativa. Afirma também que "o recurso aos princípios se impõe ao jurista para orientar a interpretação das leis de teor obscuro ou para suprir-lhes o silêncio. Antes ainda das Cartas Constitucionais, ou, melhor, antes que, sob o influxo do jusnaturalismo iluminista, máximas jurídicas muito genéricas se difundissem nas codificações, o recurso aos princípios era já uma necessidade para interpretar e integrar as leis".[69]

---

68. MIRANDA, Jorge. *Manual de direito constitucional*. 4. ed. Coimbra: Coimbra Editora, 1990, v. 1, t. 2, p. 513.

69. FARIAS, Domenico. *Idealità e indeterminatezza dei principi costituzionali*. Milano: Giuffre, 1981, p. 163, apud BONAVIDES, Paulo. *Curso de direito constitucional*, cit., p. 274.

O PRINCÍPIO DA DIGNIDADE DA PESSOA HUMANA
E A NORMA JURÍDICA TRIBUTÁRIA

Já ultrapassamos a questão da juridicidade dos princípios. Eram, no passado, tidos como postulados de caráter moral e político, longe de serem pilares presentes e reais do ordenamento jurídico.

A análise do direito como conjunto de regras prescritas é importante referência para explicar as dimensões do fenômeno jurídico, no que tange à aplicabilidade e hermenêutica. Reformado no pós-guerra, o constitucionalismo eleva o tema dos princípios a lugar de prestígio, quer na teoria do direito, quer na exegese da Constituição.

É a superação da concepção formalista – inserida no positivismo clássico – que não reconhecia o valor normativo em todas as disposições constitucionais, negando a imprescindível eficácia jurídica aos princípios (estes apresentando abertura semântica e menor densidade normativa).

Todas as normas constitucionais gozam de um mínimo de eficácia e normatividade. O destaque atual ao tema dos princípios envolve-se com a positivação constitucional dos direitos, como os fundamentais (alta carga valorativa), e também para repelir os ditames do positivismo clássico.

Assim, passa-se à fase do evidente caráter jurídico dos princípios, reconhecendo-se, mais, sua imperatividade na órbita do direito.

Decorre de tais postulados uma evidente diferenciação quantitativa, mais não aquela concernente à natureza de princípios e normas. O que ressalta, na espécie, é que finalmente, surgem os princípios como entes jurídicos, mas tais enunciados defendidos pelos positivistas, ainda não lhe reconhecem a necessária identidade e independência.

Não se pode, todavia, ficar apenas na afirmação de que os princípios constitucionais seriam os princípios gerais de direito, agora alçados ao topo piramidal do ordenamento jurídico, porque presentes nas Constituições. Tal caminho não resolveria a imbricada natureza fundante dos princípios e, mais, não progrediríamos na fulcral análise e importância deles. Ficamos com a lição de Cármem Lúcia Rocha de que os "princípios constitucionais não são os princípios gerais de direito, mas princípios fundamentais do Estado de Direito".[70]

A ideia de princípio leva, como dissemos, à origem das verdades primeiras, premissas de um sistema. Vimos, igualmente, que tal vocábulo remete de pronto à condição de norma, sendo certo que o grau de generalidade e indeterminação não impede sua aplicação aos casos concretos, por via da instrumentalidade interpretativa.

O aspecto da normatividade não guarda hoje mais discórdia entre os constitucionalistas contemporâneos.

Ruy Samuel Espíndola, com a clareza assevera que "os princípios têm positividade, vinculatividade, são normas, obrigam, têm eficácia positiva e negativa sobre os comportamentos públicos e privados bem como sobre a interpretação e a aplicação de outras normas [...]".[71]

Não resta a menor dúvida quanto à positividade e aplicabilidade dos princípios constitucionais. São valores máximos que a sociedade pretende ver implementados.

No tema aqui proposto, a dignidade da pessoa humana é núcleo essencial dos direitos fundamentais, de forma direta ou indireta, presente em todos os subsistemas do direito positivo e, em especial, no direito tributário, cuja estrutura está posta na Lei Fundamental. Os princípios constitucionais tributários, assim, são expressão dos direitos fundamentais dos contribuintes, cuja eficácia e aplicabilidade são imediatas. Confira-se, para tanto, o art. 5º, § 1º, da Constituição Federal.

---

70. ROCHA, Cármem Lúcia Antunes. *Princípios constitucionais da administração pública*, cit., p. 28.

71. ESPÍNDOLA, Ruy Samuel. *Conceito de princípios constitucionais*, cit., p. 55.

3. O DIREITO COMO SISTEMA COMUNICACIONAL E A TEORIA DOS VALORES

3.1 Teoria dos sistemas

Ressalte-se, por primeiro, que na atualidade vivenciamos extrema complexidade nas relações humanas, gerando consequências e preocupações de ordem científica, política, social e econômica. O direito, em suas normas e preceitos, é profundamente afetado pelos impulsos cada vez mais complexos de um sistema normativo que leva à insegurança, cujo regramento suscita dúvidas, mas que busca, incessantemente, equilíbrio e efetividade. Em outro dizer, o direito, como sistema, é afetado pelos reflexos dos sistemas sociais.

Assim, o direito positivo e a ciência do direito, corpos de linguagem distintos, de linguagem prescritiva o primeiro e descritiva o segundo, são subsistemas dentro do sistema social que, devemos frisar, pressupõe a presença humana que, por via da linguagem, cria sua realidade.

Aurora Tomazini de Carvalho ensina que

> a sociedade é sistema comunicacional por excelência. O 'ser" social reside no fato relacional, isto é, na circunstância de duas ou mais pessoas conectarem-se, o que só é possível mediante um ato de comunicação. Neste sentido, a comunicação faz-se

presente sempre que existir contato entre indivíduos, de modo que nenhuma sociedade e nenhuma relação intersubjetiva existem sem que haja, entre os sujeitos, a capacidade de se comunicarem por meio de signos. Retira-se esta aptidão e o ser humano se isola. Daí a afirmação segundo a qual a sociedade é o sistema comunicacional por excelência: sua unidade é a comunicação.[72]

Niklas Luhmann, ao formular sua teoria dos sistemas, buscou analisar a complexa sociedade moderna, com o objetivo de reduzir essas complexidades e viabilizar uma ordem originada do caos. O direito foi um dos sistemas a que mais se dedicou, explicável, talvez, pela sua formação universitária inicial em direito.

Na perspectiva da teoria dos sistemas, a complexidade do mundo deve então ser reduzida, para que se alcance a possibilidade de atribuir sentido a ela. Pretende, então, exteriorizar como funcionam os sistemas, "limitando-se a gerir, por assim dizer *au jour le jour*, a contingência do mundo".[73]

Na dicção de Niklas Luhmann:

> Este ganho em complexidade reduzível obtém-se em virtude de a selectividade do comportamento humano ser intensificada pela formação sistémica. Graças a sistemas, é possível ordenar entre si mais actos de elaboração de informação, que decorrem ou sucessivamente ou ao mesmo tempo, pelo que a realização selectiva de um acto reforça a dos outros, e vice-versa.[74]

Propõe Luhmann, em sua teoria, o estudo da sociedade como um ambiente amplo, no qual os sistemas se aglutinam com autonomia, existindo comunicação entre seus elementos internos. A teoria dos sistemas sociais pretende assim avançar criando novos conceitos para explicar a moderna e complexa sociedade, que se caracteriza por seu intenso dinamismo.

---

72. CARVALHO, Aurora Tomazini de. *Curso de teoria geral do direito*: o constructivismo lógico-semântico, cit., p. 136.

73. SANTOS, José Manuel. Apresentação. In: SANTOS, José Manuel (Org.). *O pensamento de Niklas Luhmann*. Covilhã: Universidade da Beira Interior, 2005, p. 10.

74. LUHMANN, Niklas. Iluminismo sociológico. In: SANTOS, José Manuel (Org.). *O pensamento de Niklas Luhmann*. Covilhã: Universidade da Beira Interior, 2005, p. 44.

O PRINCÍPIO DA DIGNIDADE DA PESSOA HUMANA
E A NORMA JURÍDICA TRIBUTÁRIA

Parte o filósofo, escudado na biologia e no conceito de autopoiesis criado por Maturana e Varela – originado da visão sistêmica dos seres vivos – da noção de autorreferibilidade, e constitui a diferença como fundamento do sistema. Tal proposta resume-se na expressão *draw a distinction*, aplicando-se o cálculo de Spencer-Brown da teoria geral dos sistemas, o que significa distinguir o sistema de seu entorno, o que constitui o ponto de partida de sua teoria.[75]

O sistema autopoiético caracteriza-se por realizar sua própria organização, permitindo a manutenção de sua identidade, pois possibilita as transformações necessárias, via de seus elementos integrantes.

As características desse sistema são trazidas por Fabiana Del Padre Tomé:

> (i) autonomia: é capaz de subordinar toda a mudança de modo que permaneça sua auto-organização; (ii) identidade: mantém sua identidade em relação ao ambiente, diferenciando-se deste ao determinar o que é e o que não é próprio ao sistema; (iii) não possui *inputs* e *outputs*: o ambiente não influi diretamente no sistema autopoiético; não é o ambiente que determina suas alterações, pois quaisquer mudanças decorrem da própria estrutura sistêmica que processa as informações vindas do ambiente.[76]

Niklas Luhmann entende que a sociedade engloba todos os sistemas sociais e é formada pelo conjunto de comunicações, seu elemento nuclear, no qual o homem é o ambiente dessa sociedade.[77]

Feitas essas considerações, temos por sistema, portanto, um conjunto ordenado de várias partes, que formam um todo,

---

75. GONÇALVES, Guilherme Leite; VILLAS BÔAS FILHO, Orlando. *Teoria dos sistemas sociais*: direito e sociedade na obra de Niklas Luhmann. São Paulo: Saraiva, 2013, p. 45.

76. TOMÉ, Fabiana Del Padre. *A prova no direito tributário*. 3. ed. São Paulo: Noeses, 2012, p. 50.

77. LUHMANN, Niklas. Sociologia como teoria dos sistemas sociais. In: SANTOS, José Manuel (Org.). *O pensamento de Niklas Luhmann*. Covilhã: Universidade da Beira Interior, 2005, p. 80.

relacionados com algum elemento em comum e cuja sustentação mútua decorre delas mesmas.

No enfoque da lógica, sistema é uma classe, cujos elementos estão estruturados de forma relacional em coordenação e subordinação, tendo por critério a pertencialidade.

Geraldo Ataliba, lembrado por Roque Antonio Carrazza, assinala:

> O caráter orgânico das realidades componentes do mundo que nos cerca e o caráter lógico do pensamento humano conduzem o homem a abordar as realidades que pretende estudar, sob critérios unitários, de alta utilidade científica e conveniência pedagógica, em tentativa de reconhecimento coerente e harmônico da composição de diversos elementos em um todo unitário, integrado em uma realidade maior. A esta composição de elementos, sob a perspectiva unitária, se denomina sistema.[78]

O direito é sistema jurídico, dinâmico e, como autopoiético, sempre em evolução, dado seu fim regulador das condutas, para viabilizar a convivência humana em sociedade. Desperta no cientista o necessário uso de cortes metodológicos, com a finalidade de compreendê-lo.

Vejamos o que ensina Fabiana Del Padré Tomé: "Tratando-se de sistema jurídico, sua função, em termos gerais, consiste na estabilização das expectativas normativas."[79]

Assim, resulta claro que o direito positivo é um sistema e, para a proposta aqui desenvolvida, tais observações atinentes ao sistema autopoiético guardam absoluta pertinência, pois apenas no próprio sistema jurídico é que teremos os fundamentos para a efetividade dos direitos fundamentais na seara tributária. Outros subsistemas, como o econômico e o político, dentre outros, não podem interferir com conceitos e

---

78. ATALIBA, Geraldo. *Sistema constitucional tributário brasileiro.* São Paulo: Revista dos Tribunais, 1966, p. 4, apud CARRAZZA, Roque Antonio. *Curso de direito constitucional tributário*, cit., p. 43.

79. TOMÉ, Fabiana Del Padre. *A prova no direito tributário*, cit., p. 49.

diretrizes, desnaturando a sempre imprescindível busca de soluções jurídicas apenas no próprio direito.

3.2 O direito como sistema de normas jurídicas

No caminho já percorrido, afirmamos que o direito é sistema e suas unidades integrantes são normas jurídicas. Veremos, ao depois, o que vêm a ser normas jurídicas.

Neste tópico, destacaremos lições importantes da doutrina de Vilanova e Paulo de Barros Carvalho, especificamente quanto às características como sistema homogêneo e heterogêneo, próprio da semiótica.

Na lição de Lourival Vilanova, o direito é um sistema que possui homogeneidade sintática e heterogeneidade semântica:

> As proposições normativas integrantes do sistema jurídico têm o mais variado conteúdo. São formas que se saturam com referências a fatos-do-mundo. A unidade do sistema jurídico é formal. Não provém da homogeneidade de uma *região de objetos*. [...] O que interliga proposições normativas tão variadas em conteúdo é o fundamento-de-validade que cada uma tem no todo. [...] Se nos colocarmos num plano em que o Direito positivo seja objeto de conhecimento como sistema, independentemente dos conteúdos empíricos que enchem o sistema, como seus correlatos referenciais, estaremos fazendo *teoria formal do Direito*. A forma global de sistema é, antes de tudo, uma *forma sintática* que o Direito (evoluído racionalmente e vertido numa linguagem) adquire.[80]

Compreender o que vem a ser o direito significa analisá--lo como sistema de normas jurídicas, tendo por pressuposto uma ordem constitucional como fundamento de validade, que no nosso país foi inaugurada pela Carta de 1988, que tem como pilar estruturante o Estado Democrático de Direito, comprometendo-se com valores a serem implementados, especialmente a liberdade e a igualdade material, dignidade da

---

80. VILANOVA, Lourival. *As estruturas lógicas e o sistema do direito positivo*. São Paulo: Noeses, 2005, p. 166-167.

pessoa humana, princípios irradiantes de efeitos por todo o ordenamento jurídico positivado, visando à efetividade de direitos intrínsecos à justiça social.

Na lição precisa de Tácio Lacerda Gama:

> O ponto de intersecção entre todas as normas que integram o sistema do direito positivo é ter a sua validade como fruto da relação que mantêm com outras normas de superior hierarquia. O sistema de direito tributário não é exceção.[81]

No sistema constitucional tributário, subsistema que é, teremos princípios relevantes, valorados, portanto, além dos princípios como limites objetivos, o que para alguns doutrinadores são as regras. Eles, de forma mediata, visam à implementação de valores consagrados, eleitos pelo legislador. Assim, perfeito o uso da semiótica para elucidar nosso percurso, pois a heterogeneidade é justamente a abertura de conteúdo que permeia os valores, pois que condicionados às variantes de tempo, território e cultura.

Confira-se em Paulo de Barros Carvalho:

> Na semiótica se diz que o sistema do direito positivo é fechado sintaticamente, porém aberto em termos semânticos e pragmáticos. Explicando melhor, a dinâmica operacional do direito se dá pela combinatória dos três modais (permitido, proibido e obrigatório). Como são três e somente três (lei do quarto excluído), concluímos que há fechamento sintático. Entretanto, estando as hipóteses normativas sempre prontas para receber novos fatos que o legislador entenda relevantes, como portas abertas para a absorção de matérias sociais, políticas, econômicas, moras etc., teríamos abertura na dimensão semântica e pragmática.[82]

Ressalte-se que a instrumentalidade da semiótica vem acrescer elementos para o percurso do conhecimento e interpretação do direito.

---

81. GAMA, Tácio Lacerda. *Competência tributária*: fundamentos para uma teoria da nulidade. 2. ed. rev. ampl. São Paulo: Noeses, 2011, p. XXVI-XXVII.

82. CARVALHO, Paulo de Barros. *Curso de direito tributário*. 23. ed. São Paulo: Saraiva, 2011, p. 183.

O PRINCÍPIO DA DIGNIDADE DA PESSOA HUMANA
E A NORMA JURÍDICA TRIBUTÁRIA

3.3 Teoria dos valores

Impende buscar na lição de Miguel Reale,[83] ainda que em breve passagem, o estudo da teoria dos valores, sua objetividade e historicidade, tendo a "pessoa" como valor fonte.

A relevância de percorrer tal caminho revela-se no fato de que o plano do conteúdo normativo, constituído pelas significações obtidas pelo processo interpretativo do direito positivo, dá-se pela atribuição valorativa.

Os ensinamentos de Miguel Reale revelam que os valores, longe de possuírem uma realidade própria, vinculam-se a atos e objetos revelados na experiência do homem, no curso história. Os valores não são objeto de contemplação, ao contrário, são realizáveis pelo homem ao longo de sua existência, "assumindo expressões diversas e exemplares, projetando-se através do tempo, numa incessante constituição de entes valiosos".[84]

No patamar histórico, possuem os valores objetividade, constituindo inesgotável abertura para novas e inéditas realizações. Assinale-se que tal característica tem natureza relativa, porque sua existência é relativa a determinado sujeito.

Destacamos a lição de Reale:

> Não se entenda, porém, que os valores só valham por se referirem a dado sujeito empírico, posto como sua medida e razão de ser. Os valores não podem deixar de ser referidos ao homem como sujeito universal de estimativa, mas não se reduzem às vivências preferenciais deste ou daquele indivíduo da espécie: − referem-se ao homem que se realiza na história [...].[85]

O homem é um valor fundamental, único habilitado para o universo dos valores. Sendo assim, quando precisa interpretar um fato ou decidir sobre esse fato, o valor aparece como critério de compreensão, inserido no ramo dos significados.

---

83. REALE, Miguel. *Introdução à filosofia*. 3. ed. São Paulo: Saraiva, 1994, p. 157-161.

84. Idem, p. 157.

85. Ibidem.

Ao adentrarmos o universo valorativo, deve-se, de início, partir do significado do próprio homem. Nele encontramos caracteres de superação e aprimoramento, dada sua capacidade de síntese, indo além dos contornos da natureza, inovando na esfera do conhecimento. Ao inovar, comprova-se a afirmação de que apenas ele é capaz de valores.

Assim, no cerne da concepção axiológica, temos o homem, consciente de que é um "ente que é e deve ser",[86] surgindo, a partir daí, a ideia de pessoa.

Ao redor da assertiva de que o homem altera a natureza para realizar os fins por ele pretendidos, constitui-se novel universo, que é o da cultura. Na exata dicção de Reale: "Tudo aquilo que o espírito humano projeta fora de si, modelando a natureza à sua imagem, é que vem a formar paulatinamente o cabedal da cultura. O problema do valor leva-nos, portanto, diretamente aos domínios da cultura."[87]

Assim, a compreensão da teoria dos valores imbrica-se com o processo histórico, expressão da atividade e vontade humanas, num percurso temporal, em seu espectro criador. Daí a afirmação de Reale de que a pessoa é o valor-fonte de todos os valores.

Sem discrepância dessa abordagem teórica, afirma Aurora Tomazini de Carvalho:

> O valor é atribuído ao objeto pelo homem e este ato é condicionado pela cultura em que ele se encontra inserido. Retirem-se os homens do mundo e os valores desaparecem com eles. Esta característica é fundamental para compreendermos o direito. [...] A cultura, que informa os horizontes do legislador na produção dos enunciados prescritivos, tem a mesma fonte histórico-social daquela que informa os horizontes culturais dos intérpretes quando da construção de seus conteúdos normativos [...].[88]

---

86. REALE, Miguel. *Introdução à filosofia*, cit., p. 158.

87. Idem, p. 161.

88. CARVALHO, Aurora Tomazini de. *Curso de teoria geral do direito*: o constructivismo lógico-semântico, cit., p. 267-269.

O PRINCÍPIO DA DIGNIDADE DA PESSOA HUMANA
E A NORMA JURÍDICA TRIBUTÁRIA

Importante salientar que a ideia de sociedade está entrelaçada à sociabilidade do homem, pois é própria de todo ser humano a característica relacional.

Os valores, por sua vez, quando atingem consenso na coletividade, tornam-se entidades ontológicas chamadas invariantes axiológicas ou constantes axiológicas, que são os valores da pessoa humana, direito à vida, igualdade material e liberdade, dentre outras, constituindo, ao final, o grupo denominado direitos fundamentais do homem. Conclui-se, pois, que o valor é intrínseco ao direito.

Paulo de Barros Carvalho, ao tratar da dimensão axiológica do direito, é categórico ao afirmar que o elemento valorativo encontra-se presente em toda configuração jurídica (planos semântico, pragmático e lógico), e ainda afirma:

> Valor é um vínculo que se institui entre o agente do conhecimento e o objeto, tal que o sujeito, movido por uma necessidade, não se comporta com indiferença, atribuindo-lhe qualidades positivas ou negativas [...]. Não é excessivo, porém, falar na inexistência, propriamente dita, dos valores. Seu existir consistiria apenas no ato psicológico de valorar, segundo o qual, atribuímos a objetos, aqui considerados em toda a sua plenitude semântica, qualidades positivas ou negativas [...]. Eles são na medida em que valem.[89]

Identifica Paulo de Barros Carvalho[90] na teoria dos valores, com supedâneo na doutrina de Johannes Hassen − bipolaridade, implicação recíproca, referibilidade, preferibilidade, incomensurabilidade, graduação hierárquica, objetividade, historicidade, inexauribilidade −, as características de atributividade (presença humana e um ato de atribuição vinculador ao objeto), indefinibilidade (ao valor, como elemento metafísico, é vedada a possibilidade de definição) e vocação dos valores em se expressar em termos normativos.

---

89. CARVALHO, Paulo de Barros. *Direito tributário, linguagem e método*, cit., p. 175-176.

90. Ibidem, p. 177-180.

Vejamos as características elencadas:

- Bipolaridade: é a característica que revela que todo valor envolve um desvalor, contrapondo-se, portanto;

- Implicação recíproca: todo e qualquer valor exerce influência na realização dos demais valores, direta ou indiretamente;

- Referibilidade: como o valor resulta numa escolha do homem frente a algo – coisas e pessoas –, sempre constituirá referências;

- Preferibilidade: o valor enseja um norte, uma escolha voltada a determinado caminho dentre diversos outros, assim ao escolhermos um valor, automaticamente será em detrimento dos demais;

- Incomensurabilidade: inexiste a possibilidade de se medir um valor;

- Graduação hierárquica: em razão da preferibilidade, ao escolhermos um valor, ele se coloca de maneira hierarquizada;

- Objetividade: os valores são qualidades conferidas pelos homens que predicam os objetos;

- Historicidade: os valores são o resultado do percurso histórico da humanidade, relacionados, portanto, ao processo histórico e social;

- Inexauribilidade: os valores são inesgotáveis, assim podem aplicar-se a várias atribuições ao mesmo tempo;

Acresça-se, com Barros Carvalho:

- Atributividade: refere-se ao importante ato de valoração, pois os valores são preferências por determinadas significações, representando uma relação entre o sujeito cognoscente e o objeto que atribuirá qualidades negativas e positivas;

O PRINCÍPIO DA DIGNIDADE DA PESSOA HUMANA
E A NORMA JURÍDICA TRIBUTÁRIA

- Indefinibilidade: o valor não se presta a limites ou definições;

- Vocação dos valores para se expressar em termos normativos: os valores na órbita do direito são enunciados que prescrevem condutas, deonticamente, via de normas jurídicas em sentido estrito.

O direito, como objeto cultural que é, constituído como um corpo de linguagem, compõe-se por normas válidas num dado país, em certo momento histórico. Assim, pretende concretizar valores almejados pela sociedade, sendo certo que, para tanto, o legislador recorta condutas do plano social, atribuindo-lhes valores de licitude e ilicitude, qualificando-as, ainda, como obrigatórias, permitidas ou proibidas. Pensar no direito é imediatamente lembrar que ele nasce para ser aplicado, efetivado, pelo processo de positivação.

O conhecimento é caminho que se busca pela escola filosófica do constructivismo lógico-semântico, sob o enfoque de que ele se constrói pela linguagem, delimitado o objeto e escolhido o respectivo método, com o propósito de redução de complexidades.

Ao focar o direito como objeto do conhecimento, vem à mente do intérprete, no contínuo processo de construção de sentido, que o direito positivo, vertido em linguagem prescritiva, própria da ordem e dos comandos, visa a regular as condutas intersubjetivas, propiciando a concretização de valores importantes para a sociedade, permitindo o convívio entre todos os homens.

Assim, o legislador ordinário, ao escolher acontecimentos da realidade social para compor os fatos integrantes no antecedente normativo de normas, emite um juízo de valor nessa escolha, configurando o exercício da função axiológica.

O direito positivo, ao regular comportamentos humanos via da linguagem prescritiva, visa a implementar esses mesmos valores, ao concretizá-los em seus subsistemas, dentre os quais nosso destaque é o sistema tributário. O sistema tributário inserido na necessária visão humanística deve observar

55

os mandamentos constitucionais atinentes à igualdade, capacidade contributiva e segurança jurídica, a ensejar a intributabilidade do mínimo vital, garantida a almejada tributação justa. O desafio do direito tributário é a compatibilização da atividade tributante estatal e a efetividade dos direitos fundamentais do contribuinte-cidadão.

Lembremos que o constituinte de 1988 privilegiou os direitos humanos e fundamentais, elevando-os à estatura dos princípios da soberania, cidadania, pluralismo e reconhecimento do trabalho pela livre-iniciativa, irradiando efeitos em todo sistema, inclusive na ordem tributária.

Há evidente exigência de uma ação estatal positiva, garantindo a todos um nível de subsistência digna. Existe, igualmente, uma vedação de atuação governamental que vá ferir tais valores, tidos por fundamentais, que na seara tributária se expressam pelos princípios constitucionais da segurança jurídica, igualdade, capacidade contributiva, vedação de confisco, não obstância do exercício de direitos fundamentais, tais como a não incidência de tributos sobre o núcleo intocável do mínimo vital ou mínimo existencial.

3.4 A linguagem como caminho do conhecimento

Destaque-se, por primeiro, que ao abordar qualquer temática que se pretenda de cunho científico, devem-se fixar as premissas adotadas e qual sistema de referência escudará o quanto posto sob análise.

Da mesma forma, pensar em direito é buscar seu conceito como conjunto de normas jurídicas válidas num dado país. Ocorre, porém, que também é o direito que permite a regulação de condutas intersubjetivas, com o fito de implementar valores que a sociedade pretende que se concretizem, permitindo que se efetive uma convivência pautada pelos ditames constitucionais, diga-se, já expostos desde o preâmbulo da Constituição, como uma sociedade justa, livre e solidária.

Verifica-se, por premissa adotada, que a luz científica desvendada pela escola filosófica do constructivismo lógico-semântico, ineditamente no Brasil, desenvolvida por Lourival Vilanova, nos serve como novel caminho para estudar o direito: fazê-lo inserido numa proposta de concepção demarcada pela filosofia da linguagem, um dos pilares da filosofia do conhecimento.

O que se pretende por essa vertente do constructivismo lógico-semântico é um entrelaçamento lógico e semântico de suas proposições, com a finalidade de se conhecer o objeto, no caso, o próprio direito.

O termo "constructivismo" se trata da descrição, pelo sujeito cognoscente, do objeto, construído mentalmente, para descrevê-lo. Essa construção de sentido tem base em referencial metodológico rigoroso (estrutura e significação), que é justamente o "lógico-semântico". O que se pretende por essa visão filosófica é construir um discurso científico plenamente estruturado, para se obter uma ótica realista construída, excluídas ambiguidades e vaguidades, buscando a coerência e rigor da mensagem.

Na lição de Vilém Flusser,[91] são os limites da língua a própria realidade, nada existindo sem ela. A língua, por sua vez, é um conjunto dos sistemas de símbolos, como a totalidade de tudo que se apreende e compreende, ou seja, a totalidade da realidade.

Afirma Robson Maia Lins, enfatizando Flusser: "É por isso que Flusser diz que a língua '[...] é, a um tempo, a mais antiga e a mais recente obra de arte, obra de arte majestosamente bela, porém sempre imperfeita. E cada um de nós pode trabalhar essa obra, contribuindo, embora modestamente, para aperfeiçoar-lhe a beleza'."[92]

---

91. FLUSSER, Vilém. *Língua e realidade*. 2. ed. São Paulo: Annablume, 2004, p. 201-203.

92. LINS, Robson Maia. O Supremo Tribunal Federal e norma jurídica: aproximações com o constructivismo lógico-semântico. In: HARET, Florence; CARNEIRO, Jerson (Coords.). *Vilém Flusser e juristas*: comemoração dos 25 anos do grupo de estudo de Paulo de Barros Carvalho. São Paulo: Noeses, 2009, p. 367-368.

Fabiana Del Padre Tomé comenta que

> o constructivismo lógico-semântico pode ser visto como rigorosa elaboração da metodologia sintática e semântica do direito. Essa concepção filosófica possibilita edificar uma teoria das normas bem estruturada em termos lógicos, discutida e esquematizada no nível semântico e com boas indicações para um desdobramento pragmático. Tudo isso, considerando que a positivação do direito se opera mediante a presença indispensável da linguagem, num contexto de crenças, ideias e convicções, decorrentes dos valores dos sujeitos que integram a sociedade.[93]

Importa salientar que o processo de conhecimento e suas implicações na ciência do direito, do direito positivo vertido sempre em linguagem, como sistema de princípios e regras, é condição imprescindível para adentrar no estudo proposto, voltado ao âmbito tributário.

O caminho traçado pelo homem, à luz da teoria do conhecimento, em seu início constituía estudo da relação entre sujeito e objeto, sendo que a linguagem era instrumento correlacional entre eles, tendo como precursor Aristóteles.

Existia, na concepção da filosofia da consciência marcada por Kant, correspondência entre as ideias e coisas descritas pela linguagem, que era apenas um reflexo das coisas existentes no mundo, ou seja, da sua existência empírica.

Robson Maia Lins assinala que

> dentro dessa teoria podemos destacar o pensamento de Kant, que asseverava que o próprio real é fruto da manifestação do pensamento, ou seja, o objeto é construído pelo homem por meio das categorias do conhecimento a partir das sensações ou mundo pré-categoria. Em outras palavras, o limite do conhecimento era imposto pelo pensamento e pela experiência, de modo que a linguagem aparecia nesses dois instantes, ela era o instrumento que ligava o sujeito ao objeto do conhecimento.[94]

---

93. TOMÉ, Fabiana Del Padre. Vilém Flusser e o constructivismo lógico-semântico. In: HARET, Florence; CARNEIRO, Jerson (Coords.). *Vilém Flusser e juristas*: comemoração dos 25 anos do grupo de estudo de Paulo de Barros Carvalho. São Paulo: Noeses, 2009, p. 327.

94. LINS, Robson Maia. O Supremo Tribunal Federal e norma jurídica: aproximações com o constructivismo lógico-semântico, in *Vilém Flusser e juristas*: comemoração dos 25 anos do grupo de estudo de Paulo de Barros Carvalho, cit., p. 373.

O PRINCÍPIO DA DIGNIDADE DA PESSOA HUMANA
E A NORMA JURÍDICA TRIBUTÁRIA

Com propriedade, Aurora Tomazini de Carvalho assevera:

> O conhecimento era concebido como a reprodução intelectual do real, sendo a verdade resultado da correspondência entre tal reprodução e o objeto referido[...]. Segundo esta tradição filosófica, existia um mundo "em si" refletido pelas palavras (filosofia do ser) ou conhecido mediante atos de consciência e depois fixado e comunicado aos outros por meio da linguagem (filosofia da consciência).[95]

O conhecimento, em singela conceituação, consiste na forma da consciência humana em que o homem atribui significado ao mundo. Assim, conhecer algo é ter consciência sobre ele.

O mundo da experiência e suas alterações são colhidos pelo homem por via da sua intuição, constituindo o que Kant chamou de o "caos das sensações". Assim, o que ocorre no mundo, mas não é constituído pela linguagem social, fica à margem do plano da realidade. Apenas se cria a realidade quando há expressão em forma linguística, a permitir a comunicação.

O conhecimento, por sua vez, é redutor de complexidades do objeto que se pretenda conhecer, requisito intrínseco ao processo de conhecimento. Essa colocação do processo reducionista, sendo o homem o elemento nuclear a construir a realidade jurídica ou social, movimentando as estruturas do sistema (social: macrossistema; jurídico: subsistema) para alcançar os planos cognoscitivos do saber, é sugerida por Edmund Husserl,[96] para quem a "consciência" é a maneira pela qual o homem lida com sua vivência e o que diferencia o *iter* consciencial:

- O ato de consciência (ex. perceber, lembrar, imaginar, sonhar etc.);

- O resultado desse ato: a forma (percepção, pensamento, reflexão etc.);

- Seu conteúdo: o objeto captado pelo *iter* consciencial humano articulado com nosso intelecto.

---

95. CARVALHO, Aurora Tomazini de. *Curso de teoria geral do direito*: o constructivismo lógico-semântico, cit., p. 13.

96. HUSSERL, Edmund. *Investigações lógicas*: sexta investigação: elementos de uma elucidação fenomenológica do conhecimento. São Paulo: Nova Cultural, 2005, p. 54.

Lourival Vilanova ensina que "a consciência, expressão da subjetividade, tende para as coisas; o sujeito está vertido sobre seu contorno, por urgência vital, antes de o ser pelo puro chamamento da verdade objetiva."[97]

Transportando tais considerações para o âmbito jurídico, toda a teoria do direito é articulada e desenvolvida para "conhecer o direito", para permitir uma identificação e compreensão da realidade jurídica.

Assim, quanto ao processo de conhecimento, sempre de caráter proposicional, é dizer, constituindo e relacionando juízos, pode-se afirmar, sem receio, que não há conhecimento sem linguagem. Daí a sempre lembrada lição de Ludwig Wittgenstein[98] de que "os limites da minha linguagem significam o limite do meu mundo".

Foi com o advento do movimento do giro linguístico (filosofia da linguagem inaugurada por Wittgenstein) que ganhou a linguagem sua independência do mundo da experiência, sendo certo que, a partir daí, não a vemos mais como vetor instrumental a ligar o sujeito ao objeto do conhecimento.

A linguagem então ganha corpo próprio e é capaz de criar quer o sujeito cognoscente, quer a própria realidade, passando, então, o conhecimento a ter caráter relacional entre a linguagem e suas significações. O que conhecemos são as construções linguísticas, ou seja, interpretações, que se reportam a outras construções linguísticas.

Sobre o giro linguístico, assinala Robson Maia Lins:

> O conhecimento não aparece como relação entre sujeito e objeto, mas como relação entre linguagens, entre significações. Aqui a linguagem ganhou um novo sentido, não aparecendo mais como um meio, como algo que estaria entre o eu e o objeto, capaz de

---

97. VILANOVA, Lourival. Notas para um ensaio sobre a cultura. In: ___. *Escritos jurídicos e filosóficos*. São Paulo: Axix Mundi; IBET, 2003, v. 2, p. 285-286.

98. WITTGENSTEIN, Ludwig. *Tractatus logico-philosophicus*. São Paulo: EDUSP, 1994, p. 111.

O PRINCÍPIO DA DIGNIDADE DA PESSOA HUMANA
E A NORMA JURÍDICA TRIBUTÁRIA

criar tanto o eu como a realidade. O marco inicial dessa teoria foi a obra de Wittgenstein – *Tractatus logico-philosophicus* [...]. Se assim é, podemos afirmar que o próprio processo de conhecimento é uma relação entre linguagens. Se tudo é linguagem, nada existindo fora desses limites, não só o objeto como o próprio ser cognoscente, bem como o próprio conhecimento e, finalmente, a própria realidade, só seriam apreendidos como sentido, cultura construídos pelo homem.[99]

O objeto do conhecimento não são as coisas, mas as proposições que as descrevem. Assim, o mundo exterior deve ser constituído em linguagem para se considerar sua própria existência. O giro linguístico tem por pressuposto o princípio da autorreferencialidade do discurso, pilar das teorias retóricas, ou seja, a linguagem tem por base ela mesma.

Acerca das noções básicas sobre o objeto do conhecimento, Paulo de Barros Carvalho dispõe:

> O conhecimento pode ocorrer mediante qualquer das modalidades formais de consciência: a percepção, a sensação, a lembrança, as emoções, a imaginação, a vontade, o pensamento (ideias, juízos, raciocínios, sistemas), o sonhar, o alimentar esperanças etc. Consubstancia-se na apreensão do objeto mediante ato específico e a forma correspondente. É preciso salientar, contudo, que há meios mais ou menos eficazes para que se dê o fenômeno de absorção. Sempre lembrando, que, vezes sem conta, o objeto é aprisionado por atos competentes, mas por uma série de motivos sobre os quais especula a psicologia individual, ele permanece latente, oscilando em camadas inferiores do nosso espírito, que poderíamos chamar de "saberes inconscientes". Por variadas contingências existenciais, esses objetos não são conduzidos imediatamente à plataforma da consciência, o que não significa dizer que não tenham sido adequadamente capturados ou que inexistam como conhecimento. Nossas vivências pessoais atestam circunstâncias desse tope, com muita reiteração. [...] Tecidas essas notas introdutórias, que reputo indispensável, posso dizer, desde logo, que por exemplo, já existe um "quantum" de conhecimento no ato de percepção, mas o conhecimento mesmo atinge

---

99. LINS, Robson Maia. O Supremo Tribunal Federal e norma jurídica: aproximações com o constructivismo lógico-semântico, in *Vilém Flusser e juristas*: comemoração dos 25 anos do grupo de estudo de Paulo de Barros Carvalho, cit., p. 374.

sua plenitude quando aquele conteúdo se torna alvo de modalidades de pensamento (juízo).[100]

O conhecimento é que nos acessa as definições. Conhecemos o significado das palavras, dentro de uma realidade sociocultural, correlacionando-as com outras significações.

O fenômeno do conhecimento passa necessariamente pela descrição do objeto, em linguagem, pelo homem. Cediço, a linguagem cria realidades. Somente por meio dela é que conhecemos, identificamos e transformamos dados colhidos do mundo da experiência em realidade objetiva.

Oportuna a lição de Fabiana Del Padre Tomé: "Algo só tem existência no mundo social quando a palavra o nomeia, permitindo que apareça para a realidade cognoscente".[101] Para Lenio Luiz Streck, é preciso, ao discorrer sobre o assunto, ressaltar não ser possível falar sobre algo que não se consegue verter em linguagem:

> Isto porque é pela linguagem que, simbolizando, compreendo; logo, aquele real, que estava fora do meu mundo, compreendido através da linguagem, passa a ser realidade. Dizendo de outro modo: estamos mergulhados em um mundo que somente aparece (como mundo) na e pela linguagem. Algo só é algo se podemos dizer que é algo [...]. A construção social da realidade implica um mundo que pode ser designado e falado com as palavras fornecidas pela linguagem de um grupo social (ou subgrupo). O que não puder ser dito na sua linguagem não é parte da realidade desse grupo; não existe, a rigor.[102]

Assim, pertinente o ensinamento de Humberto Maturana e Francisco Varela, de que "todo ato de conhecimento produz um mundo".[103] Verifica-se, pois, que o conhecimento é produ-

---

100. CARVALHO, Paulo de Barros. *Direito tributário, linguagem e método*, cit., p. 11-12.

101. TOMÉ, Fabiana Del Padre. *A prova no direito tributário*, cit., p. 6-7.

102. STRECK, Lenio Luiz. *Hermenêutica jurídica em crise*: uma exploração hermenêutica da construção do direito. Porto Alegre: Livraria do Advogado, 1999, p. 178.

103. MATURANA, Humberto; VARELA, Francisco. *A árvore do conhecimento*. Tradução de Jonas Pereira dos Santos. Campinas: PSY II, 1995, p. 68.

O PRINCÍPIO DA DIGNIDADE DA PESSOA HUMANA
E A NORMA JURÍDICA TRIBUTÁRIA

ção humana e deve sempre remeter a um contexto, ao qual está condicionado, ou seja, coordenadas de espaço e de tempo (meio social e tempo histórico).

Outro aspecto relevante a destacar é que inexiste conhecimento sem sistema de referência. Ensina, sobre tal vertente, Aurora Tomazini de Carvalho que "o ato de conhecer se estabelece por meio de relações associativas, condicionadas pelo horizonte cultural do sujeito cognoscente e determinadas pelas coordenadas de tempo e espaço em que processadas".[104]

Sem discrepância, afirma Goffredo Telles Junior que "sem sistema de referência, o conhecimento é desconhecimento".[105]

Assim, a teoria do direito, dentro da qual estão imersos os estudos da principiologia e suas implicações, existe para explicar cientificamente o direito, reduzindo complexidades de sua linguagem, para que os operadores jurídicos utilizem todo o arcabouço instrumental com maior eficiência e agilidade.

A ciência do direito exsurge como linguagem de sobrenível, ou seja, constitui realidade linguisticamente descritiva de outra linguagem objeto.

Paulo de Barros Carvalho afirma:

> A Ciência do Direito toma como eixo temático um fenômeno linguístico – o direito posto, um plexo de enunciados prescritivos e suas significações (as normas jurídicas) [...]. Como sistema nomoempírico teorético que é, a Ciência do Direito tem de ter uma hipótese-limite, sobre a qual possa construir suas estruturas. Do mesmo modo que as outras ciências, vê-se o estudioso do direito na contingência de fixar um axioma que dê último ponto de apoio para o desenvolvimento do seu discurso descritivo, evitando, assim, o *regressus ad infinitum*. A descoberta da norma fundamental por Hans Kelsen é o postulado capaz de dar

---

104. CARVALHO, Aurora Tomazini de. *Curso de teoria geral do direito*: o constructivismo lógico-semântico, cit., p. 22.

105. TELLES JUNIOR, Goffredo. *O direito quântico*. 8. ed. São Paulo: Max Limonad, 2006, p. 289.

sustentação à Ciência do Direito, demarcando-lhe o campo especulativo e atribuindo unidade ao objeto da investigação [...].[106]

A linguagem objeto é materializada na linguagem escrita — Constituição, leis, decretos, sentenças, acórdãos. Daí a expressão corrente de que a ciência do direito ou dogmática jurídica é metalinguagem em relação ao direito: uma linguagem científica que aborda uma linguagem jurídica.

Nesse contexto, é o direito positivo construção do homem, vertido em linguagem prescritiva de condutas. As unidades normativas selecionam fatos e regulam comportamentos, no campo da experiência.

O que convém, em princípio, ao jurista é a análise do complexo de normas jurídicas válidas (linguagem positivada), num determinado país, em dado momento histórico. Difere, portanto, a jurídica da linguagem natural, pois a linguagem do direito cria o domínio do jurídico, ou seja, o campo material das condutas intersubjetivas.

O direito positivo é o objeto da ciência do direito, é dizer, o qualificativo "positivo" significa o produto de um ato de vontade do legislador (ato de poder).

Necessário enfatizar que todo trabalho que pretende ser científico envolve cortes metodológicos e, sobretudo, o presente recorte de se tomar o direito como conjunto de normas jurídicas, na expressão kelseniana, vez que toda a análise partirá de seus componentes — normas jurídicas como gênero; princípios e suas acepções — a fim de especificar seus conteúdos, estruturas e relações com outras normas postas no sistema do direito positivo.

Afirmamos, então, que estamos diante de uma estrutura estática: conteúdo normativo e respectiva estrutura e de uma análise dinâmica: criação e aplicação das normas integrantes do sistema jurídico.

---

106. CARVALHO, Paulo de Barros. *Direito tributário*: fundamentos jurídicos da incidência. 9. ed. São Paulo: Saraiva, 2012, p. 77-78.

O PRINCÍPIO DA DIGNIDADE DA PESSOA HUMANA
E A NORMA JURÍDICA TRIBUTÁRIA

Ressalte-se a impossibilidade de neutralidade axiológica ao se aproximar do direito positivo, e mais, o conhecimento jurídico já está com seu objeto apropriado por conceitos, daí a máxima de que o direito fala em si mesmo e que seus enunciados carregam valores.

A linguagem do direito positivo tem função prescritiva, pois visa à regulamentação de comportamentos alheios para implementar valores.

Assinala Lourival Vilanova: "Todas as organizações normativas operam com esta linguagem para incidir no proceder humano canalizando as condutas no sentido de implementar valores."[107]

A linguagem prescritiva está estruturada pela lógica deôntica (do dever-ser). Assim, todo comando está sob a forma hipotético-condicional (H-C) e, em face do universo do comportamento humano regulamentado no direito positivo, as estruturas deônticas operam em três modalizadores: obrigatório (O), permitido (P) e proibido (V). Eles representam os valores intrínsecos às condutas disciplinadoras da linguagem prescritiva, excluída qualquer outra possibilidade de conduta.

Os valores são próprios de todo objeto cultural, o que se diferenciam são os juízos desses valores a serem descritos pela ciência jurídica. Ademais, não deve o jurista dogmático ater-se somente em bem descrever as proposições normativas, mas deve, ao contrário, utilizar-se da liberdade, inerente ao direito, de exercer a conduta normativa descrita ou omitir-se.

Lourival Vilanova revela que

> o sujeito do conhecimento, quando trava contato com o mundo dos conteúdos sociais e históricos, vem a travar contato consigo mesmo e ao invés da relação pura sujeito-objeto, mescla-se essa relação com uma inevitável parcela de atitude prático-valorativa.[108]

---

107. VILANOVA, Lourival. *As estruturas lógicas e o sistema do direito positivo*, cit., p. 18.

108. VILANOVA, Lourival. O problema do objeto da teoria geral do Estado. In: ____. *Escritos jurídicos e filosóficos*. São Paulo: Axix Mundi; IBET, 2003. v. 1, p. 220.

Tais abordagens são fundamentais para o tema sob comento, pois os princípios, normas jurídicas que são, compõem o sistema jurídico, dotados de carga valorativa e normatividade. Ademais, sua integração e aplicabilidade dependem da função humana de criação linguística na prescritividade de seus enunciados e na tarefa interpretativa.

Anota Dardo Scavino[109] que "não existem fatos, só interpretações, e toda interpretação interpreta outra interpretação".

Certo é que o direito cria suas próprias realidades, pois ao se detectar algo por meio dos sentidos, tem-se apenas um dado bruto da realidade, que somente existirá quando contextualizada pela língua, cuja finalidade precípua é criar realidade dentro desse processo linguístico. O direito é sistema comunicacional, inserido num contexto social que nada mais é do que um sistema de comunicação entre seus membros integrantes.

Sabemos, ainda, o quanto é acentuado o grau de complexidade em qualquer das camadas hierárquicas do sistema, quer pelas muitas informações que prescreve, quer por omissões que devem ser supridas.

Cabe ao intérprete a adoção de caminhos estratégicos, com o escopo de reduzir as complexidades e conhecer o objeto pretendido. Tais caminhos são, inexoravelmente, a limitação da amplitude semântica e a escolha de modelos sistêmicos abstratos.[110]

---

109. SCAVINO, Dardo. *La filosofía actual*: pensar sin certezas. Buenos Aires: Paidós Postales, 1999, p. 36.

110. GAMA, Tácio Lacerda. *Competência tributária*: fundamentos para uma teoria da nulidade, cit., p. XXIX.

4. NORMA JURÍDICA E INCIDÊNCIA JURÍDICO-TRIBUTÁRIA

4.1 A compreensão e o direito

Percorrido o caminho explicativo dos princípios e de sua condição normativa, vamos, neste capítulo, abordar o direito e sua funcionalidade, através de suas unidades, normas jurídicas e como afinal se dá a fenomenologia da incidência jurídica. De nada adiantaria um esforço dogmático se não pudéssemos aferir como se dará a regulação das condutas humanas pela efetividade dos princípios constitucionais e do próprio escopo do direito. O que se pretende neste estudo é exatamente defender enfaticamente a efetividade dos direitos fundamentais, em especial o da dignidade da pessoa humana, pela via de uma tributação qualitativa calcada na justiça fiscal, respeitado o plexo principiológico informador do sistema tributário nacional.

A dimensão do princípio da dignidade da pessoa humana dar-se-á, no campo do direito tributário, por via dos direitos fundamentais dos contribuintes.

Afinal, na lição de Paulo de Barros Carvalho,

> compreender é a atitude gnosiológica própria aos objetos culturais, precisamente ali onde se demora o Direito. Realiza-se, de modo invariável, pelo processo empírico-dialético: em clima de

> contínua dinamicidade, o intérprete locomove-se entre a linguagem dos enunciados jurídico-prescritivos e a linguagem da experiência, num incessante movimento dialético, atribuindo valores aos signos, isto é, adjudicando-lhes significações.[111]

Ao adentrarmos no tema deste capítulo relativo à norma jurídica tributária e à fenomenologia da incidência, não é demais relembrar algumas premissas adotadas, em especial quanto ao fato do direito positivo ser objeto cultural, com forte carga axiológica, imerso no universo da linguagem prescritiva de condutas e, ainda, o fato de existir para ser aplicado, ou seja, para regular as relações humanas, implementando valores, em dado território e em certo tempo.

Afirmamos peremptoriamente que o direito revela-se pela linguagem que o cria e o integra para tornar claro ao leitor que não há que se falar em direito sem normas jurídicas e essas não existem sem uma linguagem que as expresse. Justamente aí é que se encontram as barreiras de compreensão do direito, pois, diversamente de uma linguagem que apenas descreva seu objeto (fenômeno natural), no âmbito jurídico temos a linguagem em dois níveis: a linguagem descritiva da ciência do direito e a linguagem prescritiva do direito vigente. Assim, há no processo de compreensão o inexorável aspecto de confrontar-se o sujeito cognoscente com o resultado da experiência e seus valores.

Lourival Vilanova afirma: "O homem é demasiado humano para contemplar as realidades humanas, sem tomar posição, sem decidir-se positiva ou negativamente, num estado de adiáfora purificação e neutralidade ante o dever-ser de um dado ser que é inseparável do homem."[112]

A questão que logo vem à mente para elucidar esse processo é justamente o campo fenomenológico da incidência e,

---

111. CARVALHO, Paulo de Barros. *Derivação e positivação no direito tributário*, cit., v. 1, p. XVII.

112. VILANOVA, Lourival. O problema do objeto da teoria geral do Estado, in *Escritos jurídicos e filosóficos*, cit., v. 1, p. 220.

O PRINCÍPIO DA DIGNIDADE DA PESSOA HUMANA
E A NORMA JURÍDICA TRIBUTÁRIA

por delimitação deste estudo, da incidência tributária, que aliás nada difere da incidência das normas jurídicas em geral, pois há homogeneidade sintática das unidades do sistema.

Percorreremos, então, o campo dos elementos constitutivos do direito; como temos por proposição que o direito é sistema comunicacional, igualmente as normas jurídicas exsurgem como unidades linguísticas e, ao analisá-las, vamos ao depois entender o fenômeno de incidência, que vai atingir o campo material das condutas e, portanto, realizar a finalidade precípua de um ordenamento jurídico. Fenômeno esse que é o seu próprio funcionamento.

Lourival Vilanova nos dá este norte:

> O direito é uma técnica de esquematizar classes de conduta para poder dominar racionalmente a realidade social. Generaliza em esquemas abstratos a vida, em sua concreção existencial, para ofertar a possibilidade de previsão de condutas típicas, indispensável à coexistência social.[113]

Vejamos, então, o que vem a ser norma jurídica, elemento que integra o direito positivo, sendo certo que, buscando seu fundamento de validade na Constituição, o ciclo de positivação do direito se realiza por via das normas jurídicas individuais e concretas.

Tercio Sampaio Ferraz Junior assinala que

> o direito é um dos fenômenos mais notáveis na vida humana. Compreendê-lo é compreender uma parte de nós mesmos. [...] Ser livre é estar no direito e, no entanto, o direito também nos oprime e tira-nos a liberdade. Por isso, compreender o direito não é um empreendimento que reduz facilmente a conceituações lógicas e racionalmente sistematizadas. O encontro com o direito é diversificado, às vezes conflitivo e incoerente, às vezes linear e consequente. Estudar o direito é, assim, uma atividade difícil, que exige não só acuidade, inteligência, preparo, mas também

---

113. VILANOVA, Lourival. *As estruturas lógicas e o sistema do direito positivo*, cit., p. 203.

encantamento, intuição, espontaneidade. Para compreendê-lo, é preciso, pois, saber e amar.[114]

Devemos, então, buscar dentro dos limites do próprio direito seu fundamento de validade, porque é no direito que estão prescritas normas jurídicas e seus respectivos conteúdos e consequências, sob o binômio lícito/ilícito de produção dessas unidades linguísticas. Não se desconhece, todavia, a influência indireta de outros sistemas, como o social, o político e o econômico, na escolha dos fatos a serem colhidos na formação do antecedente normativo, via da linguagem jurídica, única possibilidade de tais fatos adentrarem o sistema jurídico.

4.2 Conceito de norma jurídica

Norma jurídica, conceito que pertence à teoria geral do direito, é na expressão de Paulo de Barros Carvalho, "juízo implicacional construído pelo intérprete em função da experiência no trato com os suportes comunicacionais".[115]

Paulo Ayres Barreto acrescenta que

> para melhor compreender o sistema tributário brasileiro é preciso conhecer as partes que o compõem. A propriedade fundamental de um sistema é a interdependência de suas partes [...]. Norma Jurídica é a significação construída a partir do direito positivo, de cunho coercitivo, e que se destina à regulação de condutas intersubjetivas. O direito é um sistema composto por normas. Não há como bem compreendê-lo sem conhecer as suas estruturas mínimas, de um lado, e a forma como elas se relacionam, de outro. A estrutura completa de toda norma jurídica é composta por uma norma primária e uma secundária".[116]

---

114. FERRAZ JUNIOR, Tercio Sampaio. *Introdução ao estudo do direito, técnica, decisão, dominação*. 6. ed. rev. e ampl., 4. reimpr. São Paulo: Atlas, 2012, p. 21.

115. CARVALHO, Paulo de Barros. *Derivação e positivação no direito tributário*, cit., v. 1, p. 34.

116. BARRETO, Paulo Ayres. Contribuições: regime jurídico, destinação e controle. 2. ed. São Paulo: Noeses, 2011, p. 6-7.

O PRINCÍPIO DA DIGNIDADE DA PESSOA HUMANA
E A NORMA JURÍDICA TRIBUTÁRIA

Pois bem, não resta dúvida quanto à vagueza e ambiguidade presentes na conceituação de norma jurídica, dificuldades próprias dos vícios da linguagem, sempre oponível à dogmática jurídica.

Aurora Tomazini de Carvalho explica o motivo gerador de tantas dúvidas:

> Toda confusão se instaura porque utilizamo-nos da expressão "norma jurídica" para designar as unidades do sistema do direito positivo, quando este, por manifestar-se em linguagem, apresenta-se em quatro planos: (i) S1 – plano físico (enunciados prescritivos); (ii) S2 – plano das significações isoladamente consideradas (proposições jurídicas); (iii) S3 – plano das significações estruturadas (normas jurídicas); e (iv) S4 – plano de contextualização das significações estruturadas (sistema jurídico).[117]

Busquemos, então, elucidar tal processo com a instrumentalidade da semiótica e identificar a predominância de qual nível de linguagem — semântico, pragmático ou sintático —, percurso que Robson Maia Lins nos convida a trilhar:

> [...] temos definições que ora primam pelo enfoque semântico (*v.g.* norma jurídica é o instrumento elaborado pelos homens para lograr aquele fim consistente na produção da conduta desejada); outros vão sobrelevar o nível pragmático (*v.g.* norma jurídica é um programa de ação em face da crescente estabilização e burocratização dos sistemas sociais); e outros ainda primam pelo aspecto sintático (*v.g.* norma jurídica é um juízo hipotético-condicional, que, por meio da imputação deôntica ou causalidade jurídica, liga o antecedente ao consequente.[118]

Norma jurídica é, pois, uma construção de sentido a partir do texto positivado. Esse é o aspecto que merece destaque.

---

117. CARVALHO, Aurora Tomazini de. *Curso de teoria geral do direito*: o constructivismo lógico-semântico, cit., p. 278.

118. LINS, Robson Maia. *Controle de constitucionalidade da norma tributária*: decadência e prescrição. São Paulo: Quartier Latin, 2005, p. 52.

4.3 A estrutura hipotético-condicional da norma jurídica

Enfocaremos agora o aspecto sintático da linguagem, o que possibilita, desde logo, assinalar que, nesse âmbito, a norma jurídica em sentido estrito tem o mesmo arquétipo estrutural, ou seja, hipotético-condicional. Aparece no terceiro plano suprarreferido S3 como a significação obtida dos enunciados do direito positivo.

Lembremos, com Paulo de Barros Carvalho,[119] que é justamente a percepção do sentido, a significação que a leitura dos textos do direito positivo provoca em nosso espírito, aquilo que constitui o que chamamos de norma jurídica em sentido estrito.

Nessa compreensão do efetivo sentido da mensagem legislada, a questão da efetividade dos direitos fundamentais na ordem tributária salta aos olhos. Porque é no plexo principiológico e seu sentido intercalar e sistêmico que vamos informar e conduzir os rumos que as regras jurídicas de escala inferior no sistema vão efetivar os mandamentos constitucionais por via das unidades integrantes do direito positivo, ou seja, das normas jurídicas. Estas é que tocam e alteram a realidade social, regulando condutas e fecham o ciclo de positivação do direito, como veremos.

Roque Antonio Carrazza partilha o mesmo entendimento, afirmando que

> realmente, a partir dos enunciados do direito positivo, o exegeta, valorando-os, constrói as normas jurídicas. Não se nega que estas tomam como ponto de partida os textos do direito positivo, porém seu conteúdo vem discernido pelo intérprete, que se vale, para tanto, de sua própria ideologia, isto é, de sua *pauta de valores*. As normas jurídicas são, pois, construções intelectuais do intérprete, efetuadas a partir da análise da legislação *lato sensu*.[120]

---

119. CARVALHO, Paulo de Barros. *Curso de direito tributário*, cit., p. 8.

120. CARRAZZA, Roque Antonio. *Reflexões sobre a obrigação tributária*. São Paulo: Noeses, 2006, p. 17.

O PRINCÍPIO DA DIGNIDADE DA PESSOA HUMANA
E A NORMA JURÍDICA TRIBUTÁRIA

É dizer, em todas as unidades do sistema, encontraremos, invariavelmente, a estrutura formal, com sentido deôntico completo: deve-ser que, dado o fato F que, ocorrido no plano da realidade físico-social, fará nascer uma relação jurídica (S' R S") entre dois sujeitos de direito, modalizada com um dos operadores deônticos: obrigatório, proibido ou permitido (O, V, P).

Robson Maia Lins assinala que

> norma jurídica, tomada na sua acepção sintática, é uma estrutura bimembre constituída de um antecedente e de um consequente, capaz, minimamente, de regular condutas, e encontra-se um passo adiante dos enunciados prescritivos, desde que hábil a modalizar deonticamente uma conduta naquela estrutura hipotética-condicional.[121]

Temos ainda, na lição de Paulo de Barros Carvalho:

> Apenas com esse esquema formal haverá possibilidade de sentido deôntico completo. Sua composição sintática é constante: um juízo condicional, em que se associa uma consequência à realização de um acontecimento fáctico previsto no antecedente, fazendo por meio implicacional. Eis o porquê de afirmar-se ser a norma jurídica a unidade irredutível do deôntico.[122]

A norma jurídica produzida mentalmente pelo intérprete tem como estrutura formal sempre um antecedente – que descreve um fato colhido da realidade social – implicando um consequente – estabelecendo critérios identificadores da relação jurídica instaurada entre dois sujeitos de direito. Notemos, então, que há possibilidade de extrair-se de um texto único (enunciado prescritivo) diversas normas, pois que elas são construídas a partir das significações possíveis. O limite encontrado é que tanto o fato escolhido no antecedente normativo quanto a regulação do comportamento devem situar-se no mundo das possibilidades, para que a regra seja aplicada, tornando-se eficaz.

---

121. LINS, Robson Maia. *Controle de constitucionalidade da norma tributária*: decadência e prescrição, cit., p. 51.

122. CARVALHO, Paulo de Barros. *Direito tributário, linguagem e método*, cit., p. 168.

Prosseguindo no percurso gerador de sentido dos enunciados prescritivos contidos nos textos jurídicos, é caminho seguro para o exegeta essa abordagem estrutural-formal na forma hipotético-condicional para construção da norma jurídica, pois ela é o mínimo irredutível de manifestação do deôntico; com isso queremos dizer que é o mínimo necessário para que a comunicação legislada alcance seu objetivo, ou seja, chegue ao receptor.

Daí extraímos que o direito é homogêneo sintaticamente, eis que essa é a estrutura das regras que o compõem.

Lourival Vilanova diz com precisão que

> o que confere homogeneidade a todas as regras de Direito positivo é a sua normatividade. O ponto de partida é normativo: a norma fundamental, para tomarmos o *modelo kelseniano de explicação*. Consiste essa homogeneidade estrutural no modo constante de relacionar os dados ou elementos (fatos e condutas) da experiência.[123]

O que percebemos diversamente é que há variedade de conteúdos, que se encontram no plano da heterogeneidade semântica.

Assim, a variação de conteúdo preenche os "espaços" da fórmula lógica, pois as normas jurídicas alteram-se em razão da matéria escolhida pelo legislador, bem assim os valores que vão nortear o caminho do exegeta.

No que tange à estrutura da norma jurídica, ela é assim composta:

1) Pela hipótese (antecedente ou pressuposto), que contém a descrição de um fato/situação de possível ocorrência colhida pelo legislador, dentro do campo da realidade social, que ensejará efeito jurídico. Anote-se, na esteira de Lourival Vilanova, que:

> O fato se torna fato jurídico porque ingressa no universo do direito através da porta aberta que é a hipótese. E o que determina quais propriedades entram, quais não entram, é o ato-de-valoração que preside à feitura da hipótese da norma.[124]

---

123. VILANOVA, Lourival. *As estruturas lógicas e o sistema do direito positivo*, cit., p. 165.

124. Idem, p. 89.

O PRINCÍPIO DA DIGNIDADE DA PESSOA HUMANA
E A NORMA JURÍDICA TRIBUTÁRIA

2) Pelo consequente (tese), que tem por fim delimitar o vínculo de relação jurídica instaurada entre dois sujeitos, modalizada como obrigatória (O), proibida (V) ou permitida (P), quando ocorrente a situação prevista na hipótese. Aqui temos a principal característica do direito, que é a efetiva prescrição da conduta humana regulada, da qual exsurge um direito subjetivo e um dever a ele relacionado.

Na estrutura da norma jurídica temos o operador deôntico interproposicional: o "dever-ser" neutro relacionando hipótese e consequente. E o operador deôntico intraproposicional presente no consequente normativo, estabelecendo a relação entre os dois sujeitos de direito, de forma modalizada: obrigatório (O), proibido (V) ou permitido (P).

Vemos exatamente o exposto na lição de Paulo de Barros Carvalho:

> A derradeira síntese das articulações que se processam entre as duas peças daquele juízo, postulando uma mensagem deôntica portadora de sentido completo, pressupõe, desse modo, uma proposição – antecedente, descritiva de possível evento do mundo social, na condição de suporto normativo, implicando uma proposição – tese, de caráter relacional, no tópico do consequente. A regra assume, portanto, uma feição dual, estando as proposições implicante e implicada unidas por um ato de vontade, de quem detém o poder jurídico de criar normas, expressa-se por um "dever-ser" neutro, no sentido de que não aparece modalizado nas formas "proibido", "permitido" e 'obrigatório". "Se o antecedente, então deve-ser o consequente'. Assim, diz toda e qualquer norma jurídica positiva".[125]

Sem a pretensão da profundidade do aspecto suprarreferido, temos, na lição de Lourival Vilanova, a sempre clareza a nos conduzir:

> Na primeira (norma primária) realizada a hipótese fática, sobrevém a relação jurídica com sujeitos em posição ativa e passiva,

---

125. CARVALHO, Paulo de Barros. *Direito tributário*: fundamentos jurídicos da incidência, cit., p. 48.

com pretensões e deveres; na segunda (norma secundária), o pressuposto é o não cumprimento, que funciona como fato fundante de outra pretensão, a de exigir coativamente perante órgão estatal a efetivação do dever constituído na norma primária.[126]

Quanto à dupla feição normativa, a norma jurídica pode ser primária ou secundária. Uma complementa a outra, uma vez que a coercitividade presente na norma secundária é imprescindível para a estrutura normativa jurídica.

4.4 O fenômeno da incidência jurídico-tributária

O direito é sistema de extrema complexidade e o percurso gerador de sentido e respectiva efetividade de seus elementos integrantes – normas jurídicas – realizado pelo aplicador e intérprete do ordenamento jurídico também envolve os mesmos caminhos.

O universo do direito, o sabemos, tem existência própria, imerso no mundo do "dever-ser", no qual a causalidade é normativa, ou seja, impõe a atuação humana em sua construção, relacionando um fato a uma determinada relação jurídica. Diversamente, no mundo do "ser", a causalidade é natural, correlacionado a ocorrência de fatos naturais aos seus efeitos.

Assim, o direito positivo, como conjunto de normas válidas, sob as coordenadas de espaço e tempo, integra o mundo do "dever-ser", criando o direito suas próprias realidades.

Na expressão de Pontes de Miranda,[127] no direito, o cindir é desde o início, ou seja, o ato de conhecimento torna-se possível mediante recortes metodológicos. É o que faremos, novamente, neste tópico da positivação do direito.

---

126. VILANOVA, Lourival. *Causalidade e relação no direito.* São Paulo: Saraiva. 1989, p. 188.

127. MIRANDA, Pontes de. *O problema fundamental do conhecimento.* 2. ed. Rio de Janeiro, Borsoi, 1972, p. 54.

O PRINCÍPIO DA DIGNIDADE DA PESSOA HUMANA
E A NORMA JURÍDICA TRIBUTÁRIA

Não resta dúvida de que originariamente compete ao legislador, órgão legitimado para tanto, a introdução de normas jurídicas no sistema, as chamadas normas gerais e abstratas; estas, por sua vez, descrevem fatos de possível ocorrência, relacionando-os a obrigações para grupo indeterminado de sujeitos.

O maior patamar de positivação é alcançado apenas e tão somente quando se chega ao nível de individualização e concretude do quanto exposto nas normas gerais e abstratas, inserindo no sistema, então, as chamadas normas individuais e concretas. Aqui existe a efetiva descrição da ocorrência do fato hipoteticamente descrito naquelas, com a indicação precisa do sujeito que deverá cumprir o quanto determinado na relação jurídica instaurada.

No universo ora em destaque neste estudo, relativamente ao direito tributário, tem-se a determinação constitucional de que as pessoas políticas – União, Estados, Distrito Federal e Municípios – são detentoras da aptidão para criar *in abstracto* tributos por via da edição de normas gerais e abstratas.

Após, o sujeito elencado pelo sistema como autoridade competente, ao verificar a ocorrência no mundo fenomênico do fato hipoteticamente descrito nas normas gerais, também o descreve no antecedente da norma individual e concreta, produzindo, então o fato jurídico tributário. Em outro giro, o fato social, vertido em linguagem competente, torna-se jurídico. Assim determina o sistema para receber, em seu interior, os enunciados prescritivos.

O direito positivo é sistema hierarquizado e, portanto, as normas gerais e abstratas encontram-se em patamar elevado; na medida que se percorre, de forma descendente, o sistema, aparecem outras normas, as gerais e concretas, individuais e abstratas, até as individuais e concretas, de forma que esse caminho revela de que maneira o direito vai se positivando, ou seja, como ele se realiza, até atingir as condutas interpessoais. Eis o processo de positivação: *iter* normativo na direção do comportamento humano.

Para Paulo de Barros Carvalho, "em rigor, não é o texto normativo que incide sobre o fato social, tornando-o jurídico. É o ser humano que, buscando fundamento de validade em norma geral e abstrata, constrói a norma individual e concreta".[128]

Quando se fala em incidência jurídico-tributária, se está na órbita da linguagem do direito positivo que, projetando-se no universo da realidade social das condutas que pretende regular, vai organizá-las deonticamente.

Interessante notar que, por óbvio, as normas gerais e abstratas, justamente pela característica da sua generalidade, não têm como, desde logo, projetar-se para atingir as condutas interpessoais. Então, o caminho até a concretude – pelas normas individuais e concretas – é exigência imperiosa do próprio sistema, ou seja, a sucessão de normas, pela atuação humana, movimentando a estrutura do direito.

Daí o destaque do que vem a ser positivação e derivação, processos distintos que descrevem o *iter* da compreensão, conhecimento e aplicabilidade das normas jurídicas, cumprindo o direito sua função precípua de regular condutas e permitir o convívio social. Assim, pode o jurista compor as normas com o escopo de conjugá-las, mediante esses processos de coordenação, em movimentos ascendentes e descendentes, na escala hierarquizada que é o sistema normativo.

Positivação, para Paulo de Barros Carvalho,[129] é a sequência de atos normativos inseridos na dinâmica do sistema jurídico, cujo percurso é uniforme e a direção descendente. Da Constituição parte o exegeta, atravessando todo percurso de normas escalonadas no sistema, até as normas individuais e concretas.

A derivação, diferentemente, é o caminho inverso: parte o exegeta da unidade normativo e escala o sistema, até as normas presentes em seu patamar mais elevado.

---

128. CARVALHO, Paulo de Barros. *Direito tributário, linguagem e método*, cit., p. 422.

129. CARVALHO, Paulo de Barros. *Derivação e positivação no direito tributário*, cit., v. 1, p. XVII.

O PRINCÍPIO DA DIGNIDADE DA PESSOA HUMANA
E A NORMA JURÍDICA TRIBUTÁRIA

A incidência jurídica, e também a tributária, se dá em duas operações, a saber: a subsunção ou inclusão de classes e a implicação.

- Subsunção ou inclusão de classes: reconhece-se uma ocorrência concreta, num determinado espaço e tempo, de forma que há inclusão na classe dos fatos previstos no antecedente da norma geral e abstrata;

- Implicação: é fórmula normativa que enfatiza o antecedente e implica o consequente. Ou seja, o fato concreto, ocorrido, faz nascer uma relação jurídica determinada, entre dois ou mais sujeitos de direito.

A fórmula da linguagem é assim representada: se o fato F pertence ao conjunto da hipótese normativa (Hn), então deve ser a consequência também prevista na norma (Rj).

O elemento humano é condição essencial e intrínseca para a incidência jurídica ocorrer. É o homem que faz a subsunção e promove a respectiva implicação que o preceito normativo determina. As normas, é certo, não incidem por força própria, pois o homem é o elemento intercalar que movimenta as estruturas do direito.

O direito, então, se realiza e cumpre sua missão de regular os procedimentos interpessoais, tornando a vida possível numa sociedade.

Preciso o ensinamento de Alfredo Augusto Becker:

> O Direito Positivo não se mantém em estado de "ideal descarnado", pois o Direito Positivo só existe referindo-se à realidade social. A regra jurídica nasce da oportunidade de conflitos e situações sociais em que o Estado quer intervir. A regra jurídica deve ser construída não para um mundo ideal, mas para agir sobre a realidade social.[130]

A linguagem vai certificar os acontecimentos e expedir novos comandos normativos, observada a estrutura formal:

---

130. BECKER, Alfredo Augusto. *Teoria geral do direito tributário*. 5. ed. São Paulo: Noeses, 2010, p. 75.

um antecedente de cunho descritivo e um consequente de teor prescritivo.

A presença da linguagem é imprescindível nesse processo de efetividade do direito, pois por meio dela se relata um evento acontecido no mundo da experiência e ainda o vínculo jurídico que ligará dois ou mais sujeitos do direito (fato jurídico e relação dos sujeitos de direito).

Na ausência de linguagem própria, não teremos fatos jurídicos e, por consequência, nem direitos e obrigações deles nascidos.

A linguagem é que vai juridicizar os fatos, condutas, valorando-os com um sinal positivo da licitude ou negativo da ilicitude.

Tal ocorrência fará aparecer, então, o direito como sobrelinguagem, ou linguagem de sobrenível, "cortando a realidade social com a incisão profunda da juridicidade".[131]

A linguagem vai delimitar a facticidade jurídica:

> Assim como um evento qualquer, para tornar-se fato, exige relato em linguagem competente, qualquer acontecimento ou mesmo qualquer fato social que pretenda ingressar no reino da facticidade jurídica precisa revestir-se da linguagem própria que o direito impõe.[132]

O fenômeno da atuação do direito se dará por via de três dimensões da linguagem:

- o domínio da linguagem do direito positivo;

- o plano da linguagem da realidade social;

- a plataforma da linguagem da facticidade jurídica.

Assim, "da projeção da linguagem do direito positivo sobre o plano da realidade social, surge o domínio da facticidade

---

131. CARVALHO, Paulo de Barros. *Direito tributário*: fundamentos jurídicos da incidência, cit., p. 11.

132. Idem, p. 13.

O PRINCÍPIO DA DIGNIDADE DA PESSOA HUMANA
E A NORMA JURÍDICA TRIBUTÁRIA

jurídica".[133] Interpretando, a linguagem do direito positivo incidindo sobre a linguagem da realidade social produz a linguagem da facticidade jurídica.

Lembremos, mais, que a facticidade jurídica é ponto de intersecção entre as outras duas camadas linguísticas (linguagem do direito positivo e linguagem da realidade social).

A expressão "legislar é uma arte" explica-se porque o legislador, ao produzir uma regra, mobiliza o máximo possível de estimativas, crenças, valores e sentimentos dos destinatários da regra. Faz assim com que o receptor queira (ato de vontade) cumprir o mandamento da conduta prescrita, pois ela goza, após o término de tal processo legislativo, da chamada eficácia social da norma jurídica.

Por óbvio, a presença da sanção como instrumento a condicionar a vontade do receptor é elemento intrínseco e importantíssimo da regra veiculada pelo legislador.

Quanto à incidência da norma tributária, devem-se analisar os mesmos aspectos acima referidos, pois o direito tributário é subsistema do direito, e tudo aqui exposto a ele se aplica.

Por fim, oportuna é a lição de Alfredo Augusto Becker: "Como já se viu, o direito positivo é um instrumento; construí-lo é arte; estudar a consistência e a atuação deste instrumento é ciência."[134]

É dizer, em resumo, publicado o veículo introdutor de enunciados prescritivos (leis, decretos, sentenças, atos administrativos etc.), o destinatário de tais enunciados saberá que, ocorrido o fato F, vai recolher aos cofres públicos uma dada quantia em pecúnia a título de tributo. No seu descumprimento, há imposição de sanção que, diga-se, também é norma secundária, completando-se o que se denomina norma jurídica em sentido completo.

---

133. CARVALHO, Paulo de Barros. *Direito tributário*: fundamentos jurídicos da incidência, cit., p. 14.

134. BECKER, Alfredo Augusto. *Teoria geral do direito tributário*, cit., p. 73-74.

5. O PRINCÍPIO DA DIGNIDADE
DA PESSOA HUMANA

5.1 Uma reflexão sobre os direitos humanos ao longo do seu percurso histórico: visão de Matthias Kaufmann

A temática dos direitos humanos é pressuposto essencial para, depois, adentrarmos no estudo do princípio da dignidade da pessoa humana.

Entendemos com Matthias Kaufmann,[135] filósofo-político da atualidade, referência obrigatória no percurso das discussões filosóficas do direito, política, direitos humanos e bioética, que como ponto de partida para análise do que se constitui, afinal, direitos humanos, devemos buscar o pensamento clássico social e político e ir até as tormentosas questões contemporâneas da modernidade, para nos colocarmos, peremptoriamente, em defesa dos direitos humanos e, concluirmos sobre sua superioridade absoluta sobre quaisquer outros direitos ou critérios de justiça.

Kaufmann inicia seu discurso assinalando que: "Os homens erguem palácios e monumentos aos direitos humanos,

---

135. KAUFMANN, Matthias. *Em defesa dos direitos humanos*: considerações históricas e de princípio. Tradução de Rainer Patriota. São Leopoldo, RS: Unisinos, 2013.

dedicam ruas aos direitos humanos [...] passam por cima dos direitos humanos."[136]

Não nos resta dúvida que o homem e seu reconhecimento universal na exigência de respeito à igualdade, independentemente de raça, classe social, etnia, religião, constituiu marco histórico da maior relevância e que nos tempos hodiernos ainda é um desafio para a filosofia e para o direito.

Foi no período axial (que inclui os séculos VIII até II a.C.) que, ineditamente, o ser humano passou a ser considerado como dotado de liberdade e razão, lançando-se, pois, os fundamentos intelectuais para a compreensão da pessoa humana e respectivos direitos a ela inerentes, universalmente reconhecidos.

A justificativa científica da dignidade humana veio a lume com o processo de evolução dos seres vivos exposto por Charles Darwin. Prosseguiu o curso das descobertas, sendo certo que o ser humano ocupa o topo da cadeia evolutiva das espécies vivas, sendo a dinâmica desse processo organizada em função do homem.

Na atual fase histórica, há proeminência do aspecto cultural sobre o natural da espécie humana. A partir da linguagem, marco decisivo que remonta há cerca de 40.000 anos, deu-se impulso gigantesco ao que Fábio Konder Comparato[137] chama de "hominização" da Terra, pelo qual o homem passou a ser independente e cônscio do mundo ao seu redor e de si mesmo. Essa concepção está expressa em discurso humanista proferido por Giovanni Pico de Mirandola.

Os direitos humanos — nos sistemas normativos e de profissão de fé, inseridos parcialmente em ambos — são, ao mesmo tempo, proclamados e violados.

Verdadeiro clamor a favor da hipocrisia, nas mais variadas vezes, as normas jurídicas (unidades integrantes do

---

136. KAUFMANN, Matthias. *Em defesa dos direitos humanos*: considerações históricas e de princípio, cit., p. 11.

137. COMPARATO, Fábio Konder. *A afirmação histórica dos direitos humanos*. 4. ed. rev. e atual. São Paulo: Saraiva, 2005, p. 6.

O PRINCÍPIO DA DIGNIDADE DA PESSOA HUMANA
E A NORMA JURÍDICA TRIBUTÁRIA

direito positivo) são utilizadas para regular condutas humanas, orientando os comportamentos para o campo da licitude, permitindo a convivência em sociedade. Dentre as funções sociais das profissões de fé, há uma proposta de plano comum de entendimento e consenso. A hipocrisia reside no fato de que, embora haja quem leve esses propósitos a sério, boa parte apenas diz que os cumprem, criando uma falsa imagem de moralidade, ética e eficácia do sistema jurídico.

Assim, à evidência, a fé religiosa e a chamada "luta pelos direitos humanos" em muitas ocasiões são abusivamente utilizadas para fins de domínio político.

A problemática acerca da ameaça aos direitos humanos, intensificada desde as décadas iniciais do século XXI, está justamente no fato de que muitos ignoram esses direitos ou, pior, não lhes dão a devida importância.

São exemplos a China e países árabes, onde os direitos de liberdade de opinião e imprensa não existem, fundamentando sua crítica aos direitos humanos porque são contingentes e têm por fundamento a proteção burguesa de privilégios e propriedade.

Os direitos humanos, na sua acepção hodierna, remontam mais ao direito da Igreja do século XII e à "querela da pobreza" do século XIV, do que ao capitalismo.

Foi absolutamente nuclear seu desenvolvimento posterior, qual seja, a conexão com a primeira forma de economia global, juridicidade e moralidade: jusnaturalismo do século XVI (justificativa da colonização da América do Sul e do escravismo). Daí a importância de debate dos direitos natural e racional (séculos XVII e XVIII).

A reflexão sistemática nos faz distinguir os tipos de direitos humanos, obedecendo à sucessão cronológica, e ver quais os mecanismos de fundamentação desses direitos. Na Europa e na América não mais se entendem esses direitos com base no princípio cristão, de validade universal. É preciso perquirir outro caminho referencial à natureza humana e sua conexão com a dignidade humana (debates no campo da medicina: ética, pesquisa de embriões etc.).

Inverídica a afirmativa de que os direitos humanos se opõem à democracia, quando se relacionam esses direitos ao Estado moderno. Há evidente equívoco na assertiva de que os direitos humanos são obstáculos ao bem comum. É justamente no princípio da igualdade, totalmente ligado aos direitos humanos, que reside um verdadeiro regime democrático. Esse regime deve acolher tanto a vontade da maioria, quanto a proteção de minorias, como o fazem os direitos humanos.

É certo que os direitos humanos pertencem aos direitos subjetivos. Desenvolvidos em sua plenitude no século XIX, tal expressão refere-se usualmente a uma demanda reivindicatória de uma pessoa natural ou de outra espécie, reportando-se a uma norma jurídica (emprego de termos como o *ius*).

Igualmente, foi no período medievo, que o princípio da igualdade essencial do ser humano, resultante de sua própria natureza, surgiu como núcleo do conceito universal de direitos humanos presente até os nossos dias.

Assinale-se que inexistem registros acerca da origem histórica dos direitos subjetivos na Europa, seja na tradição grega, hebraica ou no direito romano. Mas a ideia de dignidade humana era conhecida na Antiguidade, a exemplo de Sêneca ter atribuído preço aos bens corporais, mas não à dignidade.

O *ius* − direito − foi compreendido como norma objetiva das relações. Seu surgimento como direito subjetivo remonta ao século XII − individuação e subjetivação.

Destaque-se a discussão sobre os direitos da igreja: o *Decretum Gratiani* de 1140 ordena os direitos acumulados pela Igreja ao longo de séculos. Nele, há evidente alteração semântica do conceito de direito natural, eliminando a ideia de ordem universal dominadora, no sentido de lei eterna. Ao contrário, dá lugar à ideia de uma faculdade própria do homem de decidir sobre o certo e o errado. A capacidade de decidir nesses termos é vista sob o enfoque do jusnaturalismo.

Vigoravam, ainda, no direito da Igreja (desde 1200), as denúncias evangélicas: alguém em estado de extrema miséria

O PRINCÍPIO DA DIGNIDADE DA PESSOA HUMANA
E A NORMA JURÍDICA TRIBUTÁRIA

podia recorrer ao episcopado e o bispo, por meio da excomunhão, obrigava o rico a entregar o que possuía em excesso.

A concepção de um servo liberto era tida como aquele que reconquista a liberdade da qual esteve privado temporariamente pelo direito positivo. Tal concepção, de um direito próprio do homem à liberdade e aos meios de vida, aparece com a feição dos direitos humanos que conhecemos hoje.

Assim, no direito subjetivo, temos duas vertentes: o direito como reivindicação de alguma coisa concedida por meio de uma ordem e o direito como autorização, válida para garantir a vida e a liberdade.

A Magna Carta de 1215 aparece, então, como o primeiro documento assecuratório de direitos e liberdades de determinados grupos e classes sociais.

Marsílio de Pádua, referido por Kaufmann, foi o primeiro a separar o direito subjetivo (*ius*) do objetivo (*lex*), no capítulo XII do segundo discurso do seu *Defensor pacis*. Seu mérito consiste, também, em distinguir direitos possíveis de renúncia e aqueles outros em que a renúncia representaria uma infração às leis divinas. Serem irrenunciáveis e inalienáveis são características dos direitos humanos.

A contribuição de Guilherme de Ockham, na visão de Kaufmann, embora voltada às polêmicas de cunho político, foi essencial. Ockham fundamentou sua teoria política na aceitação de direitos individuais pré-estatais, sendo o direito ao autossustento irrenunciável. Foi o primeiro a estabelecer efetiva diferença entre o direito humano natural e o direito positivo.

Tal diferenciação entre o direito humano natural e o positivo assenta-se na reação contra o papa João XXII, na discussão teórica da "querela da pobreza", travada entre a Ordem franciscana e a Cúria. Surge, então, a afirmação de que todos os homens podem reivindicar direitos naturais e irrenunciáveis à conservação da vida, importante avanço na direção de se admitir direitos humanos inalienáveis e irrenunciáveis.

87

ANNA LUCIA MALERBI DE CASTRO

Prosseguindo no percurso histórico, a contribuição da reforma e guerra dos camponeses alemães ao protestarem contra a dominação é referência da reivindicação de liberdade contra a escravidão.

Assinala Kaufmann:

> A liberdade em nome da qual os camponeses, no final das contas, lutaram tão em vão, colocando-se contra a corveia, as obrigações tributárias, a participação do senhor em herança (no caso de morte), e pela liberdade de êxodo e pelo casamento livre, talvez tenha muito pouco a ver com os direitos de participação e proteção, posteriormente incluídos entre os direitos humanos. Todavia, desse modo, a liberdade tornou-se política.[138]

Kant foi revelador ao afirmar que a condição de escravo é incompatível com a dignidade humana. Nele, observamos o vínculo dos direitos humanos com a ideia de dignidade humana. Sua concepção do direito inato ao homem restringe-se à liberdade, único direito dito original, pertencente a toda a humanidade.

Sua contribuição revela aspectos dos direitos humanos na modernidade, quais sejam, os direitos de defesa da própria autodeterminação, pois os homens participam das decisões políticas.

Os direitos humanos e seus elementos principais surgiram da prática política e jurídica:

- Princípio do *habeas corpus* (*petition of rights*), na Inglaterra, em 1628.

- Lei do *habeas corpus* do Parlamento inglês, em 1679.

- O direito à liberdade religiosa, considerado por muitos historiadores e juristas como a origem dos direitos humanos, apareceu nas colônias americanas, no texto da *Virginia Bill of Rights* (Carta de Direitos da Virgínia), em 1776, a primeira Constituição americana.

---

138. KAUFMANN, Matthias. *Em defesa dos direitos humanos*: considerações históricas e de princípio, cit., p. 29.

O PRINCÍPIO DA DIGNIDADE DA PESSOA HUMANA
E A NORMA JURÍDICA TRIBUTÁRIA

- Declaração dos Direitos do Homem e do Cidadão, na França, em 1789, primeira aparição expressa dos direitos humanos.

Verifica-se, todavia, que nenhuma dessas declarações acolhe efetivamente os direitos para todos os homens. Confira-se o exemplo americano, já que em muitos Estados, mesmo após essas declarações, continuou lícita a posse de escravos, até a guerra civil norte-americana.

Igualmente, os direitos da mulher não foram observados até o século XX. A *"Declaração dos direitos da mulher e da cidadã"*, de 1791, de autoria de Olympe de Gouges, não produziu quaisquer efeitos, tendo inclusive sua autora sido guilhotinada em 1793.

Após a Primeira Guerra Mundial, os direitos humanos, nos tópicos atinentes à democracia e liberdade, desenvolveram-se de forma ramificada. De um lado, a propaganda pacifista caiu por terra, na Inglaterra e nos Estados Unidos, no momento do conflito inaugurado com a Segunda Guerra Mundial, vez que tais países aderiram à luta contra a Alemanha, em nome da defesa da democracia e do direito à liberdade.

Na Alemanha, Carl Schmitt entendia que os direitos humanos eram "obstáculos ao Estado", produto liberal, denunciado como imorais e egoístas. A falta de credibilidade desses direitos se deve aos seus defensores.

Verifica-se, após a Primeira Guerra Mundial, um movimento mundial, como na Índia, pela independência, pois havia evidente incompatibilidade entre a colonização e os direitos humanos.

Após a Segunda Guerra Mundial, em face do massacre humano perpetrado pelo nazismo e regimes totalitários terroristas, surgiu a Carta dos Direitos Humanos das Nações Unidas, em 1948 veio a lume a Declaração Universal dos Direitos Humanos e, em 1950, a Convenção Europeia para a Proteção dos Direitos Humanos e das Liberdades Fundamentais.

Entretanto, essas declarações e convenções internacionais não têm impedido a reiterada prática de tortura e opressão ofensiva aos direitos humanos, tornando sua eficácia de natureza limitada.

Observou-se o desenvolvimento, durante a Idade Média, o Renascimento e a Modernidade, do conceito, sentido e alcance de um direito subjetivo como reivindicação de direitos e o sentido e alcance de um direito humano inerente a todos os homens, sem distinção.

Do mesmo modo, percebe-se que a liberdade teve seu significado alterado, tornando-se um direito inalienável de todos os homens, saindo da esfera originária de privilégio particular.

Vê-se então que os direitos elementares, irrenunciáveis, são aqueles constitutivos do ser humano: direitos à existência, à vida, à capacidade tipicamente humana de determinar a si mesmo, limitada à não ofensa de direito alheio. Decorre daí a afirmação de que os direitos humanos, embora escudados no ordenamento positivo, têm seu valor muito além da positivação.

Diante dessas explanações, nota-se a diferença entre os direitos de proteção e os direitos de participação, iniciada no pretérito e até hoje relevante na discussão dos direitos humanos. Todavia, não há separação estanque entre esses direitos (declarações de direitos e de direitos humanos do século XVIII — EUA e França). Constituem tais direitos os integrantes da primeira geração de direitos humanos.

A segunda geração de direitos humanos envolve a questão dos direitos sociais, alcançados em face da reação e combate às desastrosas consequências da Revolução Industrial. Todavia, para a realização desses direitos sociais, faz-se necessária a alocação de recursos destinados a esse fim.

A discussão acerca de priorizar os direitos sociais em detrimento daqueles de primeira geração (direitos de proteção e de participação) deve ser vista com extrema cautela.

O PRINCÍPIO DA DIGNIDADE DA PESSOA HUMANA
E A NORMA JURÍDICA TRIBUTÁRIA

No grupo da terceira geração dos direitos humanos surgem os atinentes à identidade cultural. Cria-se um confronto entre a chamada peculiaridade cultural de certa comunidade e as reivindicações dos direitos de primeira e segunda gerações. Exemplificativamente, temos a questão dos direitos das mulheres no interior dos grupos de migrantes, prática fundamentada na origem cultural.

Quem pretende a defesa responsável dos direitos culturais os compatibiliza com os direitos de primeira e segunda gerações, inexistindo separação estanque entre eles, mormente nos tempos atuais, em que todos os Estados estão sob a égide de um sistema jurídico internacional comum.

A questão teórica e clássica que aparece como verdadeiro entrave consiste em saber como reivindicar a validade universal dos direitos humanos.

Presente no discurso de Vitória, De Soto e Las Casas acerca da dignidade humana, assinalado na obra de Kaufmann, a afirmativa de que nenhum homem perde sua filiação e semelhança divinas, embora significativa para o curso histórico, não mais serve, tal premissa teológica, como fundamento para os direitos humanos de validade universal.

Não se pode mais reduzir também os direitos humanos a um direito natural universal e determinado (jusnaturalismo).

Os direitos humanos, diz Kaufmann, "não existem da mesma forma que o unicórnio, a bruxa, os espíritos e o flogístico, isto é, seres fantásticos ou construções teóricas que um dia se tornam supérfluas".[139]

Aliás, pelo contrário, longe de pertencerem ao campo imaginário, os direitos humanos devem obedecer a critérios normativos e legítimos, ficando os sistemas políticos sujeitos a críticas e comparações, pois os direitos humanos encontram-se presentes paralelamente a qualquer sistema jurídico e legitimam a própria

---

139. KAUFMANN, Matthias. *Em defesa dos direitos humanos*: considerações históricas e de princípio, cit., p. 52.

normatividade imposta e vigente. Exemplificativamente, tem-se a Declaração Universal dos Direitos Humanos da ONU, nas quais as reivindicações surgem em nome de uma ordem mundial.

Claro está, notadamente nas declarações e convenções internacionais, que todo homem tem direito às condições básicas de vida perante o Estado. Todavia, o problema é que não se tem um destinatário na órbita internacional que vá garantir o cumprimento dessas reivindicações e coibir as práticas estatais de crimes violadores dos direitos humanos.

Contribui presentemente Thomas Pogge, no que pertine à interpretação dos direitos humanos como condição de legitimidade e reivindicação na ordem mundial, assecuratória de um mínimo de subsistência a todo homem.

Constata-se que a ligação entre direitos humanos e o princípio moral do homem como fim em si mesmo irá indicar o liame relacional entre direitos humanos e dignidade humana.

O conceito de dignidade humana, no direito alemão, surge já no primeiro artigo de sua Constituição: "A dignidade humana é inviolável". Tal conceito vai além e surge na órbita internacional, abrindo discussão acirrada, como na questão da bioética (nascimento, morte e possibilidades de intervenção e manipulação).

Assinala Kaufmann que "a dignidade humana, ao contrário, consiste num conceito normativo, que deve proteger todo homem de ser tratado por outro homem como meio, isto é, como simples objeto para a consecução de seus fins".[140]

Estão a significar, inclusive, essas afirmações, que todos os homens devem ser tratados com certo grau mínimo de dignidade: proteção contra violências, crimes etc. − concessão de assistência mínima.

Não há mais como admitir a perda da dignidade, quando o homem está exposto a certas condições de ameaça e coerção,

---

140. KAUFMANN, Matthias. *Em defesa dos direitos humanos*: considerações históricas e de princípio, cit., p. 55.

O PRINCÍPIO DA DIGNIDADE DA PESSOA HUMANA
E A NORMA JURÍDICA TRIBUTÁRIA

como, por exemplo, na aplicação de pena de morte justificada em países defensores da dignidade humana. Existem outros exemplos a considerar, tais como os casos de tortura em países ocidentais, cuja justificativa tem por base "circunstâncias particulares", ou seja, caso a caso, como o assassinato de inimigos armados numa guerra. Todavia, nessas hipóteses, há quem sustente que não há violação à dignidade humana.

Diversamente, há que se agir em defesa da dignidade humana, erradicando a miséria e a pobreza, presentes em tantos países e, também, na pátria brasileira.

Vejamos o percurso histórico da dignidade humana:

Surge pela primeira vez, com Cícero, a ideia de que ao homem é dada uma dignidade particular e uma posição superior aos animais, em razão do seu comportamento racional. Em Sêneca fica a dúvida de se a dignidade, inerente aos homens moralmente bons, está potencialmente em todas as almas humanas, ou em parte delas. Em Pico della Mirandola, a dignidade do homem se torna sinônimo de capacidade outorgada por Deus. Em Kant, surge o conceito de dignidade na concepção atual, no qual há um reconhecimento na pessoa de um valor, como um fim em si mesmo.

Os valores da dignidade humana, liberdade e igualdade têm origem na filosofia clássica greco-romana e no cristianismo.

Ingo Wolfgang Sarlet afirma que

> o valor fundamental da dignidade da pessoa humana assumiu particular relevo no pensamento tomista, incorporando-se, a partir de então, à tradição jusnaturalista, tendo sido o humanista italiano Pico dela Mirandola quem, no período renascentista e baseado principalmente no pensamento de Santo Tomás de Aquino, advogou o ponto de vista de que a personalidade humana se caracteriza por ter um valor próprio, inato, expresso justamente na ideia de sua dignidade de ser humano.[141]

---

141. SARLET, Ingo Wolfgang. *A eficácia dos direitos fundamentais*: uma teoria geral dos direitos fundamentais na perspectiva constitucional. 12. ed. rev., atual. e ampl. Porto Alegre: Livraria do Advogado, 2015, p. 38.

Importante destacar o repúdio ao uso do homem como meio, pois se daria guarida a situações de violência à dignidade humana. Em Kant, há perfeito esclarecimento de que "humanidade tanto em tua pessoa quanto na pessoa de qualquer outro". O conceito kantiano de humanidade na própria pessoa leva à proteção da pessoa contra ela mesma: suicídio, automutilação, venda dela própria como escrava e comportamento servil.

Martha Nussbaum, ao ligar os direitos humanos à dignidade humana, entende que a dignidade humana não tem como critério unitário o fim em si mesmo, mas a considera além da razão, sob a ótica de ampla capacidade humana: a capacidade de permanecer vivo, saudável e inviolável em sua integridade física, incluídas a imaginação, jogo, emoção, convivência e respeito.

Vê-se então que o ponto inicial do conceito de dignidade humana são os processos de emancipação e defesa contra a discriminação (proteção), nos quais o homem é reconhecido como tal, independentemente de *status* social, cor, raça e sexo.

Assinale-se, por fim, que nossa Constituição, desde o Preâmbulo, preserva esses valores, culminando por determinar que o homem tem a garantia ao desenvolvimento igualitário, existência digna e direitos fundamentais invioláveis.

5.2 Abordagem analítica do princípio da dignidade da pessoa humana

A delimitação do sentido axiológico do princípio da dignidade da pessoa humana remete à dupla face de sensações: a necessária constatação de nos sentirmos impotentes diante da pouca efetividade desse valor máximo, conquanto sua previsão normativa tenha assento constitucional, e, de outro lado, a esperança e persistência que nos envolve para prosseguirmos, mesmo diante da ambiguidade conceitual, rumo à busca da realização desse valor, fundamento do Estado Democrático de Direito, que, dentre outras diretrizes, deve pautar-se na ética e na justiça.

O PRINCÍPIO DA DIGNIDADE DA PESSOA HUMANA
E A NORMA JURÍDICA TRIBUTÁRIA

Cármem Lúcia Rocha afirma com precisão:

> Gente demais e humanidade de menos é o que se tem no mundo em que vivo. Talvez não falte tanta humanidade quanto falte dignidade. Vivo num mundo onde há enorme contingente de pessoas e óbvia carência de fraternidade. O mundo cresceu, a multidão aumentou, os problemas dos homens também [...].[142]

À evidência, as transformações mundiais desde o século XX aceleraram os comportamentos relacionais entre homens de diversos países e respectivos sistemas jurídicos, que a todo tempo têm que se adaptar às múltiplas inovações tecnológicas, exigências econômicas de competitividade de mercado, luta contra a arbitrariedade estatal, dentre outros aspectos demandantes, esquecendo-se, todavia, de que o homem continua simplesmente a almejar condições de vida digna.

A reação protetiva ao homem contra todas as formas de degradação humana, pelo princípio da dignidade, ganhou expressão de juridicidade positiva e impositiva no período pós-holocausto.

A referência à dignidade da pessoa humana no âmbito do direito internacional encontra-se em diversos documentos, tais como a Carta das Nações Unidas (1945), a Declaração Universal dos Direitos Humanos (1948), o Pacto Internacional sobre Direitos Civis e Políticos (1966) e o Estatuto da Unesco (1945), e constituiu uma reação às condições degradantes ocorridas durante a Segunda Guerra Mundial.

A evolução mundial e o ideal jurídico uniram as nações nas declarações universais, na busca de um conteúdo semântico da dignidade que coibisse os abusos que ocorrem em certos momentos históricos, durante os quais ela é posta em dúvida, em razão de interesses políticos momentâneos.

Nessa ambiência multicultural, ocorrem muitas incoerências no trato da dignidade humana, havendo apenas uma

---

142. ROCHA, Cármem Lúcia Antunes. O princípio da dignidade da pessoa humana e a exclusão social. *Revista Interesse Público*, Belo Horizonte, v. 1, n. 4, p. 23, out./ dez. 1999.

superficial legitimação jurídica, mas, em verdade, com a intenção de atender a intenções políticas contrárias à dignidade. Exemplificativamente, temos o art. 22 da Constituição iraniana de 1980: "A dignidade dos indivíduos é inviolável, salvo nos casos autorizados por lei."[143] Atente-se, neste enfoque, para o princípio do mínimo ético irredutível.

Além disso, tem a dignidade da pessoa humana uma dimensão moral, pois é inerente à escolha das próprias pessoas, que vão conferir dignidade ou não às suas vidas.

Sabemos, pois, que para o direito interessam as condutas intersubjetivas, pois o sistema jurídico acolhe eventos sociais, morais e políticos, e os descreve em linguagem competente prescrita pelo próprio sistema, para que tal questão moral ou política o integre.

A questão moral, existente apenas no mundo individual e inerente aos pensamentos e atitudes subjetivas, não interessa ao direito.

Ressalte-se, por oportuno, a intransitividade entre os sistemas, sendo certo que um não interfere no outro, pois os elementos linguísticos que os integram são distintos e não se misturam.

Assim, um acontecimento de ordem moral ou social insere-se no plano do "ser", mas para ingressar no plano do "dever-ser", que é próprio do direito positivo, é preciso que seja enunciado em linguagem jurídica. Assim o fez o constituinte de 1988, juridicizando a dignidade da pessoa humana como um dos fins do Estado Democrático de Direito.

O constituinte até teve por base principiológica a observância da moral, todavia ele quis a ela conferir um aspecto diferente. Prescreveu, em enunciado linguístico, que o Estado deve se erigir sobre a noção da dignidade da pessoa humana.

Em outro dizer, introduziu tal enunciado pela linguagem jurídica, ou seja "a traduzir para a ótica do direito", criando

---

143. SARLET, Ingo Wolfang. *Dignidade da pessoa humana e direitos fundamentais na Constituição Federal de 1988*. 9. ed. rev. e atual. Porto Alegre: Livraria do Advogado, 2012, p. 68.

O PRINCÍPIO DA DIGNIDADE DA PESSOA HUMANA
E A NORMA JURÍDICA TRIBUTÁRIA

um princípio valor que é norma jurídica, voltada à concretude de tal comando, cujos efeitos vão se irradiar por todo sistema do direito positivo.

No direito tributário, plasmado integralmente na Carta Política, enfoque dado neste estudo, aparece a dignidade da pessoa humana, quer de forma direta, ou indiretamente, mas como elemento essencial integrante dos direitos fundamentais, que tem seu balizamento expresso nas garantias fundamentais do contribuinte.

Impende perquirir, mesmo que brevemente, seu percurso dogmático ao longo da história e do pensamento filosófico, para que se possa aferir seu conteúdo essencial, vez que evidente o entrelaçamento entre dignidade, vida e humanidade.

Mesmo sem explicitar a questão da dignidade da pessoa humana, em Hannah Arendt vislumbramos estes aspectos pluridimensionais da ação humana:

> A ação, única atividade que ocorre diretamente entre os homens, sem a mediação das coisas ou da matéria, corresponde à condição humana da pluralidade, ao fato de que os homens, e não o Homem, vivem na Terra e habitam o mundo. Embora todos os aspectos da condição humana tenham uma relação com a política, essa pluralidade é especificamente a condição – não apenas *a conditio sine qua non*, mas *a conditio per quam* – de toda a vida política. [...] A ação seria um luxo desnecessário, uma caprichosa interferência nas leis gerais do comportamento, se os homens fossem repetições interminavelmente reproduzíveis do mesmo modelo, cuja natureza ou essência fosse a mesma pra todos e tão previsível quanto a natureza ou essência de qualquer outra coisa. A pluralidade é a condição da ação humana porque somos todos iguais, isto é, humanos, de um modo tal que ninguém jamais é igual a qualquer outro que viveu, vive e viverá.[144]

---

144. ARENDT, Hannah. *A condição humana*. Tradução de Roberto Raposo, revisão técnica e apresentação de Adriano Correa. 12. ed. rev. Rio de Janeiro: Forense Universitária, 2014, p. 9-10.

O princípio da dignidade da pessoa humana remonta ao tempo conceitual clássico e medievo do direito natural, originado na razão divina, busca dos teólogos, e, em outra vertente, na razão humana, norte dos filósofos.

5.3 Dimensão jurídico-constitucional do princípio da dignidade da pessoa humana

Assinale-se, porém, necessário corte metodológico, intrínseco ao processo de conhecimento, para enfocar o princípio sob comento na sua dimensão jurídico-constitucional, embora não se desconheça sua importância nos âmbitos ético, cultural e sociológico.

Na expressa dicção de Paulo de Barros Carvalho: "A dignidade da pessoa humana pede o equilíbrio entre direitos voltados para o indivíduo – a liberdade do homem – e aquel'outros da sociedade, do bem comum – a igualdade entre eles."[145]

Conquanto o princípio da dignidade da pessoa humana seja reconhecidamente pedra angular do constitucionalismo contemporâneo, impende alicerçar sua projeção no mundo sócio-político, sua subjetividade e ambiguidade conceitual, e, ainda, de como passa a valer em todos os ramos do direito, tornando-se ponto de partida e finalidade no ciclo de positivação do direito.

Não constitui tarefa fácil reduzir a abstratividade e generalidade do conteúdo do princípio em voga, ainda mais na visão aqui pretendida, de definição do campo de incidência como norma jurídica. Mas, insistimos, tais barreiras não remetem tal princípio à zona meramente retórica, ao contrário, há que buscá-lo na dimensão objetiva, dando-lhe a feição jurídica.

Como elemento integrante da classe de valores, a dignidade da pessoa humana deve ser analisada como um enunciado linguístico demarcado pelos caracteres que a ela atribuem valor,

---

145. CARVALHO, Paulo de Barros. *Derivação e positivação no direito tributário*, cit., v. 1, p. 59.

que, segundo Paulo de Barros Carvalho,[146] são os seguintes: preferibilidade; incomensurabilidade; inexauribilidade; e objetividade.

A análise de tais aspectos dos valores permite avaliar suas características intrínsecas e como eles se irradiam e influenciam os setores da atividade humana.

Cármem Lúcia Rocha aduz que

> a justiça humana, aquela que se manifesta no sistema de Direito e por ele se dá à concretude, emana e se fundamenta na dignidade da pessoa humana. Essa não se funda naquela, antes, é dela fundante. Dignidade é o pressuposto da ideia de justiça humana, porque ela é que dita a condição superior do homem como ser de razão e sentimento. Por isso é que a dignidade humana independe de merecimento pessoal ou social. Não se há de ser mister ter de fazer por merecê-la, pois ela é inerente à vida e, nessa contingência, é um direito pré-estatal.[147]

A dignidade da pessoa humana é conquista de cunho ético-jurídico, cujo conteúdo evoluiu ao longo da história, para atingir seu núcleo essencial, de que todo ser humano é um valor em si mesmo e igual em sua dignidade, centrando-se na autonomia e no direito de autodeterminação, calcado no pilar kantiano.

Cumpre salientar que foi Immanuel Kant o primeiro a conferir concepção de dignidade ao homem ligada à autonomia ética, propiciando o abandono da tese pretérita de origem sagrada. Até os dias de hoje, a doutrina jurídica se baseia em seus pilares, no sentido de que para a dignidade da pessoa humana, a pessoa é considerada como fim e nunca como meio instrumental, repudiada toda e qualquer forma de afronta ou mitigação da condição humana.

Kant constrói seu fundamento a partir da natureza racional do homem e sua qualidade insubstituível de pessoa

---

146. CARVALHO, Paulo de Barros. *Derivação e positivação no direito tributário*, cit., v. 1, p. 49-50.

147. ROCHA, Cármem Lúcia Antunes. O princípio da dignidade da pessoa humana e a exclusão social, cit., p. 28.

humana, com valor de caráter normativo e não utilitário. Assim, ele correlaciona a dimensão axiológica como valor intrínseco, dando como fundamento e conteúdo da dignidade a autonomia, a racionalidade e a moralidade.

Immanuel Kant, ao abordar que evidentemente todo homem possui a mesma estatura de dignidade, afastou a possibilidade de o tratarem como objeto. Diz ele:

> [...] o homem, e, duma maneira geral, todo o ser racional, existe como um fim em si mesmo, não só como meio para o uso arbitrário desta ou daquela vontade. Pelo contrário, em todas as suas acções, tanto nas que se dirigem a ele mesmo nas que se dirigem a outros seres racionais, ele tem sempre de ser considerado simultaneamente como um fim. [...] Portanto o valor de todos os objectos que possamos adquirir pelas nossas acções é sempre condicional. Os seres cuja existência depende, não em verdade da nossa vontade, mas da natureza, têm contudo, se são seres irracionais, apenas um valor relativo como meios e por isso se chamam coisas, ao passo que os seres racionais se chamam pessoas, porque a sua natureza os distingue já como fins em si mesmos, quer dizer, como algo que não pode ser empregado como simples meio e que, por conseguinte, limita nessa medida todo o arbítrio [...].[148]

Presente em nossa Constituição, constitui um dos fundamentos da República Federativa do Brasil, ao lado da soberania e cidadania, valores sociais do trabalho e da livre- iniciativa e do pluralismo político (art. 1º, III), finalidade da ordem econômica (art. 170, *caput*) e fundamento da família (art. 226, § 7º):

> Art. 1º A República Federativa do Brasil, formada pela união indissolúvel dos Estados e Municípios e do Distrito Federal, constitui-se em Estado Democrático de Direito e tem como fundamentos:
>
> I - a soberania;
>
> II - a cidadania
>
> III - a *dignidade da pessoa humana*;

---

148. KANT, Immanuel. *Fundamentação da metafísica dos costumes*. Tradução de Paulo Quintela. Lisboa: Edições 70, 2007. (Textos Filosóficos), p. 68.

O PRINCÍPIO DA DIGNIDADE DA PESSOA HUMANA
E A NORMA JURÍDICA TRIBUTÁRIA

[...]

Art. 170. A ordem econômica, fundada na valorização do trabalho humano e na livre- iniciativa, tem por fim assegurar a todos *existência digna*, conforme os ditames da justiça social, observados os seguintes princípios:

[...]

Art. 226. A família, base da sociedade, tem especial proteção do Estado.

§ 1º O casamento é civil e gratuita a celebração.

§ 2º O casamento religioso tem efeito civil, nos termos da lei.

§ 3º Para efeito da proteção do Estado, é reconhecida a união estável entre o homem e a mulher como entidade familiar, devendo a lei facilitar sua conversão em casamento.

§ 4º Entende-se, também, como entidade familiar a comunidade formada por qualquer dos pais e seus descendentes.

§ 5º Os direitos e deveres referentes à sociedade conjugal são exercidos igualmente pelo homem e pela mulher.

§ 6º O casamento civil pode ser dissolvido pelo divórcio. (Redação dada pela Emenda Constitucional 66/2010)

§ 7º Fundado nos princípios da *dignidade da pessoa humana* e da paternidade responsável, o planejamento familiar é livre decisão do casal, competindo ao Estado propiciar recursos educacionais e científicos para o exercício desse direito, vedada qualquer forma coercitiva por parte de instituições oficiais ou privadas.

[...]

Inovou o constituinte de 1988 ao prever, em caráter inédito, capítulo exclusivo para os princípios fundamentais (Título I) para, depois, no Título II tratar dos direitos e garantias fundamentais e, além disso, dispor no § 2º do art. 5º o reconhecimento de outros direitos e garantias:

§ 2º Os direitos e garantias expressos nesta Constituição não excluem outros decorrentes do regime e dos princípios por ela adotados, ou dos tratados internacionais em que a República Federativa do Brasil seja parte.

Aponta tal enunciado um conceito materialmente aberto de direitos fundamentais a serem assegurados com fulcro na própria Constituição, remetendo o intérprete a inexoravelmente reconhecer outros direitos fundamentais positivados nos diversos subsistemas jurídicos, inclusive o tributário.

Além disso, teremos os direitos reconhecidos como humanos fundamentais, adotados em tratados internacionais dos quais o Brasil seja signatário.

Assinale-se, a esse respeito, o *leading case*, com repercussão geral reconhecida pelo Supremo Tribunal Federal no RE n. 466.343 (rel. Min. Cezar Peluso) e a Súmula Vinculante n. 25, sobre a impossibilidade de prisão civil do depositário infiel no ordenamento jurídico-constitucional brasileiro. E mais, o Superior Tribunal de Justiça,[149] no rito de recurso repetitivo representativo da controvérsia, também adotou o mesmo entendimento no plano infraconstitucional.

Nota-se que nossa Constituição é, diríamos, até prolixa e repetitiva em assegurar direitos fundamentais, em evidente reflexo, como uma resposta do cidadão, ao contexto histórico de reação ao período da ditadura militar.

Paulo de Barros Carvalho assinala que

> ninguém pode ignorar os princípios da Federação, da República, da dignidade da pessoa humana, a diretriz que consagra a autonomia municipal, o primado da isonomia entre as pessoas políticas de direito constitucional interno, os cânones da supremacia do interesse público sobre o privado e da indisponibilidade dos interesses públicos, bem como o catálogo dos direitos e garantias individuais. É efetivamente longa e minuciosa a listagem dos valores que a Constituição da República estabeleceu como planta básica, a partir da qual hão de compor-se as cadeias de normas

---

149. "PROCESSO CIVIL. TRIBUTÁRIO. RECURSO ESPECIAL REPRESENTATIVO DA CONTROVÉRSIA. ART. 543-C, DO CPC/73. DEPOSITÁRIO INFIEL. PACTO DE SÃO JOSÉ DA COSTA RICA. EMENDA CONSTITUCIONAL N.º 45/2004. DIGNIDADE DA PESSOA HUMANA. NOVEL POSICIONAMENTO ADOTADO PELA SUPREMA CORTE." (REsp n. 914.253/SP, rel. Min. Luiz Fux, Corte Especial, j. 02.12.2009, *DJe*, de 04.02.2010).

O PRINCÍPIO DA DIGNIDADE DA PESSOA HUMANA
E A NORMA JURÍDICA TRIBUTÁRIA

estruturadas deonticamente para regular os comportamentos entre as entidades dotadas de personalidade jurídica.[150]

No plano internacional, destaque-se o art. 1º da Lei Fundamental da República Federal da Alemanha:

> A dignidade da pessoa humana é intangível. Respeitá-la e protegê-la é obrigação de todo poder público. O povo alemão reconhece, por isto, os direitos invioláveis e inalienáveis da pessoa humana como fundamento de toda comunidade humana, da paz e da justiça do mundo.

Destaca-se que desde o preâmbulo há expressa previsão quanto à "consciência perante Deus e os seres humanos" e "servir à paz mundial", evidenciando ligação ao contexto histórico, no qual a Alemanha resgatou valores superiores àqueles positivados.

E, igualmente, a Constituição de Portugal: "Portugal é uma República soberana, baseada na dignidade da pessoa humana e na vontade popular e empenhada na construção de uma sociedade livre, justa e solidária."

Na Constituição francesa, há tradição de garantias e liberdades fundamentais, sendo parte integrante a sempre lembrada e histórica Declaração dos Direitos do Homem e do Cidadão de 1789.

José Joaquim Gomes Canotilho afirma com propriedade:

> As constituições do pós-guerra pretenderam dar uma resposta satisfatória ao problema da sociedade, ou, se se preferir, ao problema dos direitos económicos, sociais e culturais. O catálogo de direitos económicos, sociais e culturais parecia ser uma proposta normativa satisfatória da constituição e dos pactos internacionais, quanto ao problema clássico da pobreza e da questão social. Mas, é aqui que, com mais veemência, se denuncia a "trágica do Estado". O Estado social é vítima, nuns países, do seu próprio sucesso. As constituições socialmente amigas sofrem as críticas amargas da crise de governabilidade, do flagelo do bem, do fim da igualdade, da bancarrota do Estado. Noutros países, que não resolveram

---

150. CARVALHO, Paulo de Barros. *Derivação e positivação no direito tributário*, cit., v. 1, p. 58-59.

ANNA LUCIA MALERBI DE CASTRO

> ainda o problema do poder, confrontando-se com a paradoxia da necessidade de mais poder porque há pouco poder, países esses que estão longe de entrar nos limiares mínimos do Estado social, o catálogo generoso de direitos econômicos, sociais e culturais é apenas uma narrativa emancipadora ilusória ou uma sequela de determinada leitura socialista dos direitos, hoje reconhecida e experimentalmente falhada. A cidadania social conquista-se não através da estatalização da socialidade, na esteira de Bismarck ou de Beveridge, mas sim através da civilização da política. Já não é o Estado-providência que tenta resolver os problemas ligados à distribuição de recursos; é o Estado-activo tutelar, ou supervisionador, que tem, só ele, a responsabilidade pela produção de bens colectivos indispensáveis à sociedade, quando se trate da segurança de bens essenciais no seu núcleo básico[...].[151]

Dignidade da pessoa humana é ponto de partida e síntese de tudo quanto se busca para decifrar o conteúdo axiológico da Carta Magna em função do homem e sua vivência social, política, jurídica e econômica.

Igualmente, é ponto de chegada na efetivação do sistema normativo, permitindo o cumprimento de ditames constitucionais proclamados pelo constituinte de 1988 em todos os subsistemas jurídicos, dentre eles o sistema tributário, que deve ser pautado pela justiça tributária. O compromisso assumido, porém, ainda depende de concretização.

Por fim, a lição de Paulo de Barros Carvalho:

> Certo é que a dignidade da pessoa humana compõe o acervo de princípios constitucionais gerais, válidos para a plenitude do ordenamento e, por isso, influindo, decisivamente, no setor dos fenômenos jurídico-tributários.[152]

Muito embora tal princípio fundante tenha expressa ou implícita previsão normativa nos textos constitucionais, não vemos, no mundo fenomênico, o reflexo e a efetividade desejáveis.

---

151. CANOTILHO, José Joaquim Gomes. *Estudos sobre direitos fundamentais*. 1. ed. brasileira, 2. ed. portuguesa. São Paulo: Revista dos Tribunais; Coimbra: Coimbra Editora, 2008, p. 122.

152. CARVALHO, Paulo de Barros. *Derivação e positivação no direito tributário*, cit., v. 1, p. 59.

5.4 O vínculo entre os direitos fundamentais e a dignidade da pessoa humana

O direito constitucional contemporâneo contempla indissociável liame entre dignidade da pessoa humana e os direitos fundamentais. Possuem uma relação dinâmica e recíproca e o desafio consiste exatamente em procurar a operatividade de ambos dentro do sistema normativo, pois que estão aptos a produzir as necessárias consequências jurídicas.

Ingo Wolfgang Sarlet retrata a dignidade da pessoa humana, afinando suas concepções muldimensionais, de caráter inclusivo e aberto:

> Assim sendo, temos por dignidade da pessoa humana a qualidade intrínseca e distintiva reconhecida em cada ser humano que o faz merecedor do mesmo respeito e consideração por parte do Estado e da comunidade, implicando, neste sentido, um complexo de direitos e deveres fundamentais que assegurem a pessoa tanto contra todo e qualquer ato de cunho degradante e desumano, como venham a lhe garantir as condições existenciais mínimas para uma vida saudável, além de propiciar e promover sua participação ativa e corresponsável nos destinos da própria existência e da vida em comunhão com os demais seres humanos, mediante o devido respeito aos demais seres que integram a rede da vida.[153]

Precisa a lição de Rizzato Nunes:

> Contudo, no atual Diploma Constitucional, pensamos que o principal direito fundamental constitucionalmente garantido é o da dignidade da pessoa humana. É ela, a dignidade, o primeiro fundamento de todo o sistema constitucional posto e o último arcabouço da guarida dos direitos individuais.[154]

O Estado não está na posição de tempos passados, como realidade em si mesmo, cujo primordial objetivo era apenas

---

153. SARLET, Ingo Wolfang. *Dignidade da pessoa humana e direitos fundamentais na Constituição Federal de 1988*, cit., p. 73.

154. NUNES Luiz Antonio Rizzato. *O princípio constitucional da dignidade da pessoa humana*: doutrina e jurisprudência. 3. ed. São Paulo: Saraiva, 2010, p. 59.

o funcionamento de sua estrutura; ao contrário, deve buscar construção positiva atuante, voltada para a satisfação integral dos direitos fundamentais, direcionado, pois, para um prisma jurídico que esteja pautado pelo implemento do valor da dignidade da pessoa humana.

O direito tributário, no Estado Democrático de Direito, rompeu com esse passado, em que o tributo era a expressão do império estatal, de seu poder soberano. Presentemente, no constitucionalismo de garantias de direitos fundamentais, a atividade de tributação é aquela em que o Estado realiza seu poder-dever de tributar, mas, igualmente, viabiliza e cria meios de cumprir os mandamentos constitucionais de garantias protetivas aos direitos fundamentais dos contribuintes.

No cotejo necessário dos fatores históricos brasileiros, permeados de insegurança social, política e econômica, obstando o crescimento do país em termos qualitativos, é preciso ter em mente que estamos à frente de um Estado no formato delineado pela Constituição Federal de 1988, e não outro. Assim, conjugarmos o princípio da dignidade da pessoa humana, delimitado e direcionado nesse sistema jurídico a propiciar o eficiente funcionamento das instituições. O sistema tributário é peça chave nessa operação sistêmica: De um lado, o Estado que necessita de recursos para cumprir seus deveres constitucionalmente prescritos e, de outro, o cidadão contribuinte que tem, na tributação, parcialmente atingidos seus direitos fundamentais, em especial a liberdade e propriedade.

Interessante notar, todavia, que também o Estado, porque democrático de direito, não fica engessado a individualismos exacerbados, pois, pelos mesmos comandos constitucionais, ele tem diretrizes obrigatórias cumprir. São as chamadas finalidades, objetivos do Estado, insertos no art. 3º. Assim, conjuga-se cidadania ao lado da dignidade da pessoa humana, princípios correlatos a permitir a liberdade política democrática.

Conquanto as previsões normativas e teóricas sejam de pleno conhecimento, a dificuldade encontrada na efetiva

O PRINCÍPIO DA DIGNIDADE DA PESSOA HUMANA
E A NORMA JURÍDICA TRIBUTÁRIA

realização protetiva e eficaz desses direitos encontra-se na delimitação de seu conteúdo. Há discussão entre o que vem a ser intrínseco à condição humana, conceito que varia nas coordenadas de tempo e espaço. Assim, a proteção ao ser humano constitui meta, objetivo permanente quer da humanidade, quer do Estado de Direito, na regulação das condutas intersubjetivas, sendo o homem aquele que movimenta as estruturas do direito.

Mesmo sem desconsiderar a importância das abordagens aqui mencionadas, quanto à evolução conceitual da dignidade humana, sob as óticas da história e da filosofia, a positivação na condição de princípio constitucional fundamental é medida que se impõe.

Aliás, já afirmamos que o direito positivo é sistema composto de normas jurídicas. Ora, o princípio da dignidade da pessoa humana é norma jurídica plena e eficaz, com força jurídica e produtora de plenos efeitos.

Assevera Rizzato Nunes:

> Está mais do que na hora de o operador do Direito passar a gerir sua atuação social pautado no princípio fundamental estampado no Texto Constitucional. Aliás, é um verdadeiro supraprincípio constitucional que ilumina todos os demais princípios e normas constitucionais e infraconstitucionais. E por isso não pode o Princípio da Dignidade da Pessoa Humana ser desconsiderado em *nenhum* ato de interpretação, aplicação ou criação de normas jurídicas.[155]

Por primeiro, partiu-se da fórmula "homem-objeto" na análise do caso concreto, que, embora adotada em inúmeras decisões do Tribunal Federal Constitucional da Alemanha, longe está de alcançar a pacificação interpretativa global.

O conteúdo da dignidade humana deu-se por vias transversas, ou seja, pela negativa. Assim, todo homem que fosse desrespeitado na sua integridade física, moral, sem condições

---

155. NUNES Luiz Antonio Rizzato. *O princípio constitucional da dignidade da pessoa humana*: doutrina e jurisprudência, cit., p. 65.

mínimas de existência e o Estado não assegurasse liberdade, autonomia, igualdade e direitos fundamentais, teríamos violação e afronta à dignidade, remetendo o homem à situação oposta: indignidade.

Presentemente, o movimento constitucional contemporâneo o interpreta como a norma das normas dos direitos fundamentais, criando verdadeiros limites à atuação estatal, coibindo abusos e arbítrio. De outro giro, é proteção à igualdade e liberdade, ínsitas ao homem.

Bússola no comando governamental e no exercício da cidadania, permite eficiência e transparência no trato da coisa pública, constituindo imperativo qualitativo para o Estado de direito, dado seu universo como valor supremo. O exercício do poder, intrínseco ao funcionamento do Estado, e seus deveres sociais na persecução de finalidades como a justiça e igualdade, há de percorrer a trilha interpretativa do papel normativo do princípio da dignidade da pessoa humana.

Relevante na esfera hermenêutica, integra o novo feixe de princípios, com seu amplo berço axiológico, e é, sem dúvida, o fundamento normativo dos chamados sistemas abertos, como o nosso sistema pátrio, além de contribuir decisivamente para a unidade material da Constituição.

Um dos métodos de interpretação das Constituições é justamente aquele concretista da "Constituição aberta", de origem alemã, teorizada por Peter Häberle, segundo o qual é tão intérprete da Constituição o cidadão quanto os órgãos estatais, entes públicos, espelhando uma realidade pluralista, na qual todos participam, dando força ativa do direito.

Vejamos o que nos diz Paulo Bonavides:

> A Constituição, pondera Häberle, é a sociedade mesma "constituída" ou a ordenação fundamental do Estado e da Sociedade. A interpretação da Constituição é "processo" aberto, ou seja, operação livre que como tal deve conservar-se. Sua compreensão há de ser a mais dilatada possível, de modo que, sobre acolher aquelas interpretação que se faz em âmbito mais restrito,

O PRINCÍPIO DA DIGNIDADE DA PESSOA HUMANA
E A NORMA JURÍDICA TRIBUTÁRIA

principalmente na esfera jurídica dos tribunais, venha a abranger por igual aqueles que ativa ou passivamente participam da vida política da comunidade.[156]

Deixado o antigo formalismo positivista, presentemente o que temos é uma interpretação do sistema de direito positivo, em sentido material, voltado ao direito propriamente dito, na qual a dignidade da pessoa humana exsurge como "norma-princípio" a expressar valor máximo e supremacia axiológica, nascendo novo direito, em que as determinações constitucionais atingem sua finalidade precípua, que é conferir ao homem poderes-deveres correlatos com o maior dos bens da vida: a dignidade.

A dignidade nasce com pessoa e lhe é inerente, constituindo sua essência. É pela qualidade intrínseca que ela é irrenunciável e inalienável, devendo ser reconhecida, protegida e respeitada, pois vivemos em sociedade, e então, no convívio social, as ações e comportamentos devem ter por pressuposto sua observância.

Feitas essas considerações, resulta claro que o significado, conteúdo e alcance da dignidade da pessoa humana e sua esfera protetiva como norma jurídica fundamental é tarefa desafiadora ao segmento da hermenêutica e de difícil balizamento conceitual, quer pelo sentido "aberto", quer pela vaguidade e imprecisão presentes.

Precisa a lição de Ingo Wolfgang Sarlet:

> Neste contexto, costuma apontar-se corretamente para a circunstância de que a dignidade da pessoa humana (por tratar-se, à evidência – e nisto não diverge de outros valores e princípios jurídicos – de categoria axiológica aberta) não poderá ser conceituada de maneira fixista, ainda mais quando se verifica que uma definição desta natureza não harmoniza com o pluralismo e a diversidade de valores que se manifestam nas sociedades democráticas contemporâneas, razão pela qual correto afirmar que nos deparamos com um conceito em permanente processo

---

156. BONAVIDES, Paulo. *Curso de direito constitucional*, cit., p. 150.

de construção e desenvolvimento. Assim, há que reconhecer que também o conteúdo da noção de dignidade da pessoa humana, na sua condição de conceito jurídico-normativo, a exemplo de tantos outros conceitos de contornos vagos e abertos, reclama uma constante concretização e delimitação pela práxis constitucional, tarefa cometida a todos os órgãos estatais.[157]

Assim, a dignidade da pessoa humana é ao mesmo tempo limite e tarefa do Estado. O limite é intransponível, núcleo rígido do princípio, pois nada pode invadir a esfera absoluta da dignidade humana, a ponto de perder o homem sua própria vida. Por outro lado, a prestação estatal, de forma a viabilizar a concretização desse princípio, preservando-o e possibilitando a plena fruição, deve observar certos parâmetros estruturais do próprio Estado e da sociedade.

Saliente-se que o caráter jurídico-constitucional do princípio da dignidade da pessoa humana não lhe retira a qualidade valorativa de pilar do ordenamento pátrio, com vistas à plena efetividade. Na Constituição de 1988, constitui núcleo rígido, cláusula pétrea (art. 60), inserido como princípio jurídico fundamental, imodificável, portanto, por emenda constitucional.

No sistema tributário, exsurge o princípio valor da dignidade da pessoa humana nos contornos constitucionais dos princípios como limites objetivos, procedimentais, que viabilizam a concretização desses valores máximos. Assim, as imunidades, a igualdade, legalidade, capacidade contributiva, anterioridade, irretroatividade, proibição de confisco, que veremos adiante, constituem o que chamamos de "Estatuto do Contribuinte". São direitos e garantias fundamentais dos contribuintes, portanto, imodificáveis pelo constituinte derivado. Na prática, todavia, não é o que acontece.

A contribuição de Alexy, como visto, foi importante e é adotada por muitos doutrinadores e, para ele, os princípios atuam como mandados de otimização, realizando seus

---

157. SARLET, Ingo Wolfang, *Dignidade da pessoa humana e direitos fundamentais na Constituição Federal de 1988*, cit., p. 51-52.

O PRINCÍPIO DA DIGNIDADE DA PESSOA HUMANA
E A NORMA JURÍDICA TRIBUTÁRIA

comandos o máximo possível, para atingir as condutas reguladas. Mas há, na órbita principiológica, a face do princípio como regra jurídica, inserta na linguagem dos comandos prescritivos, de ordem. Portanto, para o princípio da dignidade da pessoa humana, há duplo *status*: princípio e regra.

Coube ainda a Alexy alertar para a observância, no campo da hermenêutica, para a relativização do princípio da dignidade da pessoa humana, em razão de existir dignidade, em patamar igualitário, para todos os homens. Não pretende, em absoluto, pregar um sacrífico à pessoa humana ou violação de tão expressivo valor. No plano da realidade jurídica e social, nos conflitos existentes entre princípios e regras, incabível a concepção desse princípio fundante em caráter absoluto.

Sustenta, então, Alexy:

> A relatividade desse valor da dignidade é imperiosa. Diante do enunciado do art. 1º, I, da Lei Fundamental de Bonn temos a impressão de que tal princípio é valor absoluto. Em verdade não é absoluto e sim deve ser interpretado como regra e princípio.[158]

Assevera mais, que quando a dignidade figurar como princípio, precederá a outros na sua aplicação; quando interpretado como regra, ela não precederá outras regras, de idêntico teor prescritivo e conteúdo semântico em nível de paridade. É o caso concreto que demandará uma ou outra interpretação e, mais, no que pertine à condição de regra, precederá a outra, também à luz da demanda posta.

Defende, pois, que o princípio da dignidade da pessoa comporta graus diferentes de realização, e mesmo que preceda outros princípios, não há como lhe conferir a característica de absolutividade.

Tal integração normativa já sinaliza que, presentemente, aos operadores do direito cumpre efetivar uma ordem jurídica de maior equilíbrio entre esses valores, estatais e fundamentais, com o fim de integrá-los.

---

158. ALEXY, Robert. *Teoria dos direitos fundamentais*, cit., p. 105-109.

Em face da premissa da normatividade e eficácia, o princípio da dignidade da pessoa humana tem como uma de suas principais funções a de ser um elemento que dá unidade de sentido e legitimidade ao sistema constitucional de direitos fundamentais e para o sistema tributário nacional.

Diante das peculiaridades de nossa Constituição, percebe-se que nem todos os direitos fundamentais têm fundamento direto na dignidade da pessoa humana.

Na atual concepção, em boa parte dos direitos fundamentais, quando baseados na dignidade como um direito, há "dualidade de usos", na dicção de Jeremy Waldrom.[159] Ou seja, a dignidade atua tanto como fundamento (fonte dos direitos humanos) como conteúdo de direitos.

Tal ressalva é relevante para entender melhor o grau de graduação desses direitos e a medida de interpretação e integração do sobreprincípio da dignidade humana.

A relação indissociável entre o princípio em estudo e os direitos fundamentais dar-se-á exatamente porque eles constituem explicitações, projetando, de alguma maneira, a dignidade humana.

Dominique Rousseau[160] entende que os direitos fundamentais adquirem vida e inteligência por meio da dignidade da pessoa, ao passo que esta não se realiza e se torna efetiva, senão pelos direitos fundamentais.

Outro aspecto que se deve ressaltar é que a dignidade assenta-se na autonomia pessoal, ou seja, no pressuposto e concretização direta da liberdade, entendendo esta como capacidade que tem o homem de ser sujeito de direitos.

Anote-se, que a tributação é um dos pontos principais, já que a atividade tributante atinge parcela da liberdade do

---

159. WALDRON, Jeremy. Dignity and rank. *European Journal of Sociology*, v. 48, n. 2, p. 203-204, 2007.

160. ROUSSEAU, Dominique. *Les libertés individuelles et la dignité de la personne humaine*. Paris: Montchrestien, 1998, p. 70.

O PRINCÍPIO DA DIGNIDADE DA PESSOA HUMANA
E A NORMA JURÍDICA TRIBUTÁRIA

contribuinte, parte de seu patrimônio vai para os cofres públicos, justamente com a finalidade de persecução das atividades do Estado. A cidadania somente é plena se compatibilizarmos essas premissas e valores.

Aspecto subsequente é o de que todos têm direito ao livre desenvolvimento da personalidade, ou seja, direito à vida e integridades física e psíquica, daí a proteção à privacidade, imagem, intimidade, honra, nome, dentre outros elencados na Carta de 1988. Destacamos, embora desborde do tema deste estudo, a grande problematização do direito à vida, notadamente com a biologização da dignidade.

Não há dúvida, igualmente, quanto à igualdade, pois a garantia de isonomia é expressão imanente da dignidade da pessoa humana.

Anote-se também que na relação Fisco-contribuinte, que será abordada, a isonomia espelhada no princípio da capacidade contributiva é reflexo direto da observância da dignidade humana.

Prosseguindo nos aspectos em foco, o direito à propriedade, com seu conteúdo social prestigiado pela Constituição, é dimensão própria da dignidade humana. Deve-se destacar a importância de prestigiar o princípio da dignidade da pessoa humana em relação ao direito de propriedade, uma vez que a tributação também atinge parcela desse direito fundamental.

Há também entrosamento da dignidade humana com os direitos sociais, econômicos e culturais, a direcionar atividade prestacional do Estado, rol dos direitos positivos, atuando o princípio da dignidade humana como justiça social. É a chamada garantia de uma existência digna, envolvendo a proteção ao mínimo existencial.

Por fim, o aspecto que ganha relevo é a inter-relação com a cidadania. Se estamos num Estado Democrático de Direito, é indissociável a vinculabilidade com os direitos do exercício de cidadania e nacionalidade. Importante a interpretação conjugada dos arts. 1º e 3º da Constituição para aferir a extensão e a dimensão dos valores, fundamentos e objetivos da nossa nação.

Afasta-se, à vista da nossa ordem positivada, acolhendo essencialmente esse princípio jurídico axiomático, qualquer possibilidade de degradação humana, mercantilização do homem, exclusão social, marginalização e, ainda, qualquer medida social, política ou econômica tendente a mitigar tal pilar fundamental. Nessa abordagem entra o direito tributário, que deve integrar-se aos fundamentos e objetivos da República Federativa do Brasil, além de submeter seus princípios específicos aos previstos na ordem constitucional, não desbordando da sua condição de subsistema do direito.

Nesse sentido, Peter Häberle[161] defende que a democracia e os direitos políticos atuam, ao mesmo tempo, como organização estatal e garantia política da dignidade da pessoa humana.

Na lição de Cármem Lúcia Rocha, com quem concordamos:

> O Estado é obrigado a adotar políticas públicas inclusivas, ou seja, políticas que incluam todos os homens nos bens e serviços que os possibilitem ser parte ativa no processo socioeconômico e cidadão autor da história política que a coletividade eleja como trajetória humana. [...] O Estado somente é democrático, em sua concepção, constitucionalização e atuação, quando respeita o princípio da dignidade da pessoa humana. Não há verbo constitucional, não há verba governamental que se façam legítimos quando não se voltem ao atendimento daquele princípio. Não há verdade constitucional, não há suporte institucional para políticas públicas que não sejam destinadas ao pleno cumprimento daquele valor maior transformado em princípio constitucional.[162]

José Joaquim Gomes Canotilho, ao relacionar a República Portuguesa ao princípio da dignidade da pessoa humana, assinala:

> Outra esfera constitutiva da República Portuguesa é a *dignidade da pessoa humana* (artigo 2º). O que é ou que sentido tem uma

---

161. HÄBERLE, Peter. A dignidade humana e a democracia pluralista: seu nexo interno. In: SARLET, Ingo Wolfgang (Org.). *Direitos fundamentais, informática e comunicação*: algumas aproximações. Porto Alegre: Livraria do Advogado, 2007, p. 11.

162. ROCHA, Cármem Lúcia Antunes. O princípio da dignidade da pessoa humana e a exclusão social, cit., p. 38.

O PRINCÍPIO DA DIGNIDADE DA PESSOA HUMANA
E A NORMA JURÍDICA TRIBUTÁRIA

> República baseada na dignidade da pessoa humana? A resposta deve tomar em consideração o princípio material subjacente à ideia de dignidade da pessoa humana. Trata-se do *princípio antrópico* que acolhe a ideia pré-moderna e moderna da *dignitas-hominis* (Pico dela Mirandola) ou seja, o indivíduo conformador de si próprio e da sua vida segundo o seu próprio projecto espiritual. [...] Por último, a dignidade da pessoa humana exprime a abertura da República à ideia de *comunidade constitucional inclusiva* pautada pelo multiculturalismo, mundividencial, religioso ou filosófico. O expresso reconhecimento da dignidade da pessoa humana como *núcleo essencial* da República significará, assim, o *contrário* de "verdades", ou "fixismos" políticos, religiosos ou filosóficos.[163]

Não se desconhece que tal postulado fundamental está a recomendar de todas as nações uma delimitação e efetividade, de forma a garantir ao homem sua essência, como sujeito de direitos fundamentais. Todavia, inúmeros são os reflexos e consequências em todos os ramos da atuação humana, motivo pelo qual essa abordagem encontra limites.

Conforme exposto, o percurso do princípio da dignidade da pessoa humana é tema de ampla abrangência e complexidade a demandar cortes metodológicos, notadamente no enfoque aqui pretendido de alicerçar tal princípio como núcleo essencial das garantias e princípios fundamentais do cidadão-contribuinte na relação jurídica tributária, atuando como limite da atividade do Estado, para concretizar o sistema tributário constitucional à luz dos pilares estruturais do Estado Democrático de Direito.

---

163. CANOTILHO, José Joaquim Gomes. *Direito constitucional e teoria da Constituição*, cit., p. 225-226 (grifos no original).

6. A SEGURANÇA JURÍDICA COMO PRINCÍPIO BALIZADOR DO ESTADO DEMOCRÁTICO DE DIREITO

6.1 Constituição: conceito e características

Falar sobre o princípio da segurança jurídica é discorrer sobre um dos valores mais importantes de nosso ordenamento pátrio. É, sobretudo, remeter o exegeta à Constituição, cujo conteúdo e extensão devem voltar-se a favor de uma ordem jurídica que prestigie o cidadão e possibilite ao Estado ir além do anteriormente existente *status negativus*, impeditivo de ações que mitiguem ou anulem direitos tidos por fundamentais, para configurar um Estado que realize, por via de prestações positivas, os direitos próprios à dignidade humana, escudados num sistema em que a segurança jurídica irradie seus comandos semânticos pelos subsistemas jurídicos.

A Constituição é viga mestra normativa de todo ordenamento jurídico cogente, norma fundamental na lição kelseniana, na qual se encontram os pilares principiológicos, e na qual o primado da segurança jurídica aparece como sobreprincípio, qualitativamente definido como garantia-princípio, necessário para alcançar os objetivos fundamentais nela afirmados.

O termo "constituição" é polissêmico, o que torna difícil sua conceituação, prestando-se a inúmeros significados.

Aurélio Buarque de Hollanda define constituição como:

> 1 Ato de constituir. 2 Organização. 3 Estabelecimento. 4 Disposição e grau das aptidões corporais. 5 Modo de ser (dependente da fundação ou organização). 6 Natureza do governo de uma nação. 7 Lei fundamental que regula os direitos e deveres dos cidadãos. 8 Ato de estabelecer, de fixar.[164]

Muito embora tal barreira se coloque aos estudiosos e intérpretes do direito, compete vencê-la, de tal sorte reduzindo complexidades próprias da atividade cognoscente, a entender por Constituição o que muito bem conceituou Celso Ribeiro Bastos e Ives Gandra da Silva Martins como "o conjunto de normas e princípios de maior força hierárquica dentro do ordenamento jurídico, e que tem por fim organizar e estruturar o poder político, além de definir seus limites, inclusive pela concessão de direitos fundamentais ao cidadão".[165]

Vejamos, porém, mais alguns conceitos:

Para José Celso de Mello Filho: "Constituição é o *nomen juris* que se dá ao complexo de regras que dispõem sobre a organização do Estado, a origem e o exercício do Poder, a discriminação das competências estatais e a proclamação das liberdades públicas."[166]

Segundo José Afonso da Silva:

> A Constituição do Estado, considerada sua lei fundamental, seria, então, a organização dos seus elementos essenciais: um

---

164. FERREIRA, Aurélio Buarque de Holanda. *Novo dicionário da língua portuguesa*, cit., p. 370.

165. BASTOS, Celso Ribeiro; MARTINS, Ives Gandra da Silva. *Comentários à Constituição do Brasil*: promulgada em 5 de outubro de 1988. 2. ed. São Paulo: Saraiva, 2001. v. 1, p. 303.

166. MELLO FILHO, José Celso de. *Constituição federal anotada*. São Paulo: Saraiva, 1984, p. 6.

sistema de normas jurídicas, escritas ou costumeiras, que regula a forma do Estado, a forma de seu governo, o modo de aquisição e o exercício do poder, o estabelecimento de seus órgãos, os limites de sua ação, os direitos fundamentais do homem e as respectivas garantias. Em síntese, a Constituição é o conjunto de normas que organiza os elementos constitutivos do Estado.[167]

Para melhor compreensão do que vem a ser, afinal, *Constituição*, destaquemos os seus sentidos político, sociológico, formal e jurídico:[168]

- Político: significa algo que nasce de um ato de poder soberano, determinando a estrutura estatal.

- Sociológico: significa algo que existe em razão do reflexo das forças sociais que estruturam o poder.

- Formal: significa um conjunto de normas hierarquicamente superiores às demais existentes num dado sistema jurídico, tendo por objeto a organização da magistratura, poderes e seu exercício.

- Jurídico: segmento que mais interessa, sendo certo que Constituição significa um documento básico de um Estado (território, governo, povo e finalidade). Há que conjugar, também, a atuação estatal e os direitos dos indivíduos.

Importa salientar que a conceituação não afasta a intrínseca característica de ser a Constituição um sistema aberto de princípios e regras. Cabe ao intérprete analisar seus comandos à luz da realidade social, própria do dinamismo do direito.

A Constituição do Estado é sua lei fundamental, sua estrutura organizacional, estando presente um sistema de

---

167. SILVA, José Afonso. *Curso de direito constitucional positivo*. 36. ed. rev. e atual. até a Emenda constitucional n. 71, de 29.11.2012. São Paulo: Malheiros, 2013, p. 39-40.

168. ARAUJO, Luiz Alberto David; NUNES JÚNIOR, Vidal Serrano. *Curso de direito constitucional*, cit., p. 32-33.

normas jurídicas reguladoras da forma, exercício e aquisição de poder; atuação estatal e seus limites; os direitos e garantias fundamentais do homem.

Para compreender a extensão conceitual da Constituição, além do aspecto estrutural de funcionamento de um Estado, devemos ter sempre em mente que o direito toca a realidade social, imprimindo sentido jurídico a ela. Embora inúmeras divergências doutrinárias pretendam dar mais enfoque a um ou outro elemento (jurídico, político, sociológico etc.), deve-se afastar da rigidez unilateral de tais pretensões. Constituição é, singelamente, um conjunto desses múltiplos aspectos que formam um Estado.

Se não estamos diante de uma norma pura, na pretensão kelseniana, busquemos então uma concepção estrutural de Constituição como norma que revele os valores da realidade social, constituindo seu conteúdo fático e axiológico.

Na lição de Paulo Bonavides, conceito material de Constituição é "o conjunto de normas pertinentes à organização do poder, à distribuição da competência, ao exercício da autoridade, à forma de governo, aos direitos da pessoa humana, tanto individuais como sociais".[169]

Sua visão de conceito formal remete às normas inseridas na Constituição com apenas a aparência de norma constitucional, não tangenciando, porém, o conteúdo atinente aos elementos básicos ou institucionais da organização política.

Celso Ribeiro Bastos e Ives Gandra da Silva Martins têm por Constituição em sentido material: "Trata-se do conjunto de forças políticas, econômicas, ideológicas etc., que conforma a realidade social de determinado Estado, configurando a sua particular maneira de ser."[170]

Seu enfoque acerca da Constituição substancial é o seguinte:

---

169. BONAVIDES, Paulo. *Curso de direito constitucional*, cit., p. 84.

170. BASTOS, Celso Ribeiro; MARTINS, Ives Gandra da Silva. *Comentários à Constituição do Brasil*: promulgada em 5 de outubro de 1988, cit., v. 1, p. 304.

O PRINCÍPIO DA DIGNIDADE DA PESSOA HUMANA
E A NORMA JURÍDICA TRIBUTÁRIA

> Define-se a Constituição em sentido substancial pelo conteúdo de suas normas. Ela é um conjunto de regras ou princípios que têm por objeto a estruturação do Estado, a organização de seus órgãos supremos e a definição de suas competências. Vê-se, em consequência, que em sentido puramente substancial, Constituição é um complexo de normas jurídicas fundamentais, escritas ou não, capaz de traçar linhas mestras de dado ordenamento jurídico.[171]

Hans Kelsen[172] enuncia o conceito formal de Constituição asseverando que se fala em Constituição formal quando há distinção entre leis ordinárias e outras espécies normativas que contenham maior grau de complexidade para sua origem ou reforma.

Ruy Samuel Espíndola e Paulo Bonavides consagram o pensamento de que "a teoria dos princípios é o coração das Constituições contemporâneas".[173]

É na Constituição, viga mestra normativa fundante de todo ordenamento jurídico cogente, que vamos encontrar os pilares principiológicos para alcançar os objetivos finais da aplicação do direito. Na Lei Fundamental, estão presentes os valores da sociedade, ideais de uma nação, além da estrutura estatal relativa à aquisição, exercício e perda do poder.

No sentido de norma hipotética fundamental, sob o ponto de vista da teoria pura do direito kelseniana, a Constituição pode ser entendida como o conjunto de normas fundamentais que exterioriza os elementos essenciais de um Estado e representa o fundamento de validade de todas as normas pertencentes a esse ordenamento.[174]

---

171. BASTOS, Celso Ribeiro; MARTINS, Ives Gandra da Silva. *Comentários à Constituição do Brasil*: promulgada em 5 de outubro de 1988, cit., v. 1, p. 304.

172. KELSEN, Hans. *Teoría general del Estado*. México, 1989, p. 330, apud BONAVIDES, Paulo. *Curso de direito constitucional*, cit., p. 86.

173. ESPÍNDOLA, Ruy Samuel. *Conceito de princípios constitucionais*, cit., p. 71; e BONAVIDES, Paulo, *Curso de direito constitucional*, cit., p. 291.

174. MENDES, Gilmar Ferreira; COELHO, Inocêncio Mártires; BRANCO, Paulo Gustavo Gonet. *Curso de direito constitucional*. 5. ed. rev. e atual. São Paulo: Saraiva; Instituto Brasiliense de Direito Público, 2010, p. 46.

Carl Schmitt,[175] atento à ideologia política-liberal, revela que a Constituição é a decisão política fundamental e não se confunde com leis constitucionais, devendo cuidar apenas de estrutura estatal e dos direitos fundamentais.

Ferdinand Lassale diz que a "Constituição é a expressão escrita da soma dos fatores reais do poder que regem uma nação".[176]

Entende ainda José Joaquim Gomes Canotilho:

> A Constituição é a ordem jurídica fundamental de uma comunidade. Com os meios do direito ela estabelece os instrumentos de governo, garante direitos fundamentais, define fins e tarefas. As regras e os princípios utilizados para prosseguir estes objetivos são de diversa natureza e densidade. Todavia, no seu conjunto, regras e princípios constitucionais valem como "lei".[177]

Assinalam Luiz Alberto David Araujo e Vidal Serrano Nunes Junior:

> A Constituição é o documento básico de um Estado, vale dizer, é a sua constituição. Ajustada a esse enfoque, sua finalidade há de compreender, ao menos, a regulamentação dos elementos estruturantes do Estado, ou seja, território, governo, povo e finalidade. Ao lado desses fatores constitutivos do Estado, é ingênita à noção de Constituição a fixação de limites que estabeleçam qual o âmbito de atuação do Estado e qual a esfera do domínio individual. Assim, qualquer Constituição deve abrigar as normas definidoras dos direitos fundamentais do indivíduo, pena de desfiguração de sua própria razão de existir.[178]

---

175. SCHMITT, Carl. *Verfassungslehre*. Reimpr. Berlim: Neukoeln, 1954, apud BONAVIDES, Paulo, *Curso de direito constitucional*, cit., 108.

176. LASSALE, Ferdinand. A essência da Constituição. Tradução de Walter Stönner. Rio de Janeiro: Liber Juris, 1985, p. 19, apud GRAU, Eros Roberto. *A ordem econômica na Constituição de 1988*, cit., p. 38.

177. CANOTILHO, José Joaquim Gomes. *Direito constitucional*. 6. ed. rev. Coimbra: Almedina, 1993, p. 189.

178. ARAUJO, Luiz Alberto David; NUNES JÚNIOR, Vidal Serrano. *Curso de direito constitucional*, cit., p. 33-34.

O PRINCÍPIO DA DIGNIDADE DA PESSOA HUMANA
E A NORMA JURÍDICA TRIBUTÁRIA

Fixados esses parâmetros, os autores definem Constituição como

> a organização sistemática dos elementos constitutivos do Estado, através da qual se definem a forma e a estrutura deste, o sistema de governo, a divisão e o funcionamento dos poderes, o modelo econômico e os direitos, deveres e garantias fundamentais, sendo que qualquer outra matéria que for agregada a ela será considerada formalmente constitucional.[179]

Vemos, então, que a Constituição é um sistema de normas jurídicas. Por essa razão, podemos afirmar que os princípios, normas jurídicas que são, carregados de forte conteúdo axiológico e dotados de características específicas, tal como o grau de abstração, não estão além ou acima do direito. Pelo contrário, integram o ordenamento jurídico.

Assinala Eduardo Garcia de Enterria:

> La Constitución asegura una unidad del ordenamiento esencialmente sobre la base un "orden de valores" materiales expreso en ella y no sobre las simples reglas formales de producción de normas. La unidad del ordenamiento es, sobre todo, una unidad material de sentido, expresada en unos principios generales de Derecho, que o al intérprete toca investigar y descubrir (sobre todo, naturalmente, al intérprete judicial, a la jurisprudencia), o la Constitución los ha declarado de manera formal, destacando entre todos, por la decisión suprema de la comunidad que la ha hecho, unos valores sociales determinados que se proclaman en el solemne momento constituyente como primordiales y básicos de toda la vida colectiva. Ninguna norma subordinada – y todas lo son para la Constituición – podrá desconocer ese cuadro de valores básicos y todas deberán interpretarse en el sentido de hacer posible con su aplicación el servicio, precisamente, a dichos valores.[180]

---

179. ARAUJO, Luiz Alberto David; NUNES JÚNIOR, Vidal Serrano. *Curso de direito constitucional*, cit., p. 34.

180. GARCIA DE ENTERRIA, Eduardo. *La Constitución como norma y el Tribunal Constitucional*, Civitas, p. 98, apud BASTOS, Celso Ribeiro; MARTINS, Ives Gandra da Silva, *Comentários à Constituição do Brasil*: promulgada em 5 de outubro de 1988, cit., v. 1, p. 377.

Dessas assertivas, exsurge o princípio da unidade hierárquico-normativa, extremamente importante para nosso estudo, pois dele se extrai que todas as normas contidas numa Constituição formal têm o mesmo patamar normativo, competindo apenas e tão somente a um novo poder constituinte estabelecer exceções e modificações, e não ao legislador reformador.

6.2 O princípio da segurança jurídica

O princípio da segurança jurídica é um sobreprincípio que, tendo operado em todas as diretrizes constitucionais, demandando o cuidado hermenêutico de situá-lo no tempo, no contexto social e na história do constitucionalismo pátrio, foi mantido em seu sentido axiológico como um dos valores máximos pelo constituinte de 1988.

Nunca se falou tanto em segurança jurídica, mas nunca nos distanciamos tanto dela. A certeza, confiança e previsibilidade de um sistema jurídico que deve se fundamentar na Constituição parece repetir-se ao longo do tempo, por inúmeras vozes doutrinárias, sem encontrar, todavia, uma saída que honre um compromisso com a nação.

O debate acerca da segurança jurídica e sua relevância para a efetividade de direitos, notadamente os fundamentais, a concretizar um Estado Democrático de Direito, está em constante mutação, a ensejar uma adaptabilidade semântica, para buscar um conteúdo que espelhe o que pretendeu nosso constituinte. Longe de encerrar os debates, muito pelo contrário, é tema que remete a uma constante busca dogmática, compatibilizado com o sistema dinâmico ínsito ao próprio direito.

As vertentes de direitos fundamentais e seu núcleo essencial da dignidade da pessoa humana, bem assim toda funcionalidade principiológica do sistema tributário nacional, têm por primeiro passo a segurança jurídica, que também é a finalidade buscada para se atingir a justiça fiscal.

Anotem-se as normas introduzidas pela Lei 13.655/2018 à LINDB com objetivo principal de possibilitar efetividade ao

O PRINCÍPIO DA DIGNIDADE DA PESSOA HUMANA
E A NORMA JURÍDICA TRIBUTÁRIA

princípio da segurança jurídica, notadamente nas relações de direito público.

Ele está presente no Texto Magno desde o Preâmbulo, sendo alicerce do Estado Democrático de Direito (art. 1º); no Título "Direitos e Garantias Fundamentais" (art. 5º, *caput*) e, implicitamente, em todos os enunciados relativos a garantias, como os princípios da legalidade (art. 5º, II), legalidade estrita (art. 150, I), irretroatividade (art. 150, III, "a") e anterioridade (art. 150, II, "b"). Ou seja, sempre se apresenta tal princípio como garantia de direitos do cidadão e do contribuinte. Todavia, conseguir tirar-lhe a vaguidade, muitas vezes seu desprestígio, e dar-lhe a maior efetividade possível, constitui tarefa desafiadora.

Importante observar que a segurança exsurge em caráter geral como um dos valores supremos, ao lado dos direitos sociais e individuais, liberdade, igualdade e justiça. Da exegese desde o Preâmbulo, parte integrante do corpo do direito positivo, o Estado aparece como instrumento de se efetivar a segurança, competindo-lhe buscar vias assecuratórias do exercício pleno desse direito por todos os cidadãos, envolvendo as instituições públicas e particulares, abrindo novo rumo à ordem jurídica do país e afastando anterior interpretação de que o Estado era o centro da segurança jurídica ou seu fim.

José Souto Maior Borges, ao analisar a segurança jurídica, expressa-se de forma contundente: "Como a segurança é valor e, pois, bipolar e relacional, implica logicamente seu contravalor, a insegurança, ao qual se contrapõe."[181]

A complexidade dos nossos tempos contribui para o imediatismo e incerteza das relações humanas e, portanto, do próprio sistema normativo, que é a expressão última de regulação das condutas humanas. Há multiplicidade de informações pelo avanço tecnológico, pela quantidade de emendas constitucionais, leis e medidas provisórias a versarem sobre

---

181. BORGES, José Souto Maior. Segurança jurídica: sobre a distinção entre competências fiscais para orientar e atuar contribuinte. *Revista de Direito Tributário*, São Paulo, n. 100, p. 24, 2008.

uma diversidade de interesses de tal monta a gerarem mais conflitos que pacificação, este fim último do direito.

Nem se diga da atuação estatal em contraponto com o crescente e necessário enfoque protetivo dos interesses sociais, gerando intervencionismo do Estado sem observar os limites a ele impostos pelo próprio corpo normativo constitucional.

Imersos em todos esses problemas, o direito tributário, envolto em complexidade normativa e incertezas, igualmente sofre esses abalos, impossibilitando o alcance da justiça fiscal, ficando o contribuinte à mercê dos desvarios estatais.

Diz Humberto Ávila:

> Incorporou-se ao jargão comum afirmar-se que o legislador deveria pensar como um filósofo, mas escrever como um camponês. No entanto, atualmente, em virtude dos mencionados processos de especificação social e normativa, termina ocorrendo o contrário: o legislador pensa como um camponês desorientado e escreve como um filósofo neurótico.[182]

A preocupação em evitar as constantes inseguranças e incertezas das relações jurídicas, quer pela atuação legislativa desbordante dos primados constitucionais, quer no momento da aplicação pelo administrador, ou diante de uma decisão judicial inconsistente, a dar ensejo ao efetivo plexo normativo de direitos e princípios que possuem os cidadãos, leva nosso sistema normativo a sofrer constantes rachaduras e nos obriga a buscar novos contornos e melhorar a delimitação do conteúdo do princípio da segurança jurídica, aprimorando a confiabilidade no sistema e nas relações.

Ressalte-se que estamos submetidos a um sistema hierarquizado que é o direito, cujo dinamismo, sua característica inerente, nos impulsiona sempre a procurar novos rumos, observados os princípios e regras, via dos quais o direito vê

---

182. ÁVILA, Humberto. *Segurança jurídica*: entre a permanência, mudança e realização no direito tributário. 2. ed. rev., atual. e ampl. São Paulo: Malheiros, 2012, p. 54.

O PRINCÍPIO DA DIGNIDADE DA PESSOA HUMANA
E A NORMA JURÍDICA TRIBUTÁRIA

sua finalidade regulatória implementada. Compete ao direito regular condutas intersubjetivas dentro de um Estado Democrático de Direito que se submete aos primados constitucionais (Estado Constitucional) e à legalidade.

Diz Paulo de Barros Carvalho:

> O direito existe para coordenar o fluxo das interações inter-humanas, no sentido de propagar no meio da comunidade social o sentimento de previsibilidade quanto aos efeitos jurídicos da regulação da conduta. O direito existe para isso.[183]

Anote-se, por oportuno que dispõe o art. 1º da Carta 1988 que estamos em um regime republicano, federalista, cujos fundamentos enumera: soberania, cidadania, dignidade da pessoa humana, valores sociais do trabalho e da livre-iniciativa e, mais, o pluralismo político.

Em tempos passados, cogitava-se segurança com significado de valor ou finalidade absoluta a ser alcançada pelo direito, evoluindo, todavia, para uma concepção formal do sistema jurídico. Ao depois, já com o constitucionalismo de direitos presentes no Estado Democrático de Direito, temos a segurança jurídica, diferentemente, com conteúdo de garantia material a tutelar a efetividade total do sistema jurídico, advindo da relevante expectativa de confiabilidade. É o princípio da proteção da confiança legítima.

Sylvia Calmes afirma que "a segurança jurídica é uma 'qualidade' de uma ordem jurídica, entendida dentro de uma perspectiva dinâmica".[184]

Na lição de Roque Antonio Carrazza:

> A segurança jurídica é ínsita à própria ideia de Direito, tendo sido colocada no Preâmbulo da nossa Carta Magna, no patamar dos valores supremos da sociedade brasileira, pelo que inspira a

---

183. CARVALHO, Paulo de Barros. A certeza nas relações jurídicas tributárias. Conferência de abertura do XXVIII Congresso de Direito Tributário. *Revista de Direito Tributário*, São Paulo, Malheiros, n. 123, p. 16, 2015.

184. No original: *"la sécurité juridique est une 'qualité' d'un ordre juridique, appréhendée dans une pespective dynamique"* (CALMES, Sylvia. *Du principe de protection de la confiance légitime en droits allemand, communautaire et français*. Paris: Dalloz, 2001. p. 158. Nossa tradução).

edição e a boa aplicação das leis, dos decretos, das portarias, das sentenças, dos atos administrativos etc. Mas, mais que um valor, a segurança jurídica é a própria razão de ser de nossa Constituição Federal [...].[185]

Notemos que, por ser um Estado Democrático de Direito, o Estado tem novo papel, verdadeiro dever, com o escopo de garantir o pleno gozo da segurança jurídica, de buscar os meios necessários para tanto, pois o conteúdo da segurança é um valor escolhido pelo constituinte para ser um fundamento e um norte para todo o direito positivo.

Ao direito incumbe, pelo fenômeno da positivação das normas, prover a igualdade e certeza, o que se afere da lição de Tercio Sampaio Ferraz Junior: "[...] criar condições de certeza e igualdade que habilitam o cidadão a sentir-se senhor de seus próprios atos e dos atos dos outros".[186]

Geraldo Ataliba[187] assinala que a segurança jurídica é a essência do direito, fundando-se na certeza e igualdade.

Entendemos, pois, que a segurança jurídica atua na trilha do direito em busca da justiça, estando presente desde o começo, sendo o meio e o fim. Percorre todo caminho do direito, de mãos dadas, quer com as instituições estatais, quer com os cidadãos.

Apreende-se dos ensinamentos de José Joaquim Gomes Canotilho que

o homem necessita de segurança para conduzir, planificar e conformar autônoma e responsavelmente a sua vida. Por isso, desde cedo se consideravam os princípios da segurança e da proteção à confiança como elementos constitutivos do Estado de Direito.

---

185. CARRAZZA, Roque Antonio. *Curso de direito constitucional tributário*, cit., p. 469.

186. FERRAZ JUNIOR, Tercio Sampaio. Segurança jurídica e normas gerais tributárias. *Revista de Direito Tributário*, São Paulo, v. 5, n. 17/18, p. 51, jul./dez. 1981.

187. ATALIBA, Geraldo. *República e Constituição*, cit., p. 142-160.

O PRINCÍPIO DA DIGNIDADE DA PESSOA HUMANA
E A NORMA JURÍDICA TRIBUTÁRIA

> Estes dois princípios — segurança jurídica e proteção da confiança — andam estreitamente associados.[188]

Assim, a observância dos princípios inseridos nos direitos e garantias fundamentais, tais como respeito ao direito adquirido, ato jurídico perfeito e coisa julgada garantem a irretroatividade do direito, a ensejar segurança jurídica a todos os destinatários dos comandos constitucionais.

Analisa com acuidade Paulo de Barros Carvalho:

> Agora, ao lado da certeza como determinação, como fixação rigorosa das condutas a serem traçadas, essa primeira acepção – que eu diria uma acepção sintática ou lógica –, nós teríamos outra: a certeza significa, também, previsibilidade. Nós temos certeza na medida em que vemos que os fatos jurídicos consumados foram respeitados pela legislação, o direito adquirido está mantido, a coisa julgada está observada, de modo que temos uma certeza quanto ao passado. E isso alimenta uma expectativa para o futuro.[189]

Induvidoso que a segurança jurídica deve estar presente em todo o direito positivo infraconstitucional, pois é direito e garantia fundamental e atinge igualmente os atos executórios do agente administrativo.

Ao buscar a efetividade dos objetivos e fundamentos da República Federativa do Brasil, devemos perquirir o fundamento do Estado Democrático de Direito, sua evolução, e o atual Estado constitucional, cuja submissão à Carta Magna supera o anterior modelo do Estado de Direito em que a lei era o topo da pirâmide normativa.

O Estado de Direito foi o primeiro passo para o chamado Estado Constitucional. Nele, os governantes submetem-se ao império da lei e a um regime de direito que tem nos direitos individuais seus limites e a garantia dos direitos do cidadão.

---

188. CANOTILHO, José Joaquim Gomes. *Direito constitucional e teoria da Constituição*, cit., p. 256.

189. CARVALHO, Paulo de Barros. A certeza nas relações jurídicas tributárias, cit., p. 15.

Nos Estados Constitucionais, a Constituição é o fundamento de validade de todo sistema normativo, disciplinando a atuação dos Poderes Legislativo, Executivo e Judiciário.

No Estado de Direito (expressão que abrange o Estado Constitucional), tem-se garantia da liberdade e previsão de direitos fundamentais, a impor limites à atuação estatal, conferindo às pessoas titularidade de direitos subjetivos.

Segundo Lourival Vilanova:

> É uma conquista do Estado de Direito, do Estado Constitucional em sentido estrito, a fixação dos direitos reputados fundamentais do indivíduo, e a enumeração das garantias para tornar efetivos tais direitos, quer em face dos particulares, quer em face do Estado mesmo.[190]

Assim, é preciso, para se afirmar estar em um Estado de Direito, que as leis sejam votadas por parlamentos livres, eleitos pelo povo (detentor da soberania) e haja um Poder Judiciário composto de juízes livres e independentes.

Importa observar ainda que os destinatários da segurança jurídica são inexoravelmente o Estado, o cidadão – eis que pela igualdade, princípio que norteia a relação jurídica Estado-cidadão, não comporta quaisquer discrepâncias em desfavor do cidadão ou privilégio do Estado que deve, ao contrário, respeitar tal princípio prestigiado no ordenamento máximo – o Legislativo, o Judiciário e o Executivo.

Não é demais reafirmar que a Constituição vale para todos os integrantes da sociedade e nada pode fugir da sombra de seus efeitos jurídicos, que devem, ao contrário, ser efetivados, resgatando valores, princípios e garantias, como a segurança jurídica, que dá ao cidadão a certeza, igualdade e previsibilidade dos reais direitos que, ciente do cumprimento de seu dever, terá, dentro de uma sociedade livre, justa e solidária.

---

190. VILANOVA, Lourival. Proteção jurisdicional dos direitos numa sociedade em desenvolvimento. In: CONFERÊNCIA NACIONAL DA ORDEM DOS ADVOGADOS DO BRASIL, 4., 1970, Recife, PE. *Anais...* São Paulo: Ordem dos Advogados do Brasil, 1970, p. 139.

O PRINCÍPIO DA DIGNIDADE DA PESSOA HUMANA
E A NORMA JURÍDICA TRIBUTÁRIA

6.3 O sobreprincípio da segurança jurídica e o sistema constitucional tributário

O sistema tributário nacional tem sede constitucional, que contém sua estrutura, as referências quanto à repartição de competência tributária das pessoas políticas, as classificações dos tributos e a norma padrão de incidência de cada um, as limitações ao poder de tributar e os direitos fundamentais dos contribuintes. Ou seja, é de se notar que o constituinte pretendeu, diversamente de outros países, que a atividade tributante estatal estivesse absolutamente delimitada e estruturada na própria Constituição, significando que pouco cabe ao legislador infraconstitucional na criação ou aumento da carga tributária, devendo, ao invés, respeitar e observar os mandamentos constitucionais, notadamente os direitos fundamentais dos contribuintes e respectivas garantias, tais como o princípio da segurança jurídica.

O princípio da segurança jurídica, sua dimensão e aplicabilidade no âmbito do sistema constitucional tributário, envolve necessariamente uma análise sistêmica do ordenamento jurídico pátrio, que tem como fundamento de validade a Constituição, cujos princípios e normas expressam valores que nossa sociedade pretende implementar.

A segurança jurídica está presente em todo o arcabouço normativo infraconstitucional, tornando-se, no âmbito tributário, verdadeiro sobreprincípio e garantia fundamental.

Ensina Paulo de Barros Carvalho:

> Renovo, neste momento, a posição segundo a qual, abaixo da justiça, o ideal maior do direito é a segurança jurídica, sobreprincípio que se irradia por todo o ordenamento e tem sua concretização viabilizada por meio de outros princípios [...].[191]

Quanto ao sistema constitucional tributário, deve-se atentar para o fiel cumprimento desse princípio e quanto

---

191. CARVALHO, Paulo de Barros. *Direito tributário, linguagem e método*, cit., p. 272.

ainda é preciso trilhar para um efetivo caminho em busca de uma Constituição presente na vida do cidadão-contribuinte que, ciente de seu dever de pagar tributos, deve ter direito à certeza e segurança, num ordenamento que evite surpresas e deslealdade, práticas, diga-se, reiteradas nos últimos anos.

É lição precisa, nesse aspecto, de Misabel Derzi:

> Instalam-se, ao lado do pluralismo e da complexidade, ausência de regras, a permissividade, a descrença generalizada, a incerteza e a indecisão, de tal modo que princípios jurídicos até então sólidos e bem fundamentados como segurança jurídica, capacidade contributiva, progressividade do imposto, igualdade e até mesmo legalidade são postos em dúvida. Alguns estudiosos chamam o fenômeno de "retorno à Idade Média" [...].[192]

Impende perquirir a importância, entre nós, do princípio da segurança jurídica, notadamente os seus reflexos e efeitos no âmbito das relações jurídicas tributárias entre o Estado e o contribuinte, pautadas por constante "tensão" entre o Fisco, que pretende arrecadar mais, e o contribuinte, que recolhe tributos aos cofres públicos, dever constitucionalmente estabelecido, observados seus direitos fundamentais.

Entendemos, pois, que a segurança jurídica atua na trilha do direito em busca da justiça fiscal, estando presente desde o começo, sendo o meio e o fim. Deve percorrer todo caminho do direito, de mãos dadas, quer com as instituições estatais, quer com os cidadãos.

Assim, a observância dos princípios inseridos nos direitos e garantias fundamentais, tais como respeito ao direito adquirido, ato jurídico perfeito e coisa julgada garantem a irretroatividade do direito, a ensejar segurança jurídica a todos os destinatários dos comandos constitucionais. O princípio da segurança jurídica tem a característica de ser bidimensional: voltando-se quer para o passado, quer para o presente.

---

192. DERZI, Misabel Abreu Machado. Mutações, complexidade, tipo e conceito, sob o signo da segurança e da proteção da confiança. In: TORRES, Heleno Taveira (Coord.). *Tratado de direito constitucional tributário*: estudos em homenagem a Paulo de Barros Carvalho. São Paulo: Saraiva, 2005, p. 247.

O PRINCÍPIO DA DIGNIDADE DA PESSOA HUMANA
E A NORMA JURÍDICA TRIBUTÁRIA

Induvidoso que a segurança jurídica deve estar presente em todo o direito positivo infraconstitucional, pois é direito e garantia fundamental e atinge igualmente os atos executórios do agente administrativo.

O sistema tributário posto na Constituição de forma minudente, a emoldurar todo o funcionamento da tributação – competência impositiva, hipótese de incidência possível de cada tributo, além das limitações constitucionais ao poder tributante e direitos fundamentais dos contribuintes –, demonstra *ictus oculi* que o constituinte fez escolha que envolve fins, meios e valores que servirão para criação, aumento e aplicação do regime jurídico das espécies tributárias no âmbito infraconstitucional, a aplicabilidade dos princípios que norteiam o subsistema tributário e a competência das pessoas políticas, criando um amplo sistema de constante segurança jurídica. É o que pretende a nossa Constituição, ao consagrar o direito a verdadeiro "princípio", ao alçar o regime tributário a nível constitucional e positivar seu integral conteúdo. Tal referência em *status* constitucional revela vedação a comportamentos legislativos ou interpretativos que violem os postulados expressos e implícitos constantes do sistema constitucional tributário que, de alguma forma, impeçam sua concretização, além de garantia de efetividade quanto aos princípios que informam a ordem tributária, notadamente a segurança jurídica.

A visão de conteúdo material do princípio da segurança jurídica funda-se na busca pela concretização do sistema constitucional e os valores que informam os princípios, incorrendo, mais, na estabilidade sistêmica do direito e na correlação efetiva entre direitos fundamentais e as respectivas competências tributárias. Lembremos sempre que se pretende a efetividade da Constituição e que, num Estado de Direito, a legalidade busca a "certeza" e "segurança jurídica", pois o direito se traduz em segurança jurídica.

Assinala José Souto Maior Borges:

> O sistema constitucional tributário prestigia a segurança jurídica em vários tópicos ligados à competência do Poder Judiciário,

133

sobretudo o STF e STJ. Incluir a segurança importa excluir a insegurança. A segurança envolve a negação da insegurança. Da contraposição entre esse valor (segurança) e seu respectivo contravalor (insegurança) somente pode resultar a aplicação de uma dessas com desaplicação da outra.[193]

O direito, como os demais sistemas, está sujeito a riscos potenciais e abalos na segurança, gerando, por inúmeras vezes, arbítrio e ofensa à segurança jurídica. É sempre o que se busca corrigir ou evitar, consistindo em constante preocupação dos juristas, em especial na órbita tributária, porque é ínsita à atividade tributante estatal a invasão de direitos fundamentais, como a liberdade e a propriedade.

6.4 Segurança jurídica e os princípios jurídicos tributários

A previsão constitucional da segurança jurídica envolve enunciados explícitos e implícitos, porém que em nada alteram o aspecto de sua normatividade, sendo vertente valorativa a informar todo ordenamento jurídico pátrio. Ademais, está prevista na Carta Magna, ápice normativo, de onde se inicia o processo de positivação das normas jurídicas, até o final da cadeia normativa, no qual, pelas normas individuais e concretas, carregadas desses valores, o direito cumpre sua finalidade, que é a regulação do comportamento humano.

O princípio da segurança jurídica é valor ou sobrevalor, dada sua relevância em todos os subsistemas jurídicos e, sobretudo, no tributário. Ele se realiza, e assim veremos adiante, por meio de outros princípios que são limites objetivos, procedimentos afetos à finalidade de concretizar esses valores. Assim serão as imunidades, os princípios da isonomia, legalidade,

---

193. BORGES, José Souto Maior. O princípio da segurança na Constituição Federal e a Emenda Constitucional 45/2004: implicações fiscais. In: PIRES, Adilson Rodrigues; TORRES, Heleno Taveira (Orgs.). *Princípios de direito financeiro e tributário*: estudos em homenagem ao professor Ricardo Lobo Torres. Rio de Janeiro: Renovar, 2006, p. 251.

O PRINCÍPIO DA DIGNIDADE DA PESSOA HUMANA
E A NORMA JURÍDICA TRIBUTÁRIA

irretroatividade, anterioridade, vedação de confisco, além dos enunciados implícitos dos princípios da intributabilidade do mínimo vital e a impossibilidade da atividade tributária impedir ou coarctar a fruição de um direito fundamental.

Anote-se que nossa Constituição tem a característica de ser rígida, ou seja, sua modificação envolve processo específico e previsto no próprio texto constitucional, além de tópicos normativos protegidos pela imutabilidade (art. 60 – cláusulas pétreas).

Tal assertiva é de suma importância, porque a alteração de qualquer dispositivo constitucional ou princípio deve resguardar as cláusulas pétreas e as garantias delas decorrentes, tais como os direitos fundamentais do contribuinte, expressos por via da segurança jurídica.

Assinala Paulo de Barros Carvalho:

> Nossa Constituição é da categoria das rígidas, o que significa dizer que para sua alteração existe um procedimento mais solene e complexo do que o exigido para a elaboração das leis ordinárias. Os quatro plexos normativos de que já falamos – o sistema nacional, o sistema federal, os sistemas estaduais e os sistemas municipais – estão racionalmente determinados na Carta Magna brasileira, que consagra a Federação; o voto direto, secreto, universal e periódico; a separação dos Poderes e os direitos e garantias individuais (art. 60, parágrafo 4º, I a IV), como valores jurídico-políticos intangíveis.[194]

Não obstante, temos visto reiteradamente alteração do texto constitucional por meio de inúmeras emendas constitucionais, nas quais o poder constituinte derivado desrespeita por completo cláusulas pétreas imodificáveis, que asseguram ao nosso sistema a confiabilidade e longevidade. Na órbita tributária, não raro, na incessante busca arrecadatória, há evidente atropelo dos direitos e garantias fundamentais do contribuinte, gerando a incerteza e deixando, ao largo, todo primado principiológico que norteia nosso sistema positivo protetivo aos direitos dos contribuintes.

---

194. CARVALHO, Paulo de Barros. *Curso de direito tributário*, cit., p. 189.

Resulta claro que na seara tributária temos princípios como o da legalidade, além de outros específicos (irretroatividade, capacidade contributiva, proibição de confisco, igualdade etc.) que constituem instrumentos garantidores de evidente comprometimento do Estado com a segurança jurídica. Assim, a legalidade ínsita ao Estado de Direito e o sistema tributário exposto de forma até prolixa, porque minudente, na própria Constituição, geram a interpretação, por óbvio, de que ao Estado é dada a incumbência de garantir a segurança jurídica e buscar os meios de concretizá-la.

A segurança jurídica tributária é a base e o fim sistêmico do sistema constitucional tributário, é uma realidade jurídica, concluindo-se que existe real expectativa de solução de conflitos geradores da insegurança e incerteza. Não se pode viver, como cidadão-contribuinte, em eterno sobressalto.

Relevantes os pilares do nosso ordenamento pátrio, a ensejar, então, o caminho revelador do conteúdo material da segurança jurídica.

Compete ao jurista a busca pelo real conteúdo que envolve a segurança jurídica, por meio de uma teoria cujo conteúdo expresse a necessária concretude do sistema constitucional e seus valores veiculados pelo complexo feixe principiológico, garantindo a estabilidade e coerência do sistema, compatibilizando o exercício da competência tributária com os direitos e garantias fundamentais do contribuinte.

Derivado do primado da legalidade, é princípio implícito no Texto Magno, buscado por via interpretativa do cerne das normas que preveem os direitos e liberdades fundamentais e sua necessária convivência jurídica harmônica com a inexorável ação de tributar que cabe ao Estado.

Estão, pois, em patamar igualitário, o exercício dos direitos fundamentais do contribuinte e a atividade tributária, que deve ser desenvolvida em respeito a esses direitos. Não se pode permitir, porque malfere os primados constitucionais, que a tributação vá afrontar esses direitos, mitigá-los, ou até,

O PRINCÍPIO DA DIGNIDADE DA PESSOA HUMANA
E A NORMA JURÍDICA TRIBUTÁRIA

por vias indiretas como a atividade administrativa de arrecadar e fiscalizar, impossibilitar sua fruição.

Diga-se que a tributação atinge os magnos princípios e direitos de liberdade e propriedade, mas encontra limites e contornos muito bem alinhados no texto constitucional.

Os efeitos do princípio da não obstância do exercício de direitos fundamentais em razão da tributação são projetados, *ab initio*, no próprio texto constitucional, nas normas atinentes à proibição de tributar certo grupo de pessoas, além das que garantem o exercício de direitos, tais como as imunidades, a vedação de confisco, a função social da propriedade, a liberdade de profissão etc.

Em outro dizer, o princípio sob comento tem sua eficácia mediante a previsão de situações de intributabilidade e, igualmente, na observância de outros princípios constitucionais.

Seus efeitos se projetam para a esfera infraconstitucional, pois ao legislador compete a criação de tributos que deve observar o pleno exercício dos direitos fundamentais, sob pena de flagrante inconstitucionalidade. A isenção, exemplificativamente, é poderoso instrumento balizador da eficácia do princípio da não obstância.

Define-se segurança jurídica, na dicção de Heleno Taveira Torres como

> princípio-garantia constitucional que tem por finalidade proteger direitos decorrentes das expectativas de confiança legítima na criação ou aplicação das normas jurídicas, mediante certeza jurídica, estabilidade do ordenamento ou efetividade de direitos e liberdades fundamentais.[195]

Do quanto exposto, e do que adiante estudaremos acerca do sistema constitucional tributário e sua atuação no campo

---

195. TORRES, Heleno Taveira. *Direito constitucional tributário e segurança jurídica*: metódica da segurança jurídica do sistema constitucional tributário 2. ed. rev., atual. e ampl. São Paulo: Revista dos Tribunais, 2012, p. 26.

dos direitos fundamentais, o princípio valor da segurança jurídica em todos os aspectos reaparece, sempre, como uma finalidade última a ser alcançada.

Vivemos, é certo, em ampla complexidade de relações humanas e jurídicas, sendo o direito afetado diretamente com a sensação de insegurança crescente que nos acomete, quer porque a atividade legiferante nos remete à proliferação desmedida de atos normativos que, na esfera tributária, tem sido recorrente, quer porque a insegurança jurídica demanda mais direitos, para nos sentirmos seguros diante de um sistema que deve cumprir os comandos constitucionais prescritos há muito tempo, o que reflete perverso círculo na construção de sentido interpretativo das normas jurídicas, mormente aquelas destinadas à proteção do contribuinte e suas garantias fundamentais. A insegurança jurídica, sem dúvida, interfere totalmente na vida do cidadão, que tem o direito de ser respeitado em sua esfera de existênciaia, inclusive na perspectiva de seu futuro. É o primado de sua autonomia individual.

A segurança jurídica implementada num Estado Democrático de Direito é indubitavelmente uma das maiores conquistas para se efetivar o primado da dignidade da pessoa humana.

7. DISCIPLINA CONSTITUCIONAL DA TRIBUTAÇÃO

7.1 O sistema tributário na Constituição de 1988

O sistema tributário nacional tem sede constitucional (Título VI, Capítulo I, da CF) que contém sua estrutura, as referências quanto à repartição da competência tributária das pessoas políticas, as classificações dos tributos e a norma padrão de incidência de cada um, as limitações ao poder de tributar e os direitos fundamentais dos contribuintes.

As pessoas políticas – União, Estados, Distrito Federal e Municípios – têm competência tributária, por via de seus Legislativos, determinada pela Constituição, para criar abstratamente tributos, observados os parâmetros constitucionais.

Portanto, a tributação, atividade estatal consistente na instituição, arrecadação e fiscalização de tributos, encontra-se prevista de maneira minuciosa na Constituição Federal, cujo Título VI (Da Tributação e Orçamento) se inicia com o capítulo referente ao Sistema Tributário Nacional (arts. 145 a 162).

Importante salientar que nosso direito pátrio é um sistema hierarquizado de normas jurídicas. Sistema, na dicção sempre oportuna de Roque Antonio Carrazza, é "a reunião ordenada de várias partes que formam um todo, de tal sorte que elas se sustentam mutuamente e as últimas explicam-se pelas primeiras".[196] Assim, nosso sistema é composto de normas jurídicas, tendo seu ápice normativo, como fundamento de validade de todas as normas cogentes, a Constituição.

O Sistema Tributário Nacional compõe-se de normas constitucionais e infraconstitucionais, a saber: Constituição, Lei Complementar (veiculação de normas gerais tributárias – Código Tributário Nacional) e leis ordinárias.

A Constituição aborda os seguintes temas no âmbito tributário:

- previsão da norma-padrão de incidência;

- classificação dos tributos;

- repartição de competências tributárias;

- limitações ao poder de tributar.

É a Constituição que cuida do sistema tributário, indicando as hipóteses de incidência dos tributos (regras-matrizes): hipótese de incidência; sujeitos ativo e passivo; base de cálculo e alíquota possíveis em cada espécie tributária com regime jurídico próprio. Aponta as situações fáticas que poderão ser colhidas pelo legislador para a instituição de tributos. Tal fato, de evidente conteúdo econômico, vai nortear, guiar o legislador infraconstitucional na criação de tributos, que encontra esse verdadeiro limite nos parâmetros constitucionais.

A Constituição não cria tributos. Ela discrimina competências para que as pessoas políticas, por via de seus Legislativos, possam criá-los. A Constituição pormenorizou o sistema de tributação, traçando a norma-padrão de incidência de cada uma das exações que poderão ser criadas (União, Estados, Municípios e Distrito Federal). O tributo nasce a partir do momento em que o fato hipotético da norma jurídica tributária ocorre

---

196. CARRAZZA, Roque Antonio. *Curso de direito constitucional tributário*, cit., p. 47-48.

O PRINCÍPIO DA DIGNIDADE DA PESSOA HUMANA
E A NORMA JURÍDICA TRIBUTÁRIA

no mundo fenomênico. Daí que ninguém pode ser compelido a recolher tributo apenas com base na Constituição.

Assinala Paulo de Barros Carvalho:

> Pertencendo ao estrato mesmo da Constituição, da qual se destaca por mero expediente lógico de cunho didático, o subsistema constitucional tributário realiza as funções do todo, dispondo sobre os poderes capitais do Estado, no campo da tributação, ao lado de medidas que asseguram as garantias imprescindíveis à liberdade das pessoas, diante daqueles poderes. Empreende, na trama normativa, uma construção harmoniosa e conciliadora, que visa a atingir o valor supremo da certeza, pela segurança das relações jurídicas que se estabelecem entre Administração e administrados. E, ao fazê-lo, enuncia normas que são verdadeiros princípios, tal o poder aglutinante de que são portadoras, permeando, penetrando e influenciando um número inominável de outras regras que lhe são subordinadas.[197]

Quanto aos impostos, as hipóteses previstas são específicas, sempre com a previsão de um fato de conteúdo econômico.

Com relação às taxas e contribuição de melhoria, são expostas situações de caráter genérico: taxas — exercício do poder de polícia e prestação de serviço público, específico e divisível, prestado ao contribuinte ou posto à sua disposição; contribuição de melhoria — valorização imobiliária decorrente de obra pública.

Os empréstimos compulsórios têm seus pressupostos explicitados pela Constituição, a saber: atendimento a despesas extraordinárias, decorrentes de calamidade pública, de guerra externa ou sua iminência; e investimento público de caráter urgente e de relevante interesse nacional, observado o disposto no art. 150, III, "b".

Quanto às contribuições, destaca a Constituição de 1988 que devem atender a certas finalidades, atuando a União no âmbito social (contribuições sociais), na intervenção no domínio econômico e no interesse de categorias profissionais ou econômicas.

---

197. CARVALHO, Paulo de Barros. *Curso de direito tributário*, cit., p. 190.

No que tange à classificação dos tributos, as espécies se associam à sua vinculação à atividade estatal. Assim, serão tributos vinculados a taxa e a contribuição de melhoria, e não vinculados os impostos.

Os empréstimos compulsórios e as contribuições podem ser tanto vinculados como não vinculados a uma atividade do Estado, a depender da materialidade determinada pelo legislador.

As competências tributárias estão dispostas na Constituição Federal, delimitando minuciosamente o campo de cada pessoa política para instituir tributos. Por ser o regime de federação, há convívio equilibrado e harmônico das ordens jurídicas federal, estadual, municipal e distrital.

As limitações constitucionais ao poder de tributar estão igualmente explicitadas na Constituição Federal, revelando evidente limite ao legislador. Decorre daí a previsão dos princípios e imunidades.

Os princípios, nas acepções valor e limite-objetivo, são de absoluta relevância na ordem constitucional, e notadamente no campo tributário norteiam o legislador, o operador do direito e o intérprete no processo de positivação, que nada mais é do que a aplicação do direito. São alguns deles os da igualdade, legalidade restrita, anterioridade, irretroatividade, capacidade contributiva, vedação de confisco e segurança jurídica, como já visto, garantidores que são da justiça fiscal.

Ao criar suas próprias realidades, pela linguagem competente, o direito, na sua finalidade precípua de regulação das condutas humanas, é sistema jurídico composto de normas jurídicas que, instrumentalizado pelo conjunto normativo prescrito pelo constituinte originário, altera a realidade social.

O sistema constitucional tributário deita raízes na Constituição, ápice da pirâmide normativa, cuja moldura lhe dá o conteúdo expresso quanto à atividade tributante em seus plexos normativos e administrativos, orientando a atividade jurídica infraconstitucional.

O PRINCÍPIO DA DIGNIDADE DA PESSOA HUMANA
E A NORMA JURÍDICA TRIBUTÁRIA

Assim, também no campo tributário devemos observar os princípios constitucionais, que atuam como verdadeiros balizamentos a nortear todo o campo normativo infraconstitucional, bem como quaisquer interpretações do sistema jurídico tributário infraconstitucional.

O Código Tributário Nacional também deve-se moldar aos princípios constitucionais e postulados do sistema tributário nacional inaugurado pela Carta de 1988, compatibilizando as normas ali postas, sob pena de quebra do próprio Estado de Direito.

Os Legislativos federal, estaduais, distrital e municipais, ao criarem os tributos, descrevendo os arquétipos relativos à hipótese de incidência, sujeitos, base de cálculo e alíquota, devem apoiar-se totalmente nos ditames constitucionais, com maior concretude.

Como, à evidência, a tributação fere o princípio constitucional da propriedade, atingindo o patrimônio do contribuinte, a Constituição Federal rigidamente dispôs sobre o funcionamento do sistema tributário, de sorte a amparar o contribuinte de eventuais abusos praticados pelo Fisco.

Importante salientar que a Constituição não definiu tributo, mas o que ela fez foi dar uma ideia implícita, a ser observada pelo intérprete. Assim, o tributo é instrumento de arrecadação, necessário para a realização das despesas públicas e constitui prestação obrigatória decorrente de lei, independentemente de ato de vontade, quer da Administração, quer do contribuinte.

Define Roque Antonio Carrazza:

> Tributo é a relação jurídica que se estabelece entre Fisco e contribuinte (pessoa colhida pelo direito positivo) tendo por base a lei, igualitária, decorrente de um fato lícito qualquer, e cujo adimplemento é exigido compulsoriamente e em moeda.[198]

Paulo de Barros Carvalho conceitua tributo como

> nome de uma classe de objetos construídos conceptualmente pelo direito positivo. Trata-se de palavra ambígua que pode

---

198. CARRAZZA, Roque Antonio. *Curso de direito constitucional tributário*, cit., p. 446.

denotar distintos conjuntos de entidades (relação jurídica, direito subjetivo, dever jurídico, quantia em dinheiro, norma jurídica e, como prefere o Código Tributário Nacional, a relação jurídica, o fato, e a norma que juridiciza o fato). Fixarei aqui meu interesse na acepção de "tributo" com as proporções semânticas que o artigo 3º da Lei n. 5.172/66 lhe outorga [...].[199]

A Constituição descreve a norma-padrão de incidência de cada um dos tipos tributários (impostos, taxas e contribuição de melhoria, empréstimos compulsórios e contribuições sociais).

7.2 Competência tributária

A instituição e organização da competência do Estado é papel da Carta Magna que, ao discriminar tais competências, confere conteúdo de poder e atribuições a ele relacionadas aos entes estatais.

José Joaquim Gomes Canotilho afirma:

> Por competência, entender-se-á o poder de acção e de actuação atribuído aos vários órgãos e agentes constitucionais com o fim de prosseguirem as tarefas de que são constitucional ou legalmente incumbidos. A competência envolve, por conseguinte, a atribuição de determinadas tarefas bem como os meios de acção (poderes) necessários para a sua prossecução. Além disso, a competência delimita o quadro jurídico de actuação de uma unidade organizatória relativamente a outra.[200]

As competências constitucionais são elementos que integram a fração orgânica da Carta Política, normatizando as estruturas do Estado.

Daí a lição de Paulo de Barros Carvalho, ao denominar as normas relativas à competência de normas de estrutura, pois, cuidam da produção normativa:

---

199. CARVALHO, Paulo de Barros. *Direito tributário, linguagem e método*, cit., p. 402.

200. CANOTILHO, José Joaquim Gomes. *Direito constitucional e teoria da Constituição*, cit., p. 543.

O PRINCÍPIO DA DIGNIDADE DA PESSOA HUMANA
E A NORMA JURÍDICA TRIBUTÁRIA

> Os teóricos gerais do direito costumam discernir as regras jurídicas em dois grandes grupos: normas de comportamento e normas de estrutura [...] as de estrutura ou de organização dirigem-se igualmente para as condutas interpessoais, tendo por objeto, porém, os comportamentos relacionados à produção de novas unidades deôntico-jurídicas, motivo pelo qual dispõem sobre órgãos, procedimentos e estatuem de que modo as regras devem ser criadas, transformadas ou expulsas do sistema.[201]

A competência tributária, em breves palavras, consiste na prerrogativa conferida pela Constituição às pessoas políticas – União, Estados, Distrito Federal e Municípios – de produzir normas jurídicas, por via de lei, para instituir e arrecadar tributos.

Assim dispõe a Constituição de 1988, ao enumerar cada tributo que pode ser instituído, quer pela União, Estados, Municípios e Distrito Federal, em seus artigos: impostos (arts. 145, I; 153; 154; 155 e 156); taxas (art. 145, II); contribuições de melhoria (art. 145, III); contribuições (arts. 149; 149-A e 195); empréstimos compulsórios (art. 148); a competência residual cabe à União (arts. 154, I e 195, § 4º).

O contexto da competência tributária, como limitador do poder tributário estatal, compreendida como a possibilidade da criação de tributos pelos Legislativos das pessoas políticas em caráter de exclusividade, é verdadeira garantia dos contribuintes, um direito fundamental de não sujeição à tributação fora dos limites de competência expressos na Constituição.

Consiste, sem dúvida alguma, em dimensão do princípio da dignidade da pessoa humana na ordem tributária. Digamos que o exercício da competência é o primeiro passo para que se realize a atividade tributante sob a luz dos direitos fundamentais do contribuinte, expressos no chamado "Estatuto do Contribuinte".

A Constituição é a "Carta das Competências", na dicção de Roque Carrazza,[202] justamente porque nela, em decorrên-

---

201. CARVALHO, Paulo de Barros. *Curso de direito tributário*, cit., p. 187.

202. CARRAZZA, Roque Antonio. *Curso de direito constitucional tributário*, cit., p. 592.

cia dos princípios da legalidade e federativo, as pessoas políticas detêm várias competências, dentre elas, a tributária.

A competência tributária é norma de estrutura, porque disciplina a produção de outras normas jurídicas, indicando quem pode fazê-lo, quando e onde (limites temporais e espaciais).

Paulo de Barros Carvalho entende que a "competência tributária, em síntese, é uma das parcelas entre as prerrogativas legiferantes de que são portadoras as pessoas políticas, consubstanciada na possibilidade de legislar para a produção de normas jurídicas sobre tributos".[203]

Competência tributária, para Roque A. Carrazza, "é a possibilidade jurídica de criar, *in abstracto*, tributos, descrevendo, legislativamente, suas hipóteses de incidência, seus sujeitos ativos, seus sujeitos passivos, suas bases de cálculo e suas alíquotas".[204]

Importa assinalar que a competência tributária encontra limites jurídicos determinados pela própria Constituição. Ela nasce, portanto, dentro dos limites dos princípios constitucionais, tais como federativo, republicano, segurança jurídica, igualdade, anterioridade, proibição de confisco, dentre outros previstos. Há que se observar sempre a unidade do sistema jurídico e da própria Constituição.

Não pode, igualmente, obstar o exercício de direitos fundamentais, operando eles como verdadeiros limites à competência tributária.

A tributação se relaciona com os direitos fundamentais, por via das diversas garantias conferidas ao contribuinte. Há na órbita tributária a mais relevante arrecadação de recursos para que o Estado concretize e realize todos os inúmeros direitos fundamentais arrolados na Carta Política. O que não podemos perder de vista é que, dotada de rigidez e extremamente detalhista, nossa ordem jurídica suprema protege o contribuinte elencando suas garantias. A competência tributária é, sem dúvida, um desses direitos, até porque visa a

---

203. CARVALHO, Paulo de Barros. *Curso de direito tributário*, cit., p. 270.

204. CARRAZZA, Roque Antonio. *Curso de direito constitucional tributário*, cit., p. 593.

O PRINCÍPIO DA DIGNIDADE DA PESSOA HUMANA
E A NORMA JURÍDICA TRIBUTÁRIA

garantir a autonomia política e econômica das pessoas políticas, característica intrínseca do pacto federativo.

Assim, o sistema tributário está prescrito, em seus pontos nucleares e de maneira exaustiva, como o da competência, na Constituição, que, como vimos, integra a categoria das normas rígidas, evidenciando que há autênticos limites ao constituinte reformador. Então, há que se reconhecer que a competência tributária tem dupla face: dirige-se à pessoa política, possibilitando a ela, via de seu Legislativo, criar tributos e, por outro lado, constitui verdadeira garantia fundamental do contribuinte, que se sujeita apenas e tão somente à tributação nos termos exatos do quanto prescrito na Carta Maior.

Há na previsão da competência tributária, de forma explícita e minudente, além da rigidez a ela conferida, verdadeiro alicerce que reforça a preocupação do constituinte de 1988 de garantir os direitos fundamentais do contribuinte, relacionando-se, de forma direta, com os princípios da estrita legalidade e da segurança jurídica.

Macula de inconstitucionalidade, por violação à Lei Fundamental, qualquer discrepância normativa quanto ao exercício da competência, restando ao legislador infraconstitucional pouca liberdade para criar normas jurídicas instituidoras de tributos.

À evidência, compete ao Judiciário tal controle o que, para os direitos fundamentais e sua concretização, constitui ferramenta essencial.[205]

Discorre, com acuidade, Paulo de Barros Carvalho:

> As virtudes da Constituição de 1988, que são muitas, fizeram imaginar um Brasil avançado e democrático, em que os direitos e garantias dos cidadãos se multiplicariam em várias direções.

---

205. "REPERCUSSÃO GERAL – IPVA – LOCAL DE RECOLHIMENTO – ARTIGOS 146, INCISOS I E III, E 155, INCISO III, DA CARTA DA REPÚBLICA. Possui repercussão geral a controvérsia acerca do local a ser pago o Imposto sobre a Propriedade de Veículos Automotores – IPVA, se em favor do estado no qual se encontra sediado ou domiciliado o contribuinte ou onde registrado e licenciado o veículo automotor cuja propriedade constitui fato gerador do tributo." (STF – ARE n. 782.682/MG, rel. Min Marco Aurélio, j. 20.03.2014).

Mas bastou a prática dos primeiros anos para nos fazer ver que as previsões da Carta Suprema não se concretizariam sem o suporte de um Judiciário digno de suas decisões.[206]

Vejamos as características da competência tributária.

7.2.1 Privatividade

A Carta de 1988 indica qual a competência tributária para cada pessoa política, que a exercerá de forma privativa.

Não há consenso quanto a esta característica, adotada por Roque Carrazza, que afirma: "No Direito Brasileiro, a União, os Estados, os Municípios e o Distrito Federal, no tocante à instituição de tributos, gozam de privatividade, ou, se preferirmos, de exclusividade. A bem dizer, todos eles têm faixas tributárias privativas."[207]

Paulo de Barros Carvalho, por sua vez, entende que há privatividade apenas para a competência da União:

> Tenho para mim que a privatividade é insustentável, levando em conta disposição expressa da Lei das Leis que, bem ou mal, é o padrão empírico para e emissão de proposições descritivas sobre o direito posto. A União está credenciada a legislar sobre seus impostos e, na iminência ou no caso de guerra externa, sobre impostos ditos "extraordinários", compreendidos ou não em sua competência tributária, consoante o que prescreve o art. 154, II. Dir-se-á que se trata de exceção, mas é o que basta para derrubar proposição afirmativa colocada em termos universais, de tal sorte que impostos privativos, no Brasil, somente os outorgados à União.[208]

7.2.2 Indelegabilidade

Cada pessoa política detém competência discriminada na Constituição e dela não pode renunciar, vedada, ainda, a

---

206. CARVALHO, Paulo de Barros. *Direito tributário, linguagem e método*, cit., p. 314.

207. CARRAZZA, Roque Antonio. *Curso de direito constitucional tributário*, cit., p. 611.

208. CARVALHO, Paulo de Barros. *Curso de direito tributário*, cit., p. 275.

O PRINCÍPIO DA DIGNIDADE DA PESSOA HUMANA E A NORMA JURÍDICA TRIBUTÁRIA

delegação. Por certo, não haveria sentido se possível fosse tal delegação, considerando a disposição da competência estar disposta de forma rígida e explícita para cada ente federativo, com o escopo, inclusive, de evitar conflitos entre eles.

Revela ainda tal característica que a pessoa política detém o exercício da competência, mas não o poder absoluto sobre ela.

Precisa a lição de Francesco D'Alessio, referida por Roque Carrazza: "Cada exercício do poder público pressupõe, sempre, um interesse coletivo a satisfazer, que transcende aos interesses particulares; e, se isto é verdadeiro, como não se pode duvidar, a inderrogabilidade da competência aparece plenamente justificada."[209]

7.2.3 Incaducabilidade

O exercício da competência tributária é incaducável, ou seja, seu não exercício não dá ensejo à impossibilidade de, quando quiser, criar por lei tributos dentro de sua faixa de competência.

Discorre Paulo de Barros Carvalho:

> Diga-se outro tanto sobre a incaducabilidade. A Constituição existe para durar no tempo. Se o não uso da faixa de atribuições fosse perecível, o próprio Texto Supremo ficaria comprometido, posto na contingência de ir perdendo parcelas de seu vulto, à medida que o tempo fluísse e os poderes recebidos pelas pessoas políticas não viessem a ser acionados, por qualquer razão histórica que se queira imaginar.[210]

Exemplo de não exercício é o imposto sobre grandes fortunas, de competência da União, prescrito no art. 153, VII, da Constituição Federal. Ela poderá exercer tal mister quando lhe aprouver, dentro do balizamento constitucional.

---

209. D'ALESSIO, Francesco. *Istituzini di diritto amministrativo italiano*. 3 ed. Turim, UTET, 1943, v. 1, p. 237, apud CARRAZZA, Roque Antonio. *Curso de direito constitucional tributário*, cit., p. 771.

210. CARVALHO, Paulo de Barros. *Curso de direito tributário*, cit., p. 274.

Diversamente, excepcionando a regra da incaducabilidade, foi a Emenda Constitucional n. 3/93, ao prescrever em seu art. 2º a possibilidade da União instituir o IPMF, com vigência marcada para até 31.12.1994. Nessa hipótese, houve limite temporal para o exercício da competência tributária.

7.2.4 Inalterabilidade

Definidos os limites da competência tributária pela Constituiçào, é vedado às pessoas políticas quaisquer ampliações ou prorrogações na esfera do exercício de suas competências.

Em outro dizer, na esfera legislativa infraconstitucional, não há como o Código Tributário Nacional, leis, decretos ou outras normas jurídicas, criarem tributos sem a observância dos limites (ampliação ou restrição) impostos pelo Texto Supremo.

Por certo, o poder constituinte reformador, por via de emendas constitucionais, observados os limites inscritos no art. 60, § 4º, relativo às chamadas cláusulas pétreas, em especial o pacto federativo e os direitos fundamentais, pode modificar a competência tributária.

Entendimento este o de Paulo de Barros Carvalho:

> A alterabilidade está ínsita no quadro das prerrogativas de reforma constitucional e a experiência brasileira tem sido rica em exemplos dessa natureza. Se aprouver ao legislador, investido do chamado poder constituinte derivado, promover modificações no esquema discriminativo de competências, somente outros limites constitucionais poderão ser levantados e, mesmo assim, dentro do binômio "federação e autonomia dos municípios".[211]

Esses limites requerem, por certo, extrema cautela, de forma a permitir a necessária mutabilidade, própria ao caráter dinâmico do direito, aliados à intrínseca característica de rigidez que tem a nossa Carta Magna e do extenso rol protetivo de garantias do contribuinte.

---

211. CARVALHO, Paulo de Barros. *Curso de direito tributário*, cit., p. 275.

7.2.5 Irrenunciabilidade

A competência tributária é irrenunciável porque inserida como matéria própria de direito público constitucional, indisponível, portanto.

As mesmas razões expostas quanto à indelegabilidade, a esta característica se aplicam.

7.2.6 Facultatividade

O exercício da competência tributária pelos entes federativos é facultativo, ou seja, há liberdade na decisão política de cada um deles para a criação de tributos, porquanto, não se encontra submetido a qualquer prazo.

Insere-se a facultatividade em decisão de cunho político das pessoas políticas detentoras da competência, indene de qualquer controle externo.

Precisa a lição de Geraldo Ataliba:

> O fato de uma disposição constitucional estabelecer competência em favor de uma pessoa e esta exercê-la só parcialmente, ou até mesmo abster-se de exercê-la, não autoriza a revogação dos princípios da discriminação de competências, que estão fixados na própria Constituição. Em outras palavras, a atribuição de competência, por obra de disposição constitucional, a uma determinada pessoa, abre para ela uma faculdade de maneira irrestrita, a qual pode ou não ser usada, sem sofrer esta competência qualquer influência, pela circunstância de a pessoa usá-la ou não.[212]

Existe, todavia, uma exceção quanto ao Imposto sobre Circulação de Mercadorias e Serviços (ICMS), atribuído aos Estados e Distrito Federal, que estão obrigados a instituí-lo (art. 155, § 2º, XII).

---

212. SOUSA, Rubens Gomes de; ATALIBA, Geraldo; CARVALHO, Paulo de Barros. *Comentários ao Código Tributário Nacional*: parte geral. 40 anos do Código Tributário Nacional. 2. ed. São Paulo: Quartier Latin, 2007, p. 97.

Diz Paulo de Barros Carvalho:

> E sobrerresta a facultatividade do exercício, que parece resistir a uma análise mais demorada. Por sem dúvida que é a regra geral. A União tem a faculdade ou permissão bilateral de criar o imposto sobre grandes fortunas, na forma do que estatui o inciso VII do art. 153 da CF. Até agora não o fez, exatamente porque tem a facultatividade e instituir ou não o gravame [...] Todavia, a exceção vem aí para solapar o caráter de universalidade da proposição: refiro-me ao ICMS. Por sua índole eminentemente nacional, não é dado a qualquer Estado-membro ou ao Distrito Federal operar por omissão, deixando de legislar sobre esse gravame.[213]

Entendemos, como Barros Carvalho, a impossibilidade de se reconhecer como uma característica geral das competências tributárias a facultatividade, pois se há exceção à regra, por imposição lógica, padece de generalidade.

7.3 Limitações constitucionais ao poder de tributar

Dentre as limitações constitucionais ao poder de tributar, daremos destaque, em necessário corte metodológico, às imunidades tributárias, enfatizando aquelas relativas às instituições de assistência social e educação, sem fins lucrativos, prescritas na nossa Constituição, que assim dispõe:

> Art. 150. Sem prejuízo de outras garantias asseguradas ao contribuinte, é vedado à União, aos Estados, ao Distrito Federal e aos Municípios:
>
> [...]
>
> VI - instituir impostos sobre:
>
> [...]
>
> c) patrimônio, renda ou serviços [...] das instituições de educação e de assistência social, sem fins lucrativos, atendidos os requisitos da lei; [...].

---

213. CARVALHO, Paulo de Barros. *Curso de direito tributário*, cit., p. 275-276.

O PRINCÍPIO DA DIGNIDADE DA PESSOA HUMANA
E A NORMA JURÍDICA TRIBUTÁRIA

A ênfase a essas imunidades tributárias neste estudo se justifica porque constituem direitos fundamentais dos contribuintes, sem prejuízo das demais imunidades (art. 150, VI, "a", "b" e "d"). Elas são limitações à ação de tributar estatal, para atender a valores maiores prestigiados na própria Constituição. Todavia, este recorte se faz necessário, pela impossibilidade de esgotar tema tão grandioso e relevante para o cenário jurídico tributário.

Vamos ao conceito de imunidade, verdadeiramente norma de estrutura, antevendo que as imunidades são limites objetivos da competência tributária e servem para concretizar, de forma mediata, valores constitucionalmente prestigiados.

Paulo de Barros Carvalho assinala que imunidade tributária é "a classe finita e imediatamente determinável de normas jurídicas, contidas no texto da Constituição da República, e que estabelecem, de modo expresso, a incompetência das pessoas políticas de direito constitucional interno para expedir regras instituidoras de tributos que alcancem situações específicas e suficientemente caracterizadas".[214]

Assim, em razão do nosso sistema tributário ter seu arquétipo rigidamente prescrito na Lei Fundamental, as imunidades, limites-objetivos voltados ao cumprimento de determinadas finalidades (valores), devem ser interpretadas, ou seja, construído o sentido de seus preceitos, de forma extensiva.[215]

O alcance de seus enunciados prescritivos se dá com base exclusivamente na Carta Magna, jamais podendo norma infraconstitucional dispor de forma a mitigar ou anular esses comandos hierarquicamente superiores. E, diríamos mais, nem mesmo por emenda constitucional há essa possibilidade. Os valores a que nos referimos são vários: segurança jurídica,

---

214. CARVALHO, Paulo de Barros. *Direito tributário, linguagem e método*, cit., p. 369.

215. "A imunidade é uma garantia constitucional outorgada pela Carta Política ao jurisdicionado. É um direito fundamental que deve, com tal predicação, ser interpretado extensivamente." (STF – RE n. 385.091/DF, 1ª Turma, rel. Min. Dias Tóffoli, j. 06.08.2013, *DJe*, de 18.10.2013).

153

liberdade, cidadania, dignidade da pessoa humana, solidariedade, educação e saúde, dentre outros.[216]

Daí a precisa lição de Robson Maia Lins:

> Com efeito, para cada uma das imunidades registradas no direito positivo brasileiro verifica-se um direito fundamental correlato: onde se lê a imunidade de livros, jornais, periódicos e o papel destinado a sua impressão (art. 150, VI, "d"), sente a presença do direito à liberdade de expressão e opinião; com a imunidade das pessoas jurídicas de direito público umas com as outras (art. 150, VI "a"), percebe-se o respeito ao pacto federativo e à autonomia municipal; com a imunidade do casamento civil (art. 226, parágrafo 1º), sobressalta o direito a constituir família; e assim por diante.[217]

Há ainda a imunidade prescrita no art. 150, VI, "b", relativa aos templos de qualquer culto, protegendo o direito fundamental de liberdade de culto (art. 5º, VI, da CF).

Não discrepa desse espírito o constituinte originário, que prosseguiu para além do capítulo destinado às imunidades, como é o caso do enunciado implícito da intributabilidade do mínimo existencial, que estudaremos adiante. Ora, não resta dúvida que está imune à tributação do imposto sobre a renda pessoa física o salário-mínimo (art. 7º, IV, da CF), que não é rendimento tributável, pois é o núcleo essencial intangível e prestigia o sobreprincípio da dignidade da pessoa humana.[218]

Esse foi o sentido empregado quanto ao salário-mínimo, o que, na realidade, embora não sujeito à tributação, está longe de custear o sustento, com dignidade, de uma família.

---

216. Ver: STF – ADI n. 712/MG, rel. Min. Celso de Mello, j. 07.10.1992, *DJ*, de 19.02.1993.

217. LINS, Robson Maia. A jurisprudência do Supremo Tribunal Federal e a imunidade do art. 150, VI, b, da Constituição Federal. In: MARTINS, Ives Gandra da Silva; CARVALHO, Paulo de Barros (Orgs.). *As imunidades das instituições religiosas.* São Paulo: Noeses, 2015, p. 107.

218. Roque Carrazza adota a expressão "imunidade implícita" para a hipótese da intributabilidade do salário mínimo (*Imunidades tributárias dos templos e instituições religiosas*. São Paulo: Noeses, 2015, p. 13).

O PRINCÍPIO DA DIGNIDADE DA PESSOA HUMANA
E A NORMA JURÍDICA TRIBUTÁRIA

Nesse aspecto abordado, vejamos a lição de Ruy Barbosa Nogueira:

> VIII – No Estado Democrático de Direito jamais poderia o Constituinte juridicizar a *desumanidade* ou sequer pensar em, por meio de abuso do poder de tributar, destruir as instituições humanitárias, como prosseguimos a demonstrar. IX – Sem dúvida, e especialmente, neste período de reimplantação do Estado Democrático de Direito pela nova Constituição cabe não só aos professores, heuristas, intérpretes, procuradores de justiça, promotores ou defensores da sociedade, mas sobretudo aos magistrados que têm o poder e a competência de julgar, dedicarem o melhor de sua habilitação e consciência ao ensino, interpretação e correta aplicação dos novos preceitos constitucionais. X – No caso, se trata de examinar, dentro da ordem jurídica e na defesa da Constituição, questões da maior relevância como as da filantropia, da educação e da assistência social sem fins lucrativos, que proporcionam acesso e auxílio aos necessitados.[219]

As imunidades tributárias são verdadeiramente dimensão dos direitos fundamentais e, no que toca à dignidade da pessoa humana, em vários enunciados prescritivos, diretamente imbricadas com esse sobreprincípio.

Como normas jurídicas, as imunidades sujeitam-se ao ontológico princípio direcionado ao direito público de que "o que não estiver permitido estará proibido". Tal diretriz principiológica é de extrema importância para a compreensão e interpretação do sistema do direito positivo.

Mas atentemos para a absoluta relevância das imunidades no ciclo de positivação do direito tributário, porque delimitam o campo de atuação da competência tributária.

Importa tal relevo na imperiosa interpretação sistemática e conforme a Constituição, na construção do sentido que encerra uma norma jurídica imunizante, sob pena de não

---

219. NOGUEIRA, Ruy Barbosa. *Imunidades contra impostos na Constituição anterior e sua disciplina mais completa na Constituição de 1988*. 2. ed. rev. e atual. São Paulo: Saraiva, 1992, p. 21 et seq.

atingir sua efetividade, maculando valores maiores que jamais podem ficar no descaso.

A saúde e a educação, dentre outros direitos igualmente fundamentais, como já assinalamos — não há imunidade que não se correlacione a um direito fundamental — são direitos assegurados pela Carta Magna, de sorte a priorizar as normas que, direta ou indiretamente, permitem a sua concretização plena.

São, sem dúvida, vertentes inseparáveis do sobreprincípio da dignidade da pessoa humana. Daí a absoluta relevância das normas de exoneração fiscal quanto a esses direitos. A diretriz interpretativa busca a maior eficácia possível dos direitos fundamentais, para implementar esses valores maiores escolhidos pelo constituinte de 1988.

Roque Carrazza expressa esse sentido normativo constitucional:

> Afinal, urge diminuir a diferença demasiado gritante das oportunidades de estudo e das riquezas, de modo a dar efetividade à justiça social. Revolta aos homens de boa vontade, que alguns se refestelem no supérfluo e tenham pleno acesso à educação e à cultura, enquanto outros (infelizmente, a maioria) convivam com a ignorância e a miséria, por não terem os meios econômicos necessários a uma vida digna.[220]

Então, uma nação que se diz democrática e de direito não pode perpetuar essa situação. O direito tributário é essencial para essa alteração substancial da nossa sociedade.

São expressos os enunciados prescritivos relativos à saúde e educação (arts. 6º e 196, da CF), resultando claramente que tanto o legislador como o aplicador ou o intérprete devem priorizar tais valores, dando-lhes a maior efetividade possível. Exige-se, em contrapartida, uma atuação estatal que obrigatoriamente crie mecanismos na esfera tributária, inclusive e sobretudo, quanto à efetividade das normas imunizantes.

---

220. CARRAZZA, Roque Antonio. *Imunidades tributárias dos templos e instituições religiosas*, cit., p. 71.

O PRINCÍPIO DA DIGNIDADE DA PESSOA HUMANA
E A NORMA JURÍDICA TRIBUTÁRIA

As imunidades, longe de serem privilégios para determinadas categorias, são garantias e promovem princípios que são valores sagrados para erradicar as malsinadas desigualdades de nossa sociedade.

Certo é que o Estado não consegue realizar sozinho suas finalidades em matéria de assistência social e educação. Daí o preceito normativo de desoneração fiscal das instituições privadas, sem fins lucrativos, que exercem essas atividades essenciais, em parceria com o Estado.

As instituições de educação e assistência social sem finalidade lucrativa não detêm capacidade contributiva, ou seja, expressão econômica passível de tributação.

Assim, para gozarem de imunidade fiscal, as instituições devem revestir-se juridicamente de precípua atividade educacional e assistencial, sem finalidade de lucro, atentas às suas finalidades essenciais, cumpridos os formais requisitos prescritos em lei complementar. Essas regras estão dispostas nos arts. 9º e 14 do Código Tributário Nacional. Deve, todavia, atentar-se para o fato de que tal ato normativo cuida apenas e tão somente dos aspectos formais da regra imunizante, jamais, invadindo a esfera substancial de seu conteúdo, ampliando ou reduzindo o quanto determinado pela Carta Magna.

De outro giro, importa esclarecer que as instituições de educação vêm conformar-se ao quanto disposto nos arts 1º, III (princípio da dignidade da pessoa humana, fundamento do Estado Democrático de Direito), 6º (direitos sociais) e 205 (educação erigida como direito de todos e dever estatal), da Constituição Federal.

As instituições de assistência social sem finalidade lucrativa igualmente se moldam ao mesmo comando constitucional fundante que o princípio da dignidade da pessoa humana e dos valores sociais do trabalho e da livre-iniciativa (art. 1º, III e IV, da CF), sendo pessoas jurídicas de direito privado que substituem o Estado em seus deveres fundamentais sociais, nos objetivos fundamentais de nossa República Federativa (art. 3º, II e III da CF: garantia de desenvolvimento nacional e erradicação

ANNA LUCIA MALERBI DE CASTRO

da pobreza, marginalização e redução de desigualdades; e art. 203, I a V, da CF: proteção a todos, independentemente de contribuição, à família – crianças, adolescentes e idosos –, às pessoas portadoras de deficiência e inclusão social, garantia do salário-mínimo a propiciar a todos existência digna).

Prossigamos com Ruy Barbosa Nogueira, pois a exegese das normas imunizantes nunca se mostrou tão atual:

> XXXVI – O caso das Santas Casas de Misericórdia, que em quase todos os Municípios do Brasil se dedicam à mitigação da miséria, é de estarrecer e arrepiar as consciências. Se as não levar à insolvência, vão levá-las ao estupor ou paralisia. Estudando este assunto como contribuição à Santa Casa de Misericórdia de São Paulo, já constatamos que ela recebeu mais de 400 lançamentos de IPTU e ela, Santa Casa, não tem, sequer, verbas para estancar essas sangrias de hematófagos. Ao reverso, tanto carecem de plasma sanguíneo para socorros! Onde teria nascido a ideia macabra de que tais instituições, sem fins lucrativos, não podem nem obter rendas decorrentes de aluguéis, nem ter seus imóveis desalugados ou não ocupados diretamente por elas, que terão que pagar IPTU?[221]

Percebemos que a controvérsia vem de longa data! Felizmente, evoluiu a jurisprudência em sentido favorável à garantia fundamental de imunidade dessas instituições, a exemplo do Supremo Tribunal Federal[222] e Tribunal de Justiça do Rio Grande do Sul.[223]

De toda sorte, o direito a imunidade é uma garantia fundamental que a Constituição garante ao cidadão contribuinte

---

221. NOGUEIRA, Ruy Barbosa. *Imunidades contra impostos na Constituição anterior e sua disciplina mais completa na Constituição de 1988*, cit., p. 21 et seq.

222. Súmula n. 724: "Ainda quando alugado a terceiros, permanece imune ao IPTU o imóvel pertencente a qualquer das entidades referidas pelo art. 150, VI, 'c', da Constituição, desde que o valor dos aluguéis seja aplicado nas atividades essenciais de tais entidades."

223. "APELAÇÃO CÍVEL. IPTU. IMUNIDADE TRIBUTÁRIA. ENTIDADE RELIGIOSA DE ASSISTÊNCIA SOCIAL. IMÓVEL. ALUGUEL. São imunes a impostos o patrimônio, a renda ou os serviços dos templos de qualquer culto e das instituições de educação e de assistência social sem fins lucrativos, vinculados, direta ou indiretamente, às suas finalidades essenciais. Súmula nº 724 do STF. Hipótese em que a renda auferida com os imóveis alugados é empregada na consecução dos fins estatutários da entidade. Negado seguimento ao recurso." (TJRS – AC n. 70043946185/RS, 22ª Câmara Cível, rel. Maria Isabel de Azevedo Souza, j. 29.07.2011, *DJ*, de 04.08.2011).

O PRINCÍPIO DA DIGNIDADE DA PESSOA HUMANA
E A NORMA JURÍDICA TRIBUTÁRIA

e, como norma jurídica de caráter fundamental, é cláusula pétrea, imodificável portanto, em razão da rigidez constitucionalmente consagrada.

Assinale-se o entendimento do Supremo Tribunal Federal na histórica decisão sobre o IPMF, introduzido pela Emenda Constitucional n. 3/93.[224]

Ademais, como norma que encerra preceito fundamental, possui eficácia plena e aplicabilidade imediata.

Sabemos que constituem desdobramento da competência tributária, traçando-lhe o perfil, na dimensão negativa de atuação da atividade tributária.

---

224. "DIREITO CONSTITUCIONAL E TRIBUTÁRIO. AÇÃO DIRETA DE INCONSTITUCIONALIDADE DE EMENDA CONSTITUCIONAL E DE LEI COMPLEMENTAR. I.P.M.F. IMPOSTO PROVISÓRIO SOBRE A MOVIMENTAÇÃO OU A TRANSMISSÃO DE VALORES E DE CRÉDITOS E DIREITOS DE NATUREZA FINANCEIRA - I.P.M.F. ARTIGOS 5°., PAR. 2°., 60, PAR. 4., INCISOS I E IV, 150, INCISOS III, 'B', E VI, 'A', 'B', 'C' E 'D', DA CONSTITUIÇÃO FEDERAL. 1. Uma Emenda Constitucional, emanada, portanto, de Constituinte derivada, incidindo em violação à Constituição originária, pode ser declarada inconstitucional, pelo Supremo Tribunal Federal, cuja função precípua é de guarda da Constituição (art. 102, I, 'a', da C.F.). 2. A Emenda Constitucional n. 3, de 17.03.1993, que, no art. 2°., autorizou a União a instituir o I.P.M.F., incidiu em vício de inconstitucionalidade, ao dispor, no parágrafo 2°. desse dispositivo, que, quanto a tal tributo, não se aplica 'o art. 150, III, 'b' e VI', da Constituição, porque, desse modo, violou os seguintes princípios e normas imutáveis (somente eles, não outros): 1. - o princípio da anterioridade, que é garantia individual do contribuinte (art. 5°., par. 2°., art. 60, par. 4°., inciso IV e art. 150, III, 'b' da Constituição); 2. - o princípio da imunidade tributária recíproca (que veda a União, aos Estados, ao Distrito Federal e aos Municípios a instituição de impostos sobre o patrimônio, rendas ou serviços uns dos outros) e que é garantia da Federação (art. 60, par. 4°., inciso I, e art. 150, VI, 'a', da C.F.); 3. - a norma que, estabelecendo outras imunidades impede a criação de impostos (art. 150, III) sobre: 'b'): templos de qualquer culto; 'c'): patrimônio, renda ou serviços dos partidos políticos, inclusive suas fundações, das entidades sindicais dos trabalhadores, das instituições de educação e de assistência social, sem fins lucrativos, atendidos os requisitos da lei; e 'd'): livros, jornais, periódicos e o papel destinado à sua impressão; 3. Em consequência, é inconstitucional, também, a Lei Complementar n. 77, de 13.07.1993, sem redução de textos, nos pontos em que determinou a incidência do tributo no mesmo ano (art. 28) e deixou de reconhecer as imunidades previstas no art. 150, VI, 'a', 'b', 'c' e 'd' da C.F. (arts. 3°, 4°. e 8°. do mesmo diploma, L.C. n. 77/93). 4. Ação Direta de Inconstitucionalidade julgada procedente, em parte, para tais fins, por maioria, nos termos do voto do Relator, mantida, com relação a todos os contribuintes, em caráter definitivo, a medida cautelar, que suspendera a cobrança do tributo no ano de 1993." (STF – ADI n. 939/DF, Pleno, rel. Min. Rel. Sydney Sanches, j. 15.12.1993, *DJ*, de 18.03.1994).

Anote-se que as imunidades indiretamente sempre beneficiam pessoas, daí a afirmação de Roque Carrazza de que "a imunidade é sempre subjetiva, já que invariavelmente beneficia pessoas, quer por sua natureza jurídica, quer pela relação que guardam com determinados fatos, bens ou situações".[225]

Ademais, assinale-se decisão da Suprema Corte,[226] ao apreciar a hipótese de imunidade tributária diferenciada para os inativos e pensionistas portadores de doenças incapacitantes, prevista no § 21 do art. 40 da Constituição Federal, incluído pela Emenda Constitucional n. 47/2005, referente aos fundamentos das ADI ns. 3.105 e 3.128, ressaltando princípios como isonomia, existência digna e segurança jurídica.

Importante ressaltar as normas imunizantes de taxas, consagradas expressamente no texto constitucional, corroborando nossa defesa no sentido de que são, as imunidades,

---

225. CARRAZZA, Roque Antonio. *Curso de direito constitucional tributário*, cit., p. 842.

226. "[...] Ademais, anoto que, em momento anterior à edição da Emenda Constitucional 47/2005, no julgamento das ADI 3.105 e 3.128 (Rel. Ellen Gracie, Red. para o acórdão Cezar Peluso, *DJ* 18.2.2005), nas quais se questionava a constitucionalidade da contribuição previdenciária dos inativos instituída pela Emenda Constitucional 41/2003, fiz considerações sobre a possibilidade de se diferenciar, para fins de incidência da contribuição e com fundamento no princípio da proporcionalidade, as distintas situações fáticas vividas por aposentados e pensionistas, de modo a se atingir um maior grau de justiça social. Eis o trecho de meu voto em que abordo o tema: Refiro-me aos princípios da segurança jurídica e da dignidade humana. Certamente, entre aposentados e pensionistas colhidos pela Emenda há situações diferenciadas. Haverá entre eles tanto pessoas na faixa de cinquenta anos com aposentadoria de valor elevado quanto pessoas de idade muito avançada e com aposentadorias de valores não muito expressivos. Haverá ainda aquelas situações de aposentadoria não voluntária, em razão de moléstias que eliminam por completo a capacidade laborativa. Tais situações não estão diferenciadas pela Emenda. A instituição da contribuição de inativos pela via da emenda constitucional, se de um lado confere maior estabilidade e segurança jurídica, por outro impõe uma moldura normativa mais rígida ao sistema previdenciário. Penso, todavia, que não há qualquer incompatibilidade para que mesmo o legislador ordinário venha a estabelecer fórmulas que atendam às diferentes situações desses novos contribuintes do sistema previdenciário. Com isto, estariam atendidas as perspectivas de (1) isonomia, com o tratamento desigual entre aqueles que de fato são desiguais, (2) de segurança jurídica, tendo em vista aqueles que sequer possuem alternativas viáveis para contornar a diminuição de renda imposta pela nova contribuição, e (3) de dignidade humana, ao não se impor um ônus que, para alguns indivíduos, poderá afetar diretamente a própria condição de vida digna." (STF – SS n. 3.687/RN, rel. Min. Gilmar Mendes, j. 22.04.2010, *DJe*, de 21.05.2010).

O PRINCÍPIO DA DIGNIDADE DA PESSOA HUMANA
E A NORMA JURÍDICA TRIBUTÁRIA

limites objetivos que resguardam direitos fundamentais, princípios-valores como a segurança jurídica e a dignidade da pessoa humana:

> Art. 5º Todos são iguais perante a lei, sem distinção de qualquer natureza, garantindo-se aos brasileiros e aos estrangeiros residentes no País a inviolabilidade do direito à vida, à liberdade, à igualdade, à segurança e à propriedade, nos termos seguintes:
>
> [...]
>
> XXXIV - são a todos assegurados, independentemente do pagamento de taxas:
>
> a) o direito de petição aos Poderes Públicos em defesa de direitos ou contra ilegalidade ou abuso de poder;
>
> b) a obtenção de certidões em repartições públicas, para defesa de direitos e esclarecimento de situações de interesse pessoal;
>
> [...]
>
> LXXIII - qualquer cidadão é parte legítima para propor ação popular que vise a anular ato lesivo ao patrimônio público ou de entidade de que o Estado participe, à moralidade administrativa, ao meio ambiente e ao patrimônio histórico e cultural, ficando o autor, salvo comprovada má-fé, isento de custas judiciais e do ônus da sucumbência;
>
> LXXIV - o Estado prestará assistência jurídica integral e gratuita aos que comprovarem insuficiência de recursos;
>
> [...]
>
> LXXVI - são gratuitos para os reconhecidamente pobres, na forma da lei:
>
> a) o registro civil de nascimento;
>
> b) a certidão de óbito;
>
> LXXVII - são gratuitas as ações de *habeas corpus* e *habeas data*, e, na forma da lei, os atos necessários ao exercício da cidadania.
>
> Art. 208. O dever do Estado com a educação será efetivado mediante a garantia de:
>
> I - educação básica obrigatória e gratuita dos 4 (quatro) aos 17 (dezessete) anos de idade, assegurada inclusive sua oferta gratuita para todos os que a ela não tiveram acesso na idade própria; (Redação dada pela Emenda Constitucional 59/2009) [...]

161

Art. 226. A família, base da sociedade, tem especial proteção do Estado.

§ 1º O casamento é civil e gratuita a celebração.

Art. 230. A família, a sociedade e o Estado têm o dever de amparar as pessoas idosas, assegurando sua participação na comunidade, defendendo sua dignidade e bem-estar e garantindo-lhes o direito à vida.

[...]

§ 2º Aos maiores de sessenta e cinco anos é garantida a gratuidade dos transportes coletivos urbanos.

Oportuna a lição do saudoso Aires F. Barreto e Paulo Ayres Barreto:

De há muito, a doutrina defendia que a imunidade não alcançava as taxas e as contribuições, circunscrevendo-se aos impostos. Esse panorama, que tinha foros de verdade em face das Cartas de 67 e 69, mudou radicalmente. Não mais se pode falar que a imunidade é só de impostos, sem afronta à Constituição. Deveras, em várias passagens, a Constituição previu imunidade assim de taxas, como de contribuições [...]. 9.4 Imunidade de Taxas no Caso de Registro Civil de Nascimento e Certidão de Óbito, aos reconhecidamente Pobres, na Forma da Lei [...]. Todavia, a Constituição – que permite a cobrança de valores, no mais das vezes extremamente elevados, pelos cartórios respectivos –, estabeleceu, em nome da proteção ao carente e ao desvalido, a imunidade dessas taxas aos reconhecidamente pobres, na forma da lei, para a expedição de registro civil de nascimento e de óbito (cf. art. 5º, inciso LXXVI, letras "a" e "b", da CF/88). [...]. 9.7 Imunidade das Taxas de Transporte Coletivo Urbano aos Maiores de 65 anos. De há muito, vimos defendendo que os transportes coletivos são serviço público, específico e divisível, submetidos, portanto, ao tributo taxa. A Constituição, no § 2º, do art. 230, ao garantir a gratuidade dos transportes coletivos urbanos aos maiores de 65 anos, tal como em hipóteses anteriormente versadas, está a assegurar a imunidade das taxas incidentes sobre essa espécie de transporte coletivo. Nenhuma restrição é posta pela Constituição senão as de que a) o transporte coletivo seja urbano e b) o usuário desse serviço público tenha mais de 65 anos. A primeira resolve-se pelo itinerário do veículo; a segunda

O PRINCÍPIO DA DIGNIDADE DA PESSOA HUMANA
E A NORMA JURÍDICA TRIBUTÁRIA

pela mera exibição do documento que certifique a idade da pessoa (cédula de identidade, carteira de motorista, por exemplo).[227]

De destacar, outrossim, outras decisões do Supremo Tribunal Federal[228] relativas a imunidades tributárias, que confirmam e reforçam nosso ponto de vista, acima exposto, de serem elas uma expressão do destaque dado constitucionalmente aos direitos fundamentais, em especial à dignidade da pessoa humana.

Eis o direito tributário operando diretamente como um dos vetores essenciais, a concretizar o princípio da dignidade da pessoa humana, em suas múltiplas dimensões.

---

227. BARRETO, Aires F.; BARRETO, Paulo Ayres. *Imunidades tributárias*: limitações constitucionais ao poder de tributar. 2. ed. São Paulo: Dialética, 2011, p. 99-101.

228. "RECURSO. Extraordinário. PIS. Imunidade tributária. Entidades filantrópicas. Relevância do tema. Repercussão geral reconhecida. Apresenta repercussão geral recurso extraordinário que verse sobre imunidade tributária das entidades filantrópicas em relação à contribuição para o PIS." (RG RE n. 636.941, rel. Min. Presidente, j. 16.06.2011, *DJe*, de 19.09.2011); "Tributário – Imunidade – Entidades de assistência social – ICMS – Aquisição no mercado interno – Contribuinte de fato. 1. A controvérsia relativa à abrangência da imunidade prevista no art. 150, inciso VI, 'c', da Constituição Federal a instituição de assistência social, quando da aquisição de bens no mercado interno, na qualidade de contribuinte de fato, ultrapassa os limites subjetivos das partes. 2. Repercussão geral reconhecida. (RG RE n. 608.872, rel. Min. Dias Toffoli, j. 02.12.2010, *DJe*, de 01.08.2011); "REPERCUSSÃO GERAL. CONSTITUCIONAL. TRIBUTÁRIO. IMUNIDADE. ASSISTÊNCIA SOCIAL. ATIVIDADE FILANTRÓPICA EXECUTADA À LUZ DE PRECEITOS RELIGIOSOS. CARACTERIZAÇÃO COMO ATIVIDADE ASSISTENCIAL. APLICABILIDADE AO IMPOSTO SOBRE IMPORTAÇÃO. ARTS. 5º, LIV E LV (DEVIDO PROCESSO LEGAL, CONTRADITÓRIO E AMPLA DEFESA IGNORADOS PELA EQUIVOCADA APRECIAÇÃO DO QUADRO), 19, II (VIOLAÇÃO DA REGRA DA LEGALIDADE POR DESRESPEITO À FÉ PÚBLICA GOZADA PELOS CERTIFICADOS FILANTRÓPICOS CONCEDIDOS), 150, VI, C E 203 (CONCEITO DE ASSISTÊNCIA SOCIAL) DA CONSTITUIÇÃO. 1. Há repercussão geral da discussão acerca da caracterização de atividade filantrópica executada à luz de preceitos religiosos (ensino, caridade e divulgação dogmática) como assistência social, nos termos dos arts. 194 e 203 da Constituição. 2. Igualmente, há repercussão geral da discussão sobre a aplicabilidade da imunidade tributária ao Imposto de Importação, na medida em que o tributo não grava literalmente patrimônio, renda ou o resultado de serviços das entidades candidatas ao benefício." (RG RE n. 630.790, rel. Min. Joaquim Barbosa, j. 21.10.2010, *DJe*, de 15.04.2011).

8. DIREITOS FUNDAMENTAIS E TRIBUTAÇÃO

8.1 Dimensões dos direitos fundamentais

A importância das dimensões de direitos fundamentais consiste no intento de situar os diversos momentos, marcados pelo inexorável tempo, da evolução da histórica dos direitos. E, justamente, destacar que as dimensões caminharam num crescente, comportando reconhecimento desses direitos de forma cumulativa e complementar, ou seja, houve evolução extremamente relevante para a positivação jurídica desses direitos.

Nesse sentido, afirma Ingo Wolfgang Sarlet que

> não há como negar que o reconhecimento progressivo de novos direitos fundamentais tem o caráter de um processo cumulativo, de complementariedade, e não de alternância, de tal sorte que o uso da expressão "gerações" pode ensejar a falsa impressão da substituição gradativa de uma geração por outra, razão pela qual há quem prefira o termo "dimensões" dos direitos fundamentais.[229]

Concordamos plenamente com a formulação do jurista, motivo pelo que adotaremos neste estudo a abordagem dos direitos fundamentais sob o prisma de dimensões.

---

229. SARLET, Ingo Wolfgang. *A eficácia dos direitos fundamentais*: uma teoria geral dos direitos fundamentais na perspectiva constitucional, cit., p. 45.

A primeira dimensão de direitos fundamentais refere-se aos direitos conquistados nas Revoluções americana e francesa, porque ineditamente positivados.

São direitos que pretendiam obstar a atuação do poder estatal arbitrário, garantindo respeito à autonomia pessoal do indivíduo, traduzidos como direitos à liberdade de consciência, culto, inviolabilidade de domicílio. É a época do Estado de direito liberal.

Carl Schimtt, referido por Bonavides, criou dois critérios formais de caracterização dos direitos fundamentais, quais sejam, aqueles designados como direitos ou garantias elencados e especificados no texto constitucional, e os direitos que receberam da Carta Suprema um grau maior de garantia ou segurança.

Paulo Bonavides assinala:

> Os direitos fundamentais propriamente ditos são, na essência, entende ele, os direitos do homem livre e isolado, direitos que possui em face do Estado. E acrescenta: numa acepção estrita são unicamente os direitos da liberdade, da pessoa particular, correspondendo de um lado ao conceito de Estado Burguês, referente a uma liberdade, em princípio ilimitada diante de um poder estatal de intervenção, em princípio limitado, mensurável e controlável.[230]

Os problemas sociais associados à crescente industrialização e densidade demográfica impuseram ao Estado um papel ativo na realização da justiça social. Surgiram com essas novas reivindicações a necessidade progressiva de atuação positiva do Estado, originando os direitos sociais, a que chamamos de direitos fundamentais de segunda dimensão. São os direitos de assistência social, saúde, educação e trabalho, dentre outros.

Anote-se a relevância dessa acepção, pois se passou a ter uma nova teorização dos direitos fundamentais representativa dessa ordem de valores.

Assim, a novel concepção de objetividade e valores desses direitos traz novo conteúdo aos princípios da igualdade e

---

230. BONAVIDES, Paulo. *Curso de direito constitucional*, cit., p. 561.

da liberdade, envolvendo dupla face: direito individual a demandar tratamento isonômico e dimensão objetiva de garantia contra atos arbitrários do Estado.

Importante ressaltar que nessa dimensão ganhou foros de importância o princípio da igualdade de fato, pois que além do pleito relativos a atuações positivas e prestacionais do Estado, havia uma demanda de reconhecimento das liberdades sociais – sindicalização e direito de greve.

Adentrando à chamada terceira dimensão dos direitos fundamentais, exsurgem os direitos de titularidade difusa ou coletiva, concebidos para proteção da coletividade, e não mais do homem como indivíduo isolado. São os direitos à paz, desenvolvimento, qualidade do meio ambiente, conservação do patrimônio histórico e cultural.

8.2 Características dos direitos fundamentais

As Constituições contemporâneas evidenciam a grande evolução que o direito constitucional sofreu, em vista da extensa previsão normativa atual de proteção dos direitos fundamentais.

Seu ponto de partida foi o núcleo protetivo da dignidade da pessoa humana, pois se vislumbrou que apenas a Constituição poderia, ao positivá-lo, garantir a plena observância por todo o ordenamento jurídico, uma vez que, na qualidade de norma fundamental, tem força de fundamento de validade e vinculação máxima.

8.3 Classificação dos direitos fundamentais

Classificar é uma operação lógica que promove o conhecimento do objeto, separando elementos comuns e diferentes, segundo critérios predeterminados. Tais critérios classificatórios são de escolha do classificador, construídos em esforço intelectual, portanto. Seu valor operativo deve ser conjugado com a finalidade objetivada. Assim, a afirmação de que não temos classificações certas ou erradas e, sim úteis e inúteis.

Destacam-se duas classificações dos direitos fundamentais, a saber: a teoria dos quatro *status* de Jellinek e a classificação de Robert Alexy.

A teoria dos quatro *status* de Georg Jellinek reconhece que os direitos fundamentais, na qualidade de direitos públicos subjetivos, possuem *status* diversos: *negativus* (negativo), *positivus* (positivo), *activus* (cidadania ativa) e *subjectionis* (passivo).

O *status negativus* é o direito de o indivíduo resistir ao poder estatal, impondo obrigações negativas ao Estado. Exemplificativamente, os direitos de propriedade, liberdades de imprensa e manifestação. O *status positivus* é a exigência de atuação do Estado na promoção de planos de ação para permitir a fruição de direitos. Exemplos: educação e saúde. O *status activus* é o direito à participação política, ou seja, ao exercício da cidadania.

O último aspecto destacado por Jellinek é o *status subjectionis*, pois o indivíduo tem deveres perante o Estado e encontra-se subordinado a ele por via de mandamentos e proibições.

A teoria de Jellinek foi passo decisivo para realçar os direitos fundamentais na sua acepção teórica analítica mais frequente, a exemplo dos direitos de defesa, de participação e de exigência de atuação positiva estatal.

Vamos à sua lição, referida por Jorge Miranda:

> Nestes quatro *status* – passivo, negativo, positivo e activo – se resumem as condições em que o indivíduo pode deparar-se diante do Estado como seu membro. Prestações ao Estado, liberdade frente ao Estado, pretensões em relação ao Estado, prestações por conta do Estado, tais vêm a ser os diversos aspectos sob os quais pode considerar-se a situação de direito público do indivíduo. Estes quatro *status* formam uma linha ascendente, visto que, primeiro, o indivíduo pelo facto de ser obrigado à obediência, aparece privado de personalidade; depois, é-lhe reconhecida uma esfera independente, livre do Estado; e, por último, a vontade individual é chamada a participar no exercício do poder político ou vem mesmo a ser reconhecida como investida do *imperium* do Estado.[231]

---

231. MIRANDA, Jorge. *Manual de direito constitucional*: direitos fundamentais. 3. ed. Coimbra: Coimbra Editora, 2000. v. 4., p. 89.

Robert Alexy classificou os direitos fundamentais em direitos de defesa, que exigem abstenção da atuação estatal, e de ação positiva, na edição de normas jurídicas que viabilizem o funcionamento do sistema jurídico, criando mecanismos procedimentais materiais para a realização dos direitos fundamentais.

Sobre os direitos de defesa, acrescenta Alexy:

> Os direitos dos cidadãos, contra o Estado, a ações estatais negativas (direitos de defesa) podem ser divididos em três grupos: o primeiro grupo é composto por direitos a que o Estado não impeça ou não dificulte determinadas ações do titular do direito; o segundo grupo, de direitos a que o Estado não afete determinadas características ou situações do titular do direito; o terceiro grupo, de direitos a que o Estado não elimine determinadas posições jurídicas do titular do direito.[232]

Quanto aos direitos a ações positivas, assim discorre Alexy: "Os direitos que o cidadão têm, contra o Estado, a ações estatais positivas podem ser divididas em dois grupos: aquele cujo objeto é uma ação fática e aquele cujo objeto é uma ação normativa."[233]

Nas classificações aqui em debate, o que se nota é que há inexorável participação do Estado, que depende de recursos públicos para efetivar esses direitos, tidos por fundamentais. Além disso, há a necessária criação de estrutura e condições mínimas para a concretização desses direitos, quer na dimensão negativa, quer na positiva.

Anote-se que é a arrecadação de tributos a principal fonte de recursos para que o Estado cumpra suas finalidades constitucionalmente determinadas, mormente quanto à efetividade dos direitos fundamentais.

8.4 Direitos fundamentais e a relação jurídica tributária

A proteção dos direitos fundamentais remonta à Magna Carta de 1215, porém apenas após o século XVIII, com o

---

232. ALEXY, Robert. *Teoria dos direitos fundamentais*, cit., p. 196.

233. Idem, p. 201.

constitucionalismo, é que se percebe evidente a previsão dos direitos fundamentais como limitadores à atuação estatal, como na *Bill of Rights* e na Declaração Universal dos Direitos do Homem e do Cidadão (1789). Devemos ainda lembrar que nossa Carta Política encontra-se em sintonia com a Declaração Universal dos Direitos Humanos de 1948, bem assim com os tratados internacionais protetivos dos direitos humanos.

Nas Constituições modernas, é patente o prestígio conferido aos direitos fundamentais, cujo alcance invade os campos legislativo e administrativo (atos administrativos) e as decisões judiciais.

O que devemos ter sempre em mente é que a Constituição de 1988 deu amplo e irrestrito prestígio aos direitos fundamentais e, da maneira como os enfatizou, podemos afirmar que foi fato inédito na história do nosso constitucionalismo, inclusive por dedicar a eles um título específico, além do preâmbulo os exaltar. Ademais, por meio de emenda constitucional ampliou esses direitos, com a inclusão, por exemplo, do direito à moradia e alimentação no rol dos direitos sociais prescritos no art. 6º.

Há *status* jurídico diferenciado e enfatizado no que pertine aos direitos fundamentais. Anotem-se os princípios informadores e garantidores de tais direitos e, mais, as prescrições em enunciados explícitos e implícitos nesse sentido, sem deixar de lembrar que tais normas jurídicas de direitos fundamentais são cláusulas pétreas e dotadas de plena eficácia e aplicabilidade (art. 60, § 4º, IV, da Constituição Federal).

Lembremos, por oportuno, que também o dever constitucional de pagar tributos para viabilizar as atividades estatais deve observar os limites intangíveis dos direitos fundamentais, que estão sob o manto da imutabilidade e têm eficácia e aplicabilidade imediata. É dizer, o núcleo desses direitos há de ser intocável pela atividade da tributação.

Os direitos fundamentais são barreiras que protegem os contribuintes contra os poderes estatais. Assim, no Capítulo I do Título II da Constituição Federal, há delimitação do exercício das competências tributárias das pessoas políticas, que

O PRINCÍPIO DA DIGNIDADE DA PESSOA HUMANA
E A NORMA JURÍDICA TRIBUTÁRIA

não podem adentrar nos campos dos direitos "à vida, liberdade, igualdade, segurança e propriedade", direitos afetos aos cidadãos e também aos contribuintes. Não podemos esquecer ainda de atentar que os direitos elencados acima, acrescidos de tantos outros igualmente fundamentais (direitos políticos — como manifestação dos princípios da democracia e soberania popular —, saúde, educação, liberdade de culto, imunidade recíproca das pessoas políticas de direito público a prestigiar o pacto federativo) são todos expressões dimensionais do sobreprincípio da dignidade da pessoa humana.

Paulo de Barros Carvalho assinala:

> No entanto, não basta proclamar em tom retórico, o direito sem que se criem mecanismos efetivos para garantir a real proteção dos direitos fundamentais que dão suporte ao princípio da dignidade da pessoa humana [...]. As virtudes da Constituição de 1988, que são muitas, fizeram imaginar um Brasil avançado, ético e democrático, em que os direitos e garantias dos cidadãos se multiplicariam em várias direções. Mas bastou a prática dos primeiros anos para nos fazer ver que as previsões da Carta Suprema não se concretizariam sem o suporte de um Judiciário digno de suas decisões.[234]

Nada mais verdadeiro, em nosso sentir! Não podemos quedar silentes diante de quadro jurídico, ainda cambaleante e embrionário na proteção e efetividade dos direitos fundamentais. É preciso agir, construir esse panorama vislumbrado por Barros Carvalho.

Defendemos um direito tributário pautado nos princípios constitucionais em que o contribuinte, antes de mais nada cidadão, tenha pleno seu direito à justiça fiscal. Diga-se, alcançada pelos princípios como limites objetivos, instrumentos concretizados de valores, tais como a segurança jurídica e a dignidade da pessoa humana.

Sabemos que dentre as inúmeras atividades que compete ao Estado desenvolver está inserida a competência tributária

---

234. CARVALHO, Paulo de Barros. *Derivação e positivação no direito tributário*, cit., v. 1, p. 60.

impositiva para criar tributos, arrecadá-los e fiscalizar tal procedimento.

Assim, instituir tributos é finalidade precípua do Estado, constituindo eles sua principal fonte de recursos para dar instrumentos e viabilizar todas as atividades, notadamente as sociais, de responsabilidade estatal. Os recursos advindos dos tributos asseguram ainda o exercício de outros direitos fundamentais, que dependem das ações políticas e econômicas para a sua efetividade.

Decorre da máxima do princípio do Estado Democrático de Direito que o Estado vai exercer tal mister — que é, sem dúvida exercício de poder/dever indelegável – por meio de lei, sob o manto da legalidade. Significa dizer que as pessoas políticas (União, Estados, Distrito Federal e Municípios) vão exercer a competência tributária, delineada no texto constitucional, para criar *in abstracto* tributos, por intermédio de seus Legislativos, descrevendo a norma padrão de incidência.

São funções administrativas, embora podendo ser delegadas as atividades arrecadatórias e de fiscalização, igualmente atingidas pelos peremptórios limites principiológicos (quer como valores, quer como limites-objetivos) de proteção do contribuinte.

Na relação jurídica tributária, inserida no âmbito das relações jurídicas de direito público, verifica-se sempre a presença de dois elementos que se contrapõem: de um lado o Fisco (Estado), com a autoridade de instituir, arrecadar e fiscalizar a ação tributária e, do outro lado, o cidadão-contribuinte com direitos e liberdades individuais, cujos princípios e valores são prestigiados pela norma constitucional.

O direito de propriedade, por exemplo, é atingido pela ação tributante estatal. Por outro verso da mesma moeda, tem o contribuinte, direitos fundamentais protetivos a lhe assegurar o patrimônio e arcar com o ônus de perder parte dele para o Estado (dever).

Presentemente, o âmbito do direito tributário está cada vez mais voltado para criar um caminho em que direitos e deveres estatais na ação de tributar se cruzam com o exercício dos direitos fundamentais dos contribuintes.

O PRINCÍPIO DA DIGNIDADE DA PESSOA HUMANA
E A NORMA JURÍDICA TRIBUTÁRIA

O direito constitucional contemporâneo tem como núcleo o cidadão e enfatiza justamente os direitos fundamentais, pretende ver a efetiva aplicação desses direitos.

No campo tributário a situação não é distinta, pelo contrário, tem-se procurado aproximar a tributação do caráter humanístico que possui todo direito fundamental. Assim, a atividade estatal tem que ir além da tributação propriamente dita; na perspectiva arrecadatória, tem que buscar o respeito e observância dos direitos públicos subjetivos dos contribuintes.

Os objetivos fundamentais insertos no art. 3º da Constituição Federal dependem, para sua eficácia e concretização, da tributação e dos recursos dela decorrentes. Então, concluímos que são indissociáveis as ideias de tributação e cidadania. O contribuinte, também cidadão, exerce seu dever fundamental de recolher tributos aos cofres públicos para possibilitar ao Estado a persecução de suas finalidades, que usa como instrumento a ação tributária com escopo arrecadatório.

Os direitos fundamentais, inerentes à condição humana, têm regime jurídico próprio e previsto no ápice da pirâmide normativa, que é a Constituição. Esta, ao prescrever tais direitos, criou para eles instrumentos protetivos, verdadeiras garantias − cláusulas pétreas e normas de eficácia plena e aplicabilidade imediata. Atente-se que na órbita internacional, a doutrina refere-se a direitos humanos.

A relação jurídica tributária envolve necessariamente os direitos fundamentais. Todavia, deve-se atentar para o que pretendeu o constituinte originário, ao delinear, na Constituição, a norma padrão de incidência tributária (hipótese de incidência; sujeitos ativo e passivo; base de cálculo e alíquota) acolhendo fatos na hipótese normativa de conteúdo econômico, desenvolvendo a atividade tributante em conformidade com os parâmetros constitucionais (princípios/ética na atividade arrecadatória e de fiscalização). Decorre do primado da legalidade que os tributos só podem ser criados por lei, obedecidos os princípios da igualdade, segurança jurídica,

173

capacidade contributiva – para impostos – anterioridade, ir-retroatividade e vedação ao confisco.

Os direitos fundamentais são inexoravelmente atingi-dos pela tributação que, todavia, encontra limites objetivos e constitucionais intransponíveis, como as normas imunizantes. Não se pode atingir o núcleo desses direitos, sob pena de des-figurá-los. Então, propriedade e liberdade são atingidas pela tributação, mas dentro dos limites de respeito aos direitos dos contribuintes. A ação de tributar e a redução do patrimônio não podem ter caráter confiscatório.

Acrescentamos que a tributação que de alguma maneira possa ferir o sistema constitucional atinge a existência digna do homem, além dos pilares do Estado Democrático de Di-reito, prescritos em seus fundamentos e objetivos. Padecem, pois, de inconstitucionalidade normas jurídicas tributárias cujo preenchimento semântico de sua estrutura sintática des-borde as proteções e garantias fundamentais.

9. PRINCÍPIOS CONSTITUCIONAIS TRIBUTÁRIOS

Os princípios constitucionais tributários são normas jurídicas de direitos fundamentais dos contribuintes que, diante do quanto exposto pelo Texto Magno, possuem garantias protetivas da ação tributante estatal. Por sua vez, para o Estado são limites obstativos (limites negativos), quer para o Legislativo, quer para a Administração fazendária, quer na abordagem interpretativa para aplicação do direito.

No exercício da competência tributária, as pessoas políticas – União, Estados, Distrito Federal e Municípios – devem observar a delimitação imposta pela Constituição, expressa nos direitos e garantias fundamentais – vida, igualdade, liberdade, segurança, propriedade, dignidade da pessoa humana etc. Extenso o rol explícito desses direitos, sem prejuízo de outros tantos presentes por todo o Texto Magno.

Como vimos, a competência tributária é o primeiro passo rumo à ação estatal de tributar e encontra-se para o contribuinte como dimensão dos seus direitos fundamentais.

Assim, o chamado Estatuto do Contribuinte é justamente esse conjunto principiológico consistente nos princípios constitucionais tributários.

Paulo de Barros Carvalho define o Estatuto do Contribuinte:

> Ao pé de nossa realidade jurídico-positiva, como a somatória, harmônica e organizada, dos mandamentos constitucionais sobre matéria tributária, que, positiva ou negativamente, estipulam direitos, obrigações e deveres do sujeito passivo, diante das pretensões do Estado (aqui utilizado na sua acepção mais ampla e abrangente – entidade tributante). E quaisquer desses direitos, deveres e obrigações, porventura encontrados em outros níveis da escala jurídico-normativa, terão de achar respaldo de validade naqueles imperativos supremos, sob pena de flagrante injuridicidade.[235]

Dentro da nossa proposta, é o princípio da dignidade da pessoa humana um dos elementos intrínsecos dos direitos fundamentais que se expressam no direito tributário, ainda que indiretamente, por via dos princípios constitucionais tributários integrantes do Estatuto do Contribuinte, porque são essas garantias que delimitam o princípio-valor da dignidade da pessoa humana: estrita legalidade, igualdade, anterioridade, irretroatividade, capacidade contributiva, proibição de confisco.

Com a acepção dos princípios na órbita tributária como limites objetivos queremos assinalar que, distintamente dos "valores", embora sempre impregnados deles, porque não há no direito, objeto cultural que é, ausência de valores, são esses princípios concretizadores, procedimentais portanto, com o escopo de atingir determinadas finalidades.

Vamos à lição de Paulo de Barros Carvalho:

> Os princípios de direito tributário, por seu turno, geralmente se expressam como "limites objetivos", posto como sobrerregras que visam a implementar os valores estipulados no ordenamento jurídico. A despeito dos "limites objetivos" perseguirem valores como objetivos teleológicos da norma, não entram em jogo, aqui, as motivações subjetivas do legislador ou mesmo da própria sociedade na sua positivação, tornando-se muito mais prática do direito esses limites saltam aos olhos, sendo de verificação

---

235. CARVALHO, Paulo de Barros. Estatuto do contribuinte, direitos, garantias individuais em matéria tributária e limitações constitucionais nas relações entre fisco e contribuinte. *Vox Legis*, São Paulo, Sugestões Literárias, v. 12, n. 141, p. 36, set. 1980.

O PRINCÍPIO DA DIGNIDADE DA PESSOA HUMANA
E A NORMA JURÍDICA TRIBUTÁRIA

> pronta e imediata. Expressão de uma das diversas formas empregadas, observa-se os princípios tributários, tal como um limite objetivo, nos primados da legalidade e da tipicidade cerrada; da anterioridade e da irretroatividade da lei tributária; da não cumulatividade nos casos do IPI e ICMS; entre tantos outros.[236]

Há que se concretizar os princípios fundamentais do Estado Democrático de Direito, notadamente a segurança jurídica e dignidade da pessoa humana, positivados pelo constituinte originário. O que devemos buscar é o conteúdo de tais princípios que expressa valor, ou seja, seu conteúdo axiológico há que ser construído pela interpretação.

Temos plena convicção de que são nos direitos fundamentais dos contribuintes, no respeito e aplicabilidade desses princípios constitucionais protetivos ao contribuinte, que se configuram os limites impeditivos à ação estatal de tributar.

9.1 Princípio da estrita legalidade

O princípio da legalidade, insculpido no art. 5º, II, da Constituição Federal, estatui que "ninguém será obrigado a fazer ou deixar de fazer alguma coisa, senão em virtude de lei".

Decorrente dos princípios fundantes republicano, da igualdade e segurança jurídica, prescreveu o constituinte originário o princípio da legalidade como corolário do Estado Democrático de Direito, consistindo em atividade precípua e privativa do Poder Legislativo editar normas gerais e abstratas para cumprir a finalidade última do direito, que é regular condutas intersubjetivas, permitindo o convívio em sociedade.

No âmbito tributário, como veremos, o constituinte originário preocupou-se em prescrever tal princípio direcionado para o direito tributário – estrita legalidade – e restou claro que apenas o Legislativo das pessoas políticas pode criar tributos, o que significa dizer que apenas a lei é veículo introdutor da

---

236. CARVALHO, Paulo de Barros. *Direito tributário, linguagem e método*, cit., p. 298.

instituição e majoração de tributos, descrevendo, minuciosamente sua hipótese de incidência.

Em matéria tributária, teremos essa vontade constitucional expressa no princípio da estrita legalidade, previsto no art. 150, I: "Sem prejuízo de outras garantias asseguradas ao contribuinte, é vedado à União, aos Estados, ao Distrito Federal e aos Municípios: I – exigir ou aumentar tributo sem lei que o estabeleça."

Vejamos o que nos diz Roque Carrazza:

> Portanto, é o Poder Legislativo que determina os rumos da tributação, desde que, no entanto, se submeta aos princípios constitucionais que a informam (anterioridade, igualdade, não confiscatoriedade, capacidade contributiva, respeito à liberdade e à propriedade etc.) e leve em conta o direito fundamental dos contribuintes a uma vida digna (cf. art. 1º, IV, da CF), isto é, que lhes garanta realização pessoal em termos de saúde, alimentação, educação, trabalho, lazer, moradia, cultura, desfrute de um meio ambiente equilibrado e sustentável, e assim avante.[237]

É garantia conferida aos cidadãos e limite imposto ao Estado que, apenas e tão somente mediante lei, regulará as condutas humanas. Constitui um direito fundamental do cidadão. A magnitude desse princípio é destacada por Paulo de Barros Carvalho:

> Nunca serão demais os estudos que evoluírem em torno dos valores com a magnitude do princípio da legalidade, a despeito do timbre subjetivo que os faz revelarem, frequentemente, pela quadra das especulações ideológicas, distanciando-se, em certa medida, do objetivo final do labor cognoscente. Sua importância marca com tal intensidade a presença do fenômeno jurídico que não seria exagerado afirmar tratar-se de dado inafastável, decisivo para a compreensão dessa realidade. Refletir sobre o princípio da legalidade, aqui, equivale a meditar sobre o próprio direito.[238]

---

237. CARRAZZA, Roque Antonio. *Curso de direito constitucional tributário*, cit., p. 284.

238. CARVALHO, Paulo de Barros. *Direito tributário, linguagem e método*, cit., p. 299.

O PRINCÍPIO DA DIGNIDADE DA PESSOA HUMANA
E A NORMA JURÍDICA TRIBUTÁRIA

Lição precisa é a de Aliomar Baleeiro:

> O poder de tributar, na Constituição, é regulado segundo rígidos princípios que deitam raízes nas próprias origens históricas e políticas do regime democrático por ela adotado. Vários desses princípios abrigam limitações ao exercício daquele poder, e, não apenas à competência tributária. O mais universal desses princípios, o da legalidade dos tributos, prende-se à própria razão de ser dos Parlamentos, desde a penosa e longa luta das Câmaras inglesas para efetividade da aspiração contida na fórmula *"no taxation without representation"*, enfim o direito de os contribuintes consentirem – e só eles – pelo voto de seus representantes eleitos, na decretação ou majoração de tributos. As Constituições, desde a independência americana e a Revolução Francesa, o trazem expresso, firmando a regra secular de que o tributo só se pode decretar em lei, como ato da competência privativa dos Parlamentos.[239]

Assim, as pessoas políticas detentoras de competência tributária para instituir tributos, descrevendo a regra-matriz de incidência (no antecedente normativo: critérios material, espacial e temporal; e, no consequente normativo: critérios pessoal e quantitativo), ou aumentar o gravame, somente poderão fazê-lo mediante lei. Lei ordinária em geral, porém, nos casos previstos na Constituição, será por meio de lei complementar (empréstimos compulsórios, impostos residuais de competência da União e as contribuições sociais prescritas no art. 195, § 4º, da CF).

Na órbita tributária, além da exigência de lei em sentido formal, como veículo introdutor da norma tributária, exige-se que tal ato normativo tenha conteúdo minudente quanto ao fato jurídico tributário posto na hipótese normativa, bem assim a relação jurídica tributária decorrente, posto no consequente normativo.

Aliás, observa-se do próprio conceito de tributo no art. 3º do Código Tributário Nacional, que prescreve: "Tributo é toda prestação pecuniária compulsória, em moeda ou cujo valor nela se possa exprimir, que não constitua sanção de ato

---

239. BALEEIRO, Aliomar. *Direito tributário brasileiro*. 12. ed. rev., atual. e ampl. por Misabel Abreu Machado Derzi. Rio de Janeiro: Forense, 2013, p. 77.

ilícito, instituída em lei e cobrada mediante atividade administrativa plenamente vinculada."

Igualmente, reforçando o tema da legalidade cerrada, o art. 97 do Código Tributário Nacional prevê todos os elementos que devem integrar a hipótese de incidência tributária.

Em decorrência dessa exigência constitucional para a ação de tributar, temos o chamado princípio da tipicidade tributária. Ou seja, o princípio da legalidade opera como limite à atuação estatal de tributar e exige esse acréscimo, que é o tipo tributário. A tipicidade, embora enunciado implícito do Texto Magno, tem extrema relevância no direito tributário, preservando valores como a segurança jurídica e direitos fundamentais, direcionada para a órbita dos administrados contra eventuais desmandos do Fisco.

Paulo de Barros Carvalho afirma que

> o veículo introdutor da regra tributária no ordenamento há de ser sempre a lei (sentido lato), porém o princípio da estrita legalidade diz mais do que isso, estabelecendo a necessidade de que a lei adventícia traga no seu bojo os elementos descritores do fato jurídico e os dados prescritores da relação obrigacional. Esse *plus* caracteriza a tipicidade tributária, que alguns autores tomam como outro postulado imprescindível ao subsistema de que nos ocupamos, mas que pode, perfeitamente, ser tido como uma decorrência imediata do princípio da estrita legalidade.[240]

Assim, resulta claro que embora a tributação se realize por meio de lei, deve obediência aos princípios fundamentais assegurados pela Constituição em favor do cidadão-contribuinte, dentre outros, o imperioso respeito aos direitos fundamentais, dentre eles a estrita legalidade e a tipicidade.

A lei instituidora de tributos requer do Legislativo a descrição da regra-matriz de incidência, contendo todos os elementos que permitam aferir a existência de um evento de possível ocorrência no antecedente, implicando, no momento

---

240. CARVALHO, Paulo de Barros. *Curso de direito tributário*, cit., p. 208.

O PRINCÍPIO DA DIGNIDADE DA PESSOA HUMANA
E A NORMA JURÍDICA TRIBUTÁRIA

em que ocorrer tal fato descrito, uma relação jurídica entre dois sujeitos de direito, na qual o sujeito passivo terá o dever jurídico de entregar determinada quantia em dinheiro para os cofres públicos e o sujeito ativo terá o direito subjetivo ao cumprimento dessa conduta.

Assim, decorrente da tipicidade tributária, teremos, nos termos constitucionalmente prescritos (art. 145, da CF), a possibilidade de classificação das espécies tributárias em taxa, imposto ou contribuição de melhoria, empréstimos compulsórios e contribuições sociais, pela conjugação do binômio hipótese de incidência e base de cálculo.

Decorre ainda da tipicidade a exigência da necessária verificação da subsunção do evento ocorrido aos exatos termos prescritos na norma geral e abstrata tributária, que é a regra-matriz de incidência. Ora, certo é que o sistema tributário brasileiro exige que a atividade tributante se realize por esse balizamento, estreito limite imposto ao Fisco.

O primado da legalidade atua como limite objetivo em dupla face: garantia do valor segurança jurídica ao cidadão-contribuinte, pois a ele foi concedido direito subjetivo de submeter-se aos enunciados legais, normas prescritas pelos representantes parlamentares – valor resguardado pela democracia – e, por outro, o princípio em voga atua como vetor interpretativo obrigatório aos julgadores.[241] O ponto de

---

241. "TRIBUTO – BASE DE INCIDÊNCIA – PRINCÍPIO DA LEGALIDADE ESTRITA. A fixação da base de incidência da contribuição social alusiva ao frete submete-se ao princípio da legalidade. CONTRIBUIÇÃO SOCIAL – FRETE – BASE DE INCIDÊNCIA – PORTARIA – MAJORAÇÃO. Surge conflitante com a Carta da República majorar mediante portaria a base de incidência da contribuição social relativa ao frete [...]." (STF – RMS n. 25.476/DF, rel. Min. Luiz Fux, j. 25.05.2013, *DJe*, de 25.05.2014); "TRIBUTÁRIO. CORREÇÃO MONETÁRIA. CONCEITO DE LUCRO. LEI N. 9.249/1995. 1. Não cabe ao Poder Judiciário autorizar a correção monetária da tabela progressiva do Imposto de Renda na ausência de previsão legal nesse sentido [...]." (STF – AgR ARE n. 712.135/RJ, rel. Min. Cármen Lúcia, j. 30.10.2012, *DJe*, de 30.10.2012); "PROCESSUAL CIVIL E TRIBUTÁRIO. AGRAVO REGIMENTAL. REEXAME DE PROVA. SÚMULA Nº 07/STJ. IMPOSSIBILIDADE. ISS. EMPRESAS QUE AGENCIAM MÃO DE OBRA. PRECEDENTES. [...] 6. Não há de se considerar, por ausência de previsão legal, para fixação da base de cálculo do ISS, outras parcelas, além da taxa

partida da análise do texto legal será a Constituição, como norma fundamental ocupante da mais alta hierarquia no ordenamento. Direciona-se o exegeta pelo caminho normativo, até o final da cadeia do ciclo de positivação do direito, que são as normas individuais e concretas, tocando as condutas humanas, regulando-as.

9.2 Princípio da igualdade

Com razão, Paulo de Barros Carvalho afirma que a igualdade é um sobreprincípio. No Estado Democrático de Direito, a igualdade, inspirada na Declaração de Direitos do Homem e do Cidadão de 1789, é pilar que sustenta os demais fundamentos de um Estado de Direito, partindo da ideia de prestígio à liberdade individual, a direcionar a igualdade entre o Legislativo, o Judiciário e o Executivo.

A igualdade é valor máximo e primordial para a existência da própria República, sobre a qual leciona Geraldo Ataliba:

---

de agenciamento, que a empresa recebe como responsável tributário e para o pagamento dos salários dos trabalhadores. Aplicação do princípio da legalidade tributária. 7. Impossível, em nosso regime tributário, subordinado ao princípio da legalidade, um dos sustentáculos da democracia, ampliar a base de cálculo de qualquer tributo por interpretação jurisprudencial [...]." (STJ – AgR AG n. 857.390/MG, rel. Min. José Delgado, j. 21.07.2007, *DJ*, de 02.08.2007); "TRIBUTÁRIO. AÇÃO ANULATÓRIA. NOTIFICAÇÃO DE LANÇAMENTO. IMPOSTO DE RENDA. GLOSA DE DESPESAS MÉDICAS E ODONTOLÓGICAS. RECIBOS. INSUFICIÊNCIA. LIMITAÇÕES ÀS DEDUÇÕES COM DESPESAS DE INSTRUÇÃO. ADOÇÃO DA TÉCNICA DA FUNDAMENTAÇÃO *PER RELATIONEM*. [...] 4. [...] dentre as deduções previstas no inciso II do art. 8º da Lei nº 9.250/98 não foram contempladas as despesas perpetradas com cursinhos preparatórios para vestibular, de tal sorte que as despesas ali previstas encerram rol exaustivo e não apenas exemplificativo. Por sua vez, a IN SRF nº 15/2001, em seu art. 40, apenas enumerou, dentro dos parâmetros estabelecidos pela lei de regência, despesas que não decorrem estritamente de pagamentos efetuados a estabelecimentos de ensino relativamente à educação pré-escolar, de 1º, 2º e 3º graus, cursos de especialização ou profissionalizantes, inserindo aquelas decorrentes do pagamento de cursos preparatórios para concursos ou vestibulares, não havendo que se falar em restrição a direito sem previsão legal. 5. No caso concreto, verifico que o Fisco glosou legitimamente parte das despesas médicas informada na DIRPF/2011, em virtude de falta de comprovação ou por falta de previsão legal para a sua dedução. [...]." (TRF-5ª Região – AC n. 558.338/CE, rel. Juiz Francisco Cavalcanti, j. 20.06.2013).

O PRINCÍPIO DA DIGNIDADE DA PESSOA HUMANA
E A NORMA JURÍDICA TRIBUTÁRIA

> Princípio constitucional fundamental, imediatamente decorrente do republicano, é o da isonomia ou igualdade diante da lei, diante dos atos infralegais, diante de todas as manifestações do poder, quer traduzidas em normas, quer expressas em atos concretos. Firmou-se a isonomia, no direito constitucional moderno, como direito público subjetivo a tratamento igual, de todos os cidadãos, pelo Estado.[242]

Dispõe a Carta de 1988, em seu art. 5º, *caput*, que "todos são iguais perante a lei, sem distinção de qualquer natureza, garantindo-se aos brasileiros e estrangeiros residentes no País a inviolabilidade do direito à vida, à liberdade, à igualdade, à segurança e à propriedade".

É comum e uníssono o entendimento de que o alcance desse primado da legalidade vai além de igualar os cidadãos perante a norma legal. Deve-se atentar para a edição de lei que observe a isonomia e que conduza o Judiciário na produção de suas decisões judiciais.

Na esfera do sistema tributário, o constituinte foi específico e o reafirmou, no capítulo atinente às limitações ao poder de tributar, no art. 150, II, da Constituição Federal, resultando claro que o princípio da isonomia é percurso obrigatório para se atingir a justiça fiscal:

> Art. 150. Sem prejuízo de outras garantias asseguradas ao contribuinte, é vedado à União, aos Estados, ao Distrito Federal e aos Municípios:
>
> [...]
>
> II - instituir tratamento desigual entre contribuintes que se encontrem em situação equivalente, proibida qualquer distinção em razão de ocupação profissional ou função por eles exercida, independentemente da denominação jurídica dos rendimentos, títulos ou direitos; [...]."

Compete ao legislador, quando da instituição do tributo, nortear-se pelo objetivo critério isonômico quando, diante de sujeitos com padrões econômicos equivalentes (signos de riqueza), serem

---

242. ATALIBA, Geraldo. *República e Constituição*, cit., p. 132.

eles tributados na mesma proporção e de forma a atender a razoabilidade. Tais princípios – proporcionalidade e razoabilidade – norteiam o intérprete na aplicação dos comandos prescritivos.

É limite imposto ao legislador que, embora adote critérios diversos na política legislativa, tem no princípio da igualdade enunciado limitador, a guiar a atividade legiferante.

Mas como a igualdade é valor, não constitui tarefa fácil mensurá-la adequadamente. Além do mais, estamos diante de uma realidade social pautada por complexidades e diferenças, por vezes abismais, entre situações, pessoas e bens, existentes no nosso país. Ao direito compete tal balizamento axiológico, para cumprir sua finalidade reguladora de comportamentos.

Paulo de Barros Carvalho nos elucida tal caminho, ao afirmar que

> encaixa-se bem, neste tópico, a observação mediante a qual o direito positivo introduz uma série de proposições prescritivas tendo em vista tolher o trabalho exegético, para evitar, por esse modo, que o aplicador mobilize valores que lhe são próprios, pondo em jogo sua ideologia em detrimento das orientações axiológicas que o sistema consagra. Ainda que não se elimine a participação subjetiva do operador, reduz seu exercício a padrões mínimos, aptos para garantir que o ordenamento cumpra sua trajetória reguladora sem interferências estranhas ao projeto que a sociedade solenemente adotou.[243]

O instrumento normativo vem para regular condutas intersubjetivas e a vida social. Prossegue o jurista, afirmando que "é o conteúdo político-ideológico absorvido pelo princípio da isonomia e juridicizado pelos textos constitucionais em geral".

Indaga-se então: Quem são os iguais e quem são os desiguais? O que, legitimamente, nos permite distinguir pessoas e situações para aplicar-lhes tratamento jurídico diferenciado?

A lei sempre vai erigir caracter diferenciador, todavia importa perquirir como não macular a isonomia.

---

243. CARVALHO, Paulo de Barros. *Direito tributário, linguagem e método*, cit., p. 285.

O PRINCÍPIO DA DIGNIDADE DA PESSOA HUMANA
E A NORMA JURÍDICA TRIBUTÁRIA

Cediço que alguns fatores diferenciais, tais como sexo, cor, raça e religião são insuscetíveis de serem eleitos como fator objetivo de discrímen. Há vedação constitucional em enunciado expresso nesse sentido. Igualmente, não se pode ferir direitos fundamentais do cidadão-contribuinte, em especial segurança jurídica, liberdade e propriedade, sempre tocadas pela tributação e, por fim, a própria dignidade da pessoa humana, nas pertinentes hipóteses legais, obstada eleição de fatores diferenciais nitidamente inconstitucionais.

Todavia, pode o legislador colher da realidade social qualquer elemento relativo a pessoas, situações ou coisas, desde que compatíveis com a cláusula da igualdade e quando exista vínculo de correlação entre o fator objetivo escolhido e a pretendida diferenciação posta na norma legal. Tal correlação lógica deve guardar os parâmetros constitucionais e seus princípios como um todo unitário. Lembremos que o direito positivo é um sistema.

É na pertinência lógica entre o fator objetivo escolhido pelo legislador e a diferenciação pretendida que encontraremos respaldo para afirmar, com êxito, que não há infringência ao magno princípio da igualdade. Pretendeu o constituinte obstar tratamentos diferenciados por razões injustificadas e casuísticas.

A igualdade é, antes de mais nada, um dos maiores valores prestigiados pela ordem constitucional. Esse sobreprincípio revela importantes direitos fundamentais resguardados, como a segurança jurídica nas relações tributárias, a justiça fiscal a quem tem direito e aos sujeitos passivos, e, acrescemos, a própria dignidade da pessoa humana.

Sem igualdade não há que falar em dignidade da pessoa humana, sempre indiretamente presente nos direitos fundamentais. Sem igualdade, não teremos na atividade tributária qualquer chance de instituirmos um sistema constitucional nos parâmetros de um Estado de Direito.

A igualdade figura, é certo, como limite e garantia: é garantia individual contra desmandos estatais perpetrados via da edição de normas legais violadoras dos valores insculpidos

185

na Carta Política. É vedado, pela igualdade, discriminar pessoas, situações e coisas. O fator de discrímen somente é possível na aferição de correlação lógica, cujo vínculo é inexorável entre esse elemento e a discriminação legal pretendida.

É certo, por final, que se observe que nosso sistema jurídico tributário deve guardar consonância com as normas constitucionais e valores colhidos pelo constituinte originário, notadamente aqueles que encerram direitos fundamentais, sob pena de ruína do que temos de mais sagrado: o próprio Estado Democrático de Direito.[244]

---

244. Confira-se o entendimento jurisprudencial: "APELAÇÃO. MANDADO DE SEGURANÇA TRIBUTÁRIO. ISENÇÃO. ICMS. VEÍCULO ADQUIRIDO POR PORTADOR DE DEFICIÊNCIA FÍSICA ADMISSIBILIDADE. RESPEITO À DIGNIDADE DA PESSOA HUMANA E AO PRINCÍPIO DA IGUALDADE. Impetração para o fim de obter isenção de ICMS sobre veículo a ser adquirido por portador de deficiência física (cegueira bilateral). Irrelevância da condução do veículo por terceiros. A questão deve ser interpretada conforme a Constituição Federal, tendo em vista a dignidade da pessoa humana e o princípio da igualdade substancial. Os deficientes físicos não condutores de veículos também devem ser beneficiados com a isenção do ICMS sobre a compra do veículo não adaptado para que possam utilizar o transporte conduzido por terceiro. Isenção reconhecida. Precedentes do Superior Tribunal de Justiça e Tribunal de Justiça. Recursos não providos." (TJSP – AC n. 0.028.658-26.2010.8.26.0344, rel. Des. José Luiz Germano, j. 31.07.2012); "AÇÃO DIRETA DE INCONSTITUCIONALIDADE. ART. 240 DA LEI COMPLEMENTAR 165/1999 DO ESTADO DO RIO GRANDE DO NORTE. ISENÇÃO DE CUSTAS E EMOLUMENTOS AOS MEMBROS E SERVIDORES DO PODER JUDICIÁRIO. VIOLAÇÃO AO ART. 150, II, DA CONSTITUIÇÃO. AÇÃO JULGADA PROCEDENTE. I - A Constituição consagra o tratamento isonômico a contribuintes que se encontrem na mesma situação, vedando qualquer distinção em razão de ocupação profissional ou função por eles exercida (art. 150, II, CF). II - Assim, afigura-se inconstitucional dispositivo de lei que concede aos membros e servidores do Poder Judiciário isenção no pagamento de custas e emolumentos pelos serviços judiciais e extrajudiciais. III - Ação direta julgada procedente para declarar a inconstitucionalidade do art. 240 da Lei Complementar 165/199 do Estado do Rio Grande do Norte." (STF – ADI n. 3.334/RN, Pleno, rel. Min. Ricardo Lewandowski, j. 17.03.2011, *DJe*, de 05.04.2011); "CONSTITUCIONAL. TRIBUTÁRIO. REGIME DO 'SIMPLES'. INSTITUIÇÕES DE ENSINO. TRATAMENTO DIFERENCIADO. INEXISTÊNCIA DE OFENSA AO PRINCÍPIO DA ISONOMIA. PRECEDENTES. 1. O Tribunal a quo, ao concluir pela ausência de ofensa ao princípio da isonomia no presente caso, decidiu conforme orientação firmada pelo Plenário desta Corte no julgamento da ADI 1.643/UF, rel. Min. Maurício Corrêa, *DJ* 14.03.2003. 2. Agravo regimental improvido." (STF – RE n. 559.222/ES, rel. Min. Ellen Gracie, j. 12.04.2010).

9.3 Princípio da anterioridade

Os princípios da anterioridade e, como veremos após, da irretroatividade merecem uma alusão, ainda que breve, da importância do "tempo" para o direito, que constrói sua própria realidade por meio da linguagem jurídica, nascendo as normas jurídicas como construção de sentido – premissa aqui adotada – e pelos agentes competentes autorizados pelo sistema. Assim, o lapso temporal nesses dois princípios são determinantes para a composição de suas estruturas.

Para tanto, valemo-nos da lição de Robson Maia Lins:

> O direito, surpreendido como ele também uma linguagem, deve traçar suas regras e, neste instante, deve também recortar de sua linguagem objeto os elementos para criar sua sequência temporal dentro da qual irão os sujeitos construir os fatos jurídicos. Nos lindes do direito tributário é precisamente o disciplinamento desse corte temporal que o direito positivo mais expressa sua preocupação com o valor segurança jurídica, instituindo normas de superior hierarquia veiculadoras de princípios constitucionais que protegem os contribuintes das manipulações do tempo no direito pelos aplicadores do direito. Essas funções são cumpridas com primazia pelos princípios constitucionais tributários da irretroatividade, da anterioridade genérica e nonagesimal, proteção aos direitos adquiridos, ato jurídico perfeito e coisa julgada.[245]

Dimensão do princípio da segurança jurídica, certeza do direito e inserido no rol dos direitos fundamentais do contribuinte, o princípio da anterioridade é uma das maiores garantias do contribuinte quanto à certeza e previsibilidade do direito e, ainda, de ser tributado nos moldes dos princípios constitucionais.

A anterioridade é princípio que se expressa como limite objetivo, sendo verdadeiro procedimento, na medida que resguarda, de forma mediata, os valores constitucionalmente prestigiados, como supra referido. Tal princípio expressa e

---

245. LINS, Robson Maia. As normas jurídicas e o tempo jurídico. In: ROBLES, Gregorio; CARVALHO, Paulo de Barros (Coords.). *Teoria comunicacional do direito*: diálogo entre Brasil e Espanha. São Paulo: Noeses, 2011, p. 485.

permite a concretude de um dos valores máximos do ordenamento jurídico pátrio, que é a certeza do direito.

O sobreprincípio da certeza do direito, de enunciado implícito, deve ser entendido em duplo sentido: a) o enunciado jurídico atua, sempre, em prescrever condutas em proibidas (V), obrigatórias (O) e permitidas (P) e, por essa razão deve ser específica e detalhada, afastadas quaisquer inexatidões e obscuridades nesses comandos; b) esse valor, por significar a imprescindível previsibilidade e efeito de não surpresa que há de ter um sistema jurídico assentado num Estado Democrático de Direito, tem por escopo garantir o prévio conhecimento, em favor do cidadão, das regras a ele impostas, com prazo temporal significativo.

Ora, o princípio da anterioridade é exatamente essa medida procedimental. Há um tempo específico e previamente prescrito em enunciados postos na Lei Maior que regem a tributação, de forma a dimensionar um dos direitos fundamentais do contribuinte.

Verifica-se, à luz do nosso sistema jurídico constitucional, que o princípio da anterioridade tem sofrido diversas alterações introduzidas por emendas constitucionais, tornando evidente sua maior amplitude e especificidade quanto a determinadas exações, sendo imperioso analisá-lo sob as óticas da generalidade, especialidade e nonagesimal, de acordo com o panorama constitucional.

Não podemos, todavia, deixar de reconhecer que as alterações geraram benefícios aos contribuintes, dilargando-lhes prazo, o que, por certo, é medida de garantia, evitando arbitrariedades por parte do Estado, na medida que há proteção da igualdade e segurança jurídica dos contribuintes.

Destaca-se que há exceção constitucionalmente prevista a esse princípio para os impostos: importação (art. 153, I, da CF) e exportação (art. 153, II, da CF), IOF (art. 153, V, da CF) e impostos extraordinários (art. 154, II, da CF). Além desses, os empréstimos compulsórios, na hipótese prevista no art. 148, I, da Constituição

O PRINCÍPIO DA DIGNIDADE DA PESSOA HUMANA
E A NORMA JURÍDICA TRIBUTÁRIA

Federal, para os casos de calamidade pública ou guerra externa (a EC n. 42/2003 deu nova redação ao § 1º do art. 150).

Constam, ainda, outras exceções ao princípio da anterioridade genérica, aplicando-se-lhes a anterioridade especial prescrita para os tributos: a) IPI (art. 153, IV, da CF); b) ICMS incidente sobre operações com combustíveis e lubrificantes (art. 155, § 4º, IV, "c", da CF); c) contribuição de intervenção no domínio econômico relativa às atividades de importação ou comercialização de petróleo e seus derivados, gás natural e seus derivados e álcool combustível, permitindo a flexibilidade da fixação de alíquotas (art. 177, § 4º, I, "b", da CF, com a redação dada pela EC n. 33/2001).

E incidência da anterioridade genérica, mas afastada a especial: IR (art. 153, III); fixação de critério quantitativo das regras-matrizes de incidência dos impostos: IPVA (art. 155, III, da CF) e IPTU (art. 156, I, da CF), no que tange à base de cálculo.

Há ainda outra anterioridade que é nonagesimal, aplicável às contribuições sociais destinadas ao financiamento da seguridade social (art. 195, § 6º, da CF).

A Carta de 1988 prescreveu o princípio da anterioridade no art. 150, III, "b", intitulada como genérica:

> Art. 150. Sem prejuízo de outras garantias asseguradas ao contribuinte, é vedado à União, aos Estados, ao Distrito Federal e aos Municípios:
>
> [...]
>
> III - cobrar tributos:
>
> [...]
>
> b) no mesmo exercício financeiro em que haja sido publicada a lei que os instituiu ou aumentou.

A Emenda Constitucional n. 42/2003 acresceu a alínea "c" ao inciso III do art. 150, criando a anterioridade especial, de noventa dias, para todos os tributos, sendo vedado às pessoas

189

políticas exigi-los "antes de decorridos noventa dias da data em que haja sido publicada a lei que os instituiu ou aumentou, observado o disposto na alínea b".

Tal vedação constante na alínea "b" (anterioridade genérica), acrescida de prazo previsto na alínea "c" (anterioridade especial) é extremamente importante para o contribuinte, constituindo em garantia fundamental e, ao mesmo tempo, em limite à atuação do Fisco, expressão, sem dúvida, da segurança jurídica.

Em outro dizer, fica garantido ao contribuinte um prazo mínimo de noventa dias para ser tributado de nova exigência fiscal ou aumento da carga tributária. Se, todavia, a lei veiculadora da nova exação for publicada no início do exercício financeiro (período compreendido entre 1º de janeiro e 31 de dezembro), terá maior prazo, configurando, à evidência, maior garantia, cumprindo o sentido constitucional, que é de evitar surpresa na tributação.

Assim, as normas que instituem novel tributo ou venham a aumentar exação existente, alterando no critério quantitativo da regra-matriz a base de cálculo ou alíquota, a importar em majoração do *quantum* a ser pago aos cofres públicos, deve obrigatoriamente conjugar complementarmente os princípios da legalidade, tipicidade e anterioridade, dimensões dos direitos fundamentais do contribuinte.[246]

---

246. Vejamos o posicionamento das cortes superiores: "AGRAVO REGIMENTAL NO RECURSO EXTRAORDINÁRIO. TRIBUTÁRIO. EXECUÇÃO FISCAL. NULIDADE DE CDA. LANÇAMENTO DE DÉBITO TRIBUTÁRIO COM BASE EM LEI POSTERIOR À OCORRÊNCIA DO FATO GERADOR DO TRIBUTO. LEI QUE REPETE O CONTEÚDO DE LEI ANTERIOR, VIGENTE A ÉPOCA DOS FATOS. IMPOSSIBILIDADE DA APLICAÇÃO DE LEI A FATOS GERADORES ANTERIORES À SUA VIGÊNCIA. VERIFICAÇÃO DO ATENDIMENTO DOS REQUISITOS DE VALIDADE DA CDA E DA EXISTÊNCIA DE PREJUÍZO PARA O EXECUTADO. NECESSIDADE DO EXAME DE PROVAS E LEGISLAÇÃO INFRACONSTITUCIONAL. SÚMULA 279 E OFENSA INDIRETA À CF. AGRAVO REGIMENTAL A QUE SE NEGA PROVIMENTO. I - É inconstitucional permitir que lei que institua tributo seja aplicada a fatos geradores anteriores à sua vigência, em razão do princípio da irretroatividade (art. 150, III, 'a', da CF). II - Lei nova que repete o conteúdo de lei anterior, quanto à previsão de tributo, dispensa a obediência às regras da anterioridade tributária, mas os fatos geradores são regidos dentro do período de vigência da cada norma. III - A verificação do atendimento aos requisitos de validade da CDA e da existência de prejuízo para o executado

O PRINCÍPIO DA DIGNIDADE DA PESSOA HUMANA
E A NORMA JURÍDICA TRIBUTÁRIA

9.4 Princípio da irretroatividade

O princípio da irretroatividade, previsto no art. 150, III, "a", da Constituição Federal, volta-se especificamente ao campo do direito tributário; muito embora já prescrito de forma geral no art. 5º, XXXVI, que dispõe sobre a impossibilidade de a lei violar o direito adquirido, ato jurídico perfeito e coisa julgada.

Diz o enunciado normativo, quanto à impossibilidade de cobrança de tributos, "a) em relação a fatos geradores ocorridos antes do início da vigência da lei que os houver instituído ou aumentado; [...]".

Perceptível a preocupação do constituinte de 1988, ao enfatizar como expressão de direito fundamental do contribuinte a impossibilidade de a lei retroagir seus efeitos, pois que a ação de tributar toca diretamente direitos como a liberdade e a propriedade.

Salienta Paulo de Barros Carvalho:

> Com efeito o enunciado normativo que protege o direito adquirido, o ato jurídico perfeito e a coisa jugada, conhecido como

---

no caso concreto depende da reanálise dada ao conjunto fático-probatório dos autos e do exame de normas infraconstitucionais. Inviabilidade do extraordinário. Súmula 279 do STF e ofensa indireta. IV - Agravo regimental a que se nega provimento." (STF – RE n. 776.156/SC, rel. Min. Ricardo Lewandowski, j. 24.06.2014); "CONSTITUCIONAL E TRIBUTÁRIO. IMPOSTO SOBRE A RENDA. PRINCÍPIO DA ANTERIORIDADE DA LEI TRIBUTÁRIA. MP 492/1994. 1. O Supremo Tribunal Federal possui o entendimento consolidado no sentido de que o fato gerador do imposto sobre a renda se materializa no último dia do ano-base, isto é, em 31 de dezembro. Assim, a lei que entra em vigor antes do último dia do período de apuração poderá ser aplicada a todo ano-base, sem ofensa ao princípio da anterioridade da lei tributária. Precedentes. 2. Agravo regimental a que se nega provimento." (STF – RE n. 553.508/PR, rel. Min. Ellen Gracie, j. 03.05.2011); "TRIBUTÁRIO. EMBARGOS À EXECUÇÃO FISCAL. PESSOA JURÍDICA. OMISSÃO DE RECEITA. LUCRO PRESUMIDO. LEI Nº 8.541/92, ARTS. 43 E 44, ALTERADOS PELA MEDIDA PROVISÓRIA Nº 492/94. PRINCÍPIO DA ANTERIORIDADE TRIBUTÁRIA. I - A Medida Provisória nº 492/94 alterou os arts. 43 e 44 da Lei nº 8.541/92 e possibilitou a aplicação destes às empresas tributadas com base no lucro presumido. Só pode surtir efeitos para estas, portanto, no exercício financeiro seguinte à sua edição, sob pena de afronta ao princípio da anterioridade tributária, positivado no art. 104, I, do Código Tributário Nacional. II - Recurso especial improvido." (STJ – REsp n. 652.177/PR, rel. Min. Francisco Falcão, j. 04.10.2005, *DJ*, de 05.12.2005).

"princípio da irretroatividade das leis", não vinha sendo, é bom que se reconheça, obstáculo suficientemente forte para impedir certas iniciativas de entidades tributantes, em especial a União, no sentido de atingir fatos passados, já consumados no tempo.[247]

O aspecto temporal é enfático para marcar delimitação da ação fiscal na instituição exacional ou aumento dela. O direito, com fulcro no valor da segurança e previsibilidade, volta-se para o futuro, coibindo arbitrariedades.

O princípio da irretroatividade, inserido como limite ao poder de tributar, revela "limite objetivo", procedimental, portanto, a resguardar valores máximos prestigiados por nosso ordenamento pátrio, em especial a legalidade, segurança jurídica e garantias fundamentais. A coisa julgada, ato jurídico perfeito e direito adquirido são princípios carregados de alto teor axiológico, expressos na Carta Magna como pilares do próprio Estado Democrático de Direito e, sendo princípios, normas jurídicas portanto, validam a coerência e hierarquia do sistema do direito positivo.[248]

---

247. CARVALHO, Paulo de Barros, *Direito tributário, linguagem e método*, cit., p. 308.

248. Nesse sentido, a orientação do STJ: "TRIBUTÁRIO. SIMPLES FEDERAL. IRRETROATIVIDADE DAS LEIS 10.034/2000 E 10.684/2003. PROVIMENTO DO RECURSO. 1. A Primeira Seção desta Corte, ao julgar o REsp 1.021.263/SP (Rel. Min. Luiz Fux, *DJe* de 18.12.2009), utilizando-se da sistemática introduzida pelo art. 543-C do CPC (recursos repetitivos), consolidou o entendimento no sentido da impossibilidade de aplicação retroativa das Leis 10.034/2000 e 10.684/2003 (art. 24), que excepcionam das restrições impostas pelo art. 9º, XIII, da Lei 9.317/96, as pessoas jurídicas que se dediquem exclusivamente às atividades que especificam. No referido julgamento, ficou consignado que os efeitos das Leis 10.034/2000 e 10.684/2003 não podem retroagir, a despeito da possibilidade de opção das pessoas jurídicas que especificam pelo SIMPLES federal, uma vez que tais leis não se enquadram nas hipóteses elencadas pelo art. 106, II, do CTN. O direito à opção pelo SIMPLES, com fundamento na legislação superveniente, somente pode ser exercido a partir da vigência de tal legislação. 2. Recurso especial provido." (STJ – REsp n. 969.849/SP, rel. Min. Mauro Campbell Marques, *DJ*, de 24.08.2010); "TRIBUTÁRIO E PROCESSUAL CIVIL. VIOLAÇÃO A DISPOSITIVOS CONSTITUCIONAIS. COMPETÊNCIA DO STF. IRPF. EXTRATOS BANCÁRIOS. RENDIMENTOS NÃO JUSTIFICADOS. ARBITRAMENTO. APLICAÇÃO RETROATIVA DO ART. 42 DA LEI N. 9.430/96. IMPOSSIBILIDADE. APLICAÇÃO IMEDIATA DA LEI N. 8.021/90. PRECEDENTES. REEXAME DE PROVAS. SÚMULA 7/STJ. SIGILO BANCÁRIO. APLICAÇÃO RETROATIVA DA LC N. 105/01 E DA LEI N. 10.174/01. POSSIBILIDADE. [...] 2. A jurisprudência da Primeira Turma desta Corte inaugurou novo entendimento sobre

O PRINCÍPIO DA DIGNIDADE DA PESSOA HUMANA
E A NORMA JURÍDICA TRIBUTÁRIA

9.5 Princípio da proibição de confisco

A proibição da utilização do tributo com efeito confiscatório é princípio jurídico tributário, enunciado expresso no art. 150, *caput*, IV, da Constituição Federal:

> Art. 150. Sem prejuízo de outras garantias asseguradas ao contribuinte, é vedado à União, aos Estados, ao Distrito Federal e aos Municípios:
>
> [...]
>
> IV– utilizar tributo com efeito de confisco.

Aires Barreto assim esclarece o seu conteúdo:

> Por que a Constituição utiliza a expressão "efeito de confisco"? Porque confisco é sanção, é medida de caráter sancionatório. Não nos esqueçamos que se designa por confisco a absorção total ou parcial da propriedade privada, sem indenização. Seria equivocado dizer, pois é vedado o confisco. O que se proíbe é que, por via da exigência do tributo, se obtenha resultado cujo efeito seja equivalente ao do confisco.[249]

---

o tema, no sentido da inaplicabilidade da Súmula 182/TFR e da possibilidade de autuação do Fisco com base em demonstrativos de movimentação bancária, em decorrência da aplicação imediata da Lei n. 8.021/90 e Lei Complementar n. 105/2001, como exceção ao princípio da irretroatividade tributária. 3. A Lei n. 8.021/90 já albergava a hipótese de lançamento do imposto de renda por arbitramento com base em depósitos ou aplicações bancárias, quando o contribuinte não comprovar a origem dos recursos utilizados nessas operações. 4. Tendo o Tribunal de origem considerado legal o lançamento tributário com base nas provas contidas nos autos, não cabe a esta Corte Superior averiguar se a autuação deu-se com supedâneo apenas em depósitos ou extratos bancários, porquanto implicaria reexame de matéria de fato, o que é incompatível com os limites impostos à via especial, nos termos da Súmula 7/STJ." (STJ – REsp n. 473.896/PR, rel. Min. Humberto Martins, *DJe*, de 02.04.2014); "PROCESSO CIVIL. RECURSO ESPECIAL REPRESENTATIVO DE CONTROVÉRSIA. ART. 543-C, DO CPC. TRIBUTÁRIO. QUEBRA DO SIGILO BANCÁRIO SEM AUTORIZAÇÃO JUDICIAL. CONSTITUIÇÃO DE CRÉDITOS TRIBUTÁRIOS REFERENTES A FATOS IMPONÍVEIS ANTERIORES À VIGÊNCIA DA LEI COMPLEMENTAR 105/2001. APLICAÇÃO IMEDIATA. ARTIGO 144, § 1º, DO CTN. EXCEÇÃO AO PRINCÍPIO DA IRRETROATIVIDADE." (STJ – REsp n. 1134665/SP, rel. Min. Luiz Fux, j. 25.11.2009, *DJe*, de 18.12.2009).

249. BARRETO, Aires Fernandino. *ISS na Constituição e na lei*. 3. ed. São Paulo: Dialética, 2009, p. 17.

Concordamos plenamente com essa delimitação, pois a dicção constitucional nos remete aos efeitos que não deve a tributação alcançar.

Muito embora expresso no Texto Fundamental, constitui o confisco enunciado de difícil conceituação, cujo limite impõe ao exegeta caminho escorreito na técnica interpretativa, para chegar a uma conclusão que cumpra o mandamento constitucional. Deve valer-se, à luz do caso concreto, dos demais princípios informadores das garantias fundamentais dos contribuintes, em especial a igualdade, capacidade contributiva, livre- iniciativa e livre exercício profissional, apoiando-se, inclusive, nos princípios da razoabilidade e proporcionalidade para garantir a eficácia do imperativo da vedação de tributos com efeito de confisco.

Em algumas hipóteses, é perceptível a confiscatoriedade da imposição tributária, como, por exemplo, os tributos que incidem sobre a propriedade imobiliária: IPTU, de competência municipal; e ITR, de competência da União. De fácil percepção a carga tributária excessiva, atingindo a propriedade como um todo, ou seja, patrimônio ou renda do contribuinte.

Devemos ter em mente que mesmo os tribunais não conseguem estabelecer essa delimitação conceitual com foros de definitividade, já que o limite da garantia do não confisco é a tributação onerosa, cuja carga exacional é insuportável, violando por completo a razoabilidade.

A tributação é atividade estatal que toca direitos fundamentais do contribuinte, em especial a liberdade e propriedade; assim, todas as vezes que o tributo atingir totalmente esses direitos, aniquilando-os, por certo estaremos diante da vedação constitucionalmente imposta.

A Lei Fundamental prescreve que "tributos" não podem ser confiscatórios, então tal vedação é limite imposto a todas as espécies tributárias: impostos, taxas, contribuições de melhoria e contribuições sociais.

No que pertine aos impostos, a proibição de confisco é desmembramento do princípio da capacidade contributiva, é efeito e limite dela. Assim, todas as vezes em que for atingida

O PRINCÍPIO DA DIGNIDADE DA PESSOA HUMANA
E A NORMA JURÍDICA TRIBUTÁRIA

a capacidade contributiva do contribuinte (art. 145, § 1º, da CF), estaremos diante de uma situação de confisco.

Tal princípio constitui limite objetivo na ordem constitucional tributária, resguardando valores como a igualdade, direito fundamental, em cuja essência há a proteção à dignidade da pessoa humana. O gravame jamais pode estrangular tais direitos fundamentais, sob pena de flagrante inconstitucionalidade.

A dificuldade, não resta dúvida, é que não é a atividade confiscatória uma equação matemática, mas é um critério elevado ao mais alto grau hierárquico normativo, a Constituição Federal, de modo que se dirige ao legislador infraconstitucional, ao julgador ou ao aplicador do direito, que devem estrita obediência à vedação de confisco, quando frente a um caso concreto.

Aliás, esse é o entendimento do Supremo Tribunal Federal[250] delineado em dois aspectos: a) a impossibilidade de o

---

250. "[...] A jurisprudência do Supremo Tribunal Federal entende cabível, em sede de controle normativo abstrato, a possibilidade de a Corte examinar se determinado tributo ofende, ou não, o princípio constitucional da não confiscatoriedade consagrado no art. 150, IV, da Constituição. Precedente: ADI 1.075-DF, Rel. Min. Celso de Mello (o Relator ficou vencido, no precedente mencionado, por entender que o exame do efeito confiscatório do tributo depende da apreciação individual de cada caso concreto). A proibição constitucional do confisco em matéria tributária nada mais representa senão a interdição, pela Carta Política, de qualquer pretensão governamental que possa conduzir, no campo da fiscalidade, à injusta apropriação estatal, no todo ou em parte, do patrimônio ou dos rendimentos dos contribuintes, comprometendo-lhes, pela insuportabilidade da carga tributária, o exercício do direito a uma existência digna, ou a prática de atividade profissional lícita ou, ainda, a regular satisfação de suas necessidades vitais (educação, saúde e habitação, por exemplo). A identificação do efeito confiscatório deve ser feita em função da totalidade da carga tributária, mediante verificação da capacidade de que dispõe o contribuinte − considerado o montante de sua riqueza (renda e capital) − para suportar e sofrer a incidência de todos os tributos que ele deverá pagar, dentro de determinado período, à mesma pessoa política que os houver instituído (a União Federal, no caso), condicionando-se, ainda, a aferição do grau de insuportabilidade econômico-financeira, à observância, pelo legislador, de padrões de razoabilidade destinados a neutralizar excessos de ordem fiscal eventualmente praticados pelo Poder Público. Resulta configurado o caráter confiscatório de determinado tributo, sempre que o efeito cumulativo − resultante das múltiplas incidências tributárias estabelecidas pela mesma entidade estatal − afetar, substancialmente, de maneira irrazoável, o patrimônio e/ou os rendimentos do contribuinte. O Poder Público, especialmente em sede de tributação (as contribuições de seguridade social revestem-se de caráter tributário), não pode agir imoderadamente, pois a atividade estatal acha-se essencialmente condicionada pelo princípio da razoabilidade." (STF − MC ADI n. 2.010/DF, rel. Min Celso de Mello, j. 30.09.1999, *DJ*, de 12.04.2002); "[...] 1. A

gravame restringir de forma excessiva um direito fundamental, preservando-se seu núcleo essencial; b) a observância dos princípios magnos da livre-iniciativa e livre exercício da atividade econômica, vedando a instituição de tributo que, de alguma maneira, vá cercear esses direitos, dificultar ou inviabilizá-los.

E, mais, os Tribunais Superiores[251] também caracterizam como confisco a fixação de multas excessivas, afastando, em outras decisões, o caráter confiscatório, em razão de percentuais que reputam em consonância com o princípio da razoabilidade.

---

caracterização do efeito confiscatório pressupõe a análise de dados concretos e de peculiaridades de cada operação ou situação, tomando-se em conta custos, carga tributária global, margens de lucro e condições pontuais do mercado e de conjuntura social e econômica (art. 150, IV da Constituição). 2. O isolado aumento da alíquota do tributo é insuficiente para comprovar a absorção total ou demasiada do produto econômico da atividade privada, de modo a torná-la inviável ou excessivamente onerosa. (STF – RE n. 448.432/CE, rel. Min Joaquim Barbosa, j. 20.04.2010, *DJe*, de 28.05.2010).

251. "1. Recurso extraordinário. Repercussão geral. [...] 4. Multa moratória. Patamar de 20%. Razoabilidade. Inexistência de efeito confiscatório. Precedentes. A aplicação da multa moratória tem o objetivo de sancionar o contribuinte que não cumpre suas obrigações tributárias, prestigiando a conduta daqueles que pagam em dia seus tributos aos cofres públicos. Assim, para que a multa moratória cumpra sua função de desencorajar a elisão fiscal, de um lado não pode ser pífia, mas, de outro, não pode ter um importe que lhe confira característica confiscatória, inviabilizando inclusive o recolhimento de futuros tributos. O acórdão recorrido encontra amparo na jurisprudência desta Suprema Corte, segundo a qual não é confiscatória a multa moratória no importe de 20% (vinte por cento). 5. Recurso extraordinário a que se nega provimento." (STF – RG RE n. 582.461/SP, rel. Min. Gilmar Mendes, j. 08.05.2011; "[...] I- É aplicável a proibição constitucional do confisco em matéria tributária, ainda que se trate de multa fiscal resultante do inadimplemento pelo contribuinte de suas obrigações tributárias. Precedentes." (STF – AgR AG n. 482.287-8/SP, rel. Min Ricardo Lewandowski, j. 30.06.2009, *DJ*, de 21.08.2009); "RECURSO ORDINÁRIO CONSTITUCIONAL EM MANDADO DE SEGURANÇA. IPVA ATRASADO. INCIDÊNCIA DE MULTA DE 100% SOBRE O VALOR DA EXAÇÃO. ALEGAÇÃO DE CONFISCO. I - A multa aplicada no campo tributário deve seguir os mesmos princípios existentes para este ramo do direito, pois, apesar de não ser tributo, restringe o mesmo direito fundamental que este, que é a propriedade. Assim, a proibição contida no art. 150, IV, da Constituição Federal, de instituição de tributo com efeito de confisco, também se aplica às multas decorrentes da exação. Precedente do STF: ADI n. 1075/MC, Rel. Min. Celso de Mello, *DJ* de 24/11/2006. II - Não configura confisco, entretanto, a aplicação de multa de 100% sobre débito de IPVA, visto que a alíquota deste imposto, incidente sobre o valor venal do veículo, atinge parcela pouco expressiva do bem. III - Recurso ordinário improvido." (STJ – RMS n. 29.302/GO, rel. Min Francisco Falcão, *DJ*, de 25.06.2009).

10. DIGNIDADE DA PESSOA HUMANA E TRIBUTAÇÃO

A dignidade da pessoa humana, como já abordado, ocupa espaço relevante no cenário jurídico brasileiro, ocupando posição de princípio e valor fundamental e estruturante. Deixa para o passado a manifestação como conceito de direito natural, cuja essência deitava raízes, oscilando, entre as razões divina e humana.

Há presentemente uma busca, dentro da era contemporânea constitucional, de elementos que visem a concretizar os direitos fundamentais. A garantia do mínimo existencial é vertente direta e concreta da realidade humana, direito intrínseco de toda pessoa, a viabilizar a efetividade do princípio constitucional da dignidade humana. O valor principiológico da dignidade da pessoa humana vai se inserir como norma de direito positivo, na compreensão e aplicação dos mandamentos constitucionais.

Nossa Carta Política garante a todo homem o direito a condições mínimas de existência digna, como se observa do preâmbulo e, mais, do disposto no art. 3º, I a IV, ao serem normatizados os objetivos fundamentais da República Federativa do Brasil, quais sejam: construção de uma sociedade livre, justa e solidária; garantia de desenvolvimento nacional; erradicação da pobreza e da marginalização; redução das desigualdades sociais e regionais, além de promoção do bem de todos, sem preconceitos de origem, raça, sexo, cor, idade e quaisquer outras formas de discriminação.

Outros princípios e enunciados normativos que viabilizam a concretude de tais mandamentos estão presentes por todo texto constitucional, mas serão destacados aqueles atinentes ao sistema constitucional tributário.

Lembremos que o constituinte de 1988 deu importância central aos direitos humanos e fundamentais, elevando-os à estatura dos princípios da soberania, cidadania, pluralismo e reconhecimento do trabalho pela livre-iniciativa. A questão da prescritividade do Preâmbulo da Constituição é tema que envolve discussão da doutrina e da jurisprudência.

Partilhamos da assertiva de que os enunciados postos no Preâmbulo têm caráter prescritivo, inserindo-se no direito posto com força normativa, como exposição de motivos, proposições introdutórias a orientar o intérprete quanto ao percurso da mensagem constitucional. Em nada diferem das demais normas constitucionais postas em artigos, parágrafos e incisos.

O Preâmbulo tem absoluta relevância na ordem jurídica e seus efeitos atingem todas as unidades normativas do direito infraconstitucional.

A carga axiológica de seus enunciados não lhe retira a prescritividade, pois são valores supremos a serem perseguidos pela órbita do direito, seus aplicadores, intérpretes e cidadãos. Esses últimos devem se valer das formulações normativas preambulares para garantir a efetividade dos valores nelas previstos.

Vejamos, nesse sentido, voto da Ministra Cármen Lúcia, no julgamento de ação direta de inconstitucionalidade, trazendo ainda posicionamentos doutrinários que envolvem a discussão da força normativa do Preâmbulo:

O PRINCÍPIO DA DIGNIDADE DA PESSOA HUMANA E A NORMA JURÍDICA TRIBUTÁRIA

[...] 10. Devem ser postos em relevo os valores que norteiam a Constituição e que devem servir de orientação para a correta interpretação e aplicação das normas constitucionais e apreciação da subsunção, ou não, da Lei n. 8.899/94 a elas.

11. Vale, assim, uma palavra, ainda que brevíssima, ao Preâmbulo da Constituição, no qual se contém a explicitação dos valores que dominam a obra constitucional de 1988. Ali se esclarece que os trabalhos constituintes se desenvolveram *"para instituir um Estado democrático, destinado a assegurar o exercício dos direitos sociais e individuais, a liberdade, a segurança,* o bem-estar, *o desenvolvimento,* a igualdade e a justiça como valores supremos de uma sociedade fraterna, pluralista e sem preconceitos"*. [...]

12. É certo que parte da doutrina não considera o Preâmbulo como dotado de força normativa. Observava Kelsen que o Preâmbulo *"expressa as ideias políticas, morais e religiosas que a Constituição tende a promover. Geralmente, o Preâmbulo não estipula normas definidas em relação com a conduta humana e, por conseguinte, carece de conteúdo juridicamente importante. Tem um caráter antes ideológico que jurídico"* (KELSEN, Hans. Teoria General Del Derecho y Del Estado, 2ª Ed., p. 309). Diversamente Karl Schmitt defendia ser no Preâmbulo da Constituição que se estampariam as decisões políticas que as caracterizariam, pelo que não cuidaria ele apenas de dar notícia história do texto ou de ser mera enunciação de decisões. Seria o Preâmbulo parte integrante da ordem jurídica constitucional, dando verdadeiro significado das normas que compõem.

No Brasil, cuidando com especificidade o tema, leciona José Afonso da Silva que o Preâmbulo, *"as mais das vezes [...] fazem referência explícita ou implícita a uma situação passada indesejável, e postulam a construção de uma ordem constitucional com outra direção, ou uma situação de luta na perseguição de propósitos de justiça e liberdade; outras vezes, seguem um princípio básico, político, social e filosófico, do regime instaurado pela Constituição [...] em qualquer dessas hipóteses, os Preâmbulos valem como orientação para a interpretação e aplicação das normas constitucionais. Têm, pois, eficácia interpretativa e integrativa"* (Comentário contextual à Constituição. Malheiros, 2006, p. 22).

E, referindo-se, expressamente, ao Preâmbulo da Constituição brasileira de 1988, escolia José Afonso da Silva que 'O Estado Democrático de Direito destina-se a assegurar o exercício de determinados valores supremos. *"'Assegurar'* tem, *no contexto, função de garantia dogmático-constitucional; não, porém, de garantia de valores abstratamente considerados, mas de seu 'exercício'. Este signo desempenha, aí, função pragmática, porque, com o*

ANNA LUCIA MALERBI DE CASTRO

objetivo de 'assegurar' tem o efeito imediato de prescrever ao Estado uma ação em favor da efetiva realização dos ditos valores em direção (função diretiva) de destinatários das normas constitucionais que dão a esses valores conteúdo específico".

13. Na esteira destes valores supremos explicitados no Preâmbulo da Constituição brasileira de 1988 é que se afirma, nas normas constitucionais vigentes, o princípio da solidariedade."[252]

Extrai-se da exegese do Preâmbulo da Carta de 1988 que há evidente prestígio a ser observado por todos os subsistemas jurídicos com relação à vida, à dignidade da pessoa humana, à propriedade e, ainda, objetivando a preservação do exercício dos direitos sociais e individuais, liberdade, segurança, bem-estar, igualdade e justiça, dentre outros, tidos como valores supremos de uma sociedade fraterna, pluralista e sem preconceitos.

O constituinte originário, na escolha de valores que a sociedade pretendia ver implementados, indicou absoluta diretriz normativa quanto à efetividade desses valores máximos, transmutados em princípios e regras que a Constituição, dada sua supremacia normativa, prescreve como direitos de todos, a informar o direito positivo, que dela não pode desbordar, e viabiliza o acesso a tais direitos pelas inúmeras garantias nela previstas.

Assim, tais princípios têm por finalidade a justiça social, primada pela igualdade, observada a necessidade de cada pessoa, garantindo o mínimo indispensável a uma existência digna.

Não resta dúvida que, por todo texto constitucional, há normas cujos enunciados, explícitos ou implícitos, determinam a observância, quer da dignidade da pessoa humana, na vertente ora a ser abordada, da garantia do mínimo vital, quer da segurança jurídica para efetivo funcionamento de todo o ordenamento jurídico, sob as luzes da certeza, confiança e previsibilidade jurídicas.

A segurança jurídica como princípio-garantia alcança o primado da justiça, devendo percorrer o *iter* jurídico tendo

---

252. STF – ADI n. 2.649/DF, Tribunal Pleno, rel. Min. Cármen Lúcia, j. 08.05.2008, *DJe*, de 17.10.2008.

O PRINCÍPIO DA DIGNIDADE DA PESSOA HUMANA
E A NORMA JURÍDICA TRIBUTÁRIA

como início do caminho tal premissa constitucional, cujos passos, quer do poder estatal na persecução de suas finalidades, quer dos cidadãos, devem buscar o rumo certeiro da efetividade da segurança e certeza em todas as ramificações do direito.

Nesse diapasão, o direito tributário está sob novo desafio, como demonstrado, no âmbito da efetividade dos direitos fundamentais do contribuinte, relativamente à segurança jurídica e seus reflexos normativos e à inexorável garantia do mínimo vital.

O princípio da dignidade da pessoa humana, por vezes não revela eficácia direta na órbita tributária, mas entendemos que indiretamente está sempre presente, pois é certo que as relações jurídicas tributárias, porque detentoras de efeitos patrimoniais, tocam direitos fundamentais, como a liberdade e a propriedade O conteúdo essencial desses direitos é intocável pela tributação. É dizer, no conflito entre princípios, há que se manter o núcleo essencial desses direitos fundamentais do contribuinte, em decorrência do princípio da proporcionalidade. Acrescentamos que todos os princípios garantidores de uma tributação pautada pela justiça merecem tratamento distintivo e hierarquizado no ciclo de positivação do direito e na atividade hermenêutica dos aplicadores do direito, ou seja, aos Tribunais Superiores compete atribuir a essas normas maior eficácia possível, e mais, sempre conjugá-las com o sistema constitucional de maneira sistemática.

Na realidade, o Supremo Tribunal Federal tem-se pronunciado quanto à aplicabilidade do princípio da dignidade humana em matéria tributária, garantindo a intributabilidade do mínimo vital. Não mais se tolera um poder estatal arbitrário, pautado no atropelamento de direitos fundamentais do contribuinte-cidadão, sob a justificativa de necessária arrecadação de recursos, cada vez maior, para dar cumprimento a todos os demais direitos que o constituinte elegeu como poder-dever.

Anote-se que os princípios norteadores dos direitos fundamentais estabelecem verdadeiros limites à atuação estatal, protegendo a liberdade humana que, no mais das vezes, tem sido objeto de abuso de poder.

Não se desconhece, é claro, o dever de pagar tributos, decorrente do princípio da legalidade, fonte de recursos para que o Estado possa implementar as demais diretrizes, cumprindo sua atribuição constitucionalmente delineada. Afastar a miséria e a marginalização decorre do princípio da igualdade e vai envolver o Estado em diversas ações tendentes a concretizar todos os direitos e garantias que visem a abolir, em nossa sociedade, tais estados humanos deploráveis.

Há evidente exigência de uma ação estatal positiva, garantindo a todos um nível de subsistência digna, tais como a não incidência de tributos sobre o núcleo intocável do mínimo vital ou mínimo existencial.

Vejamos o que nos ensina John Rawls,[253] embora partindo de distinta premissa da adotada neste estudo, acerca dos bens sociais, adentrando à ideia de justiça distributiva: "Todos os bens sociais primários – liberdade e oportunidade, renda e riqueza e as bases do autorrespeito – têm de ser distribuídos igualmente, a menos que uma desigual distribuição de qualquer um destes bens for em favor do menos privilegiado."

Sabemos a difícil tarefa de pontuar o limite desse mínimo, dificuldade que devemos superar, pois, ao contrário, ao aplicador do direito compete enfrentá-lo com galhardia, utilizando os instrumentos normativos previstos, tais como o feixe de princípios que a própria Constituição revela. O dilargamento do conteúdo do mínimo existencial e o desrespeito pelo Estado, a invadir a esfera do direito fundamental, fere mortalmente a segurança jurídica, como veremos.

É um caminho árduo, em especial para a esfera dos direitos constitucional e tributário, porque desde a novel ordem constitucional inaugurada em 1988, ainda estamos a trilhar vias tortuosas para efetivar nossos direitos fundamentais, vivenciando constantes abalos no sistema jurídico, mormente na seara tributária, em virtude das inúmeras emendas

---

253. RAWLS, John. *Uma teoria da justiça*, cit., p. 233.

O PRINCÍPIO DA DIGNIDADE DA PESSOA HUMANA
E A NORMA JURÍDICA TRIBUTÁRIA

constitucionais que afrontam tanto direitos e garantias fundamentais, quanto cláusulas pétreas.

Trazemos à baila a lição de Elizabeth Nazar Carrazza:

> O Estado, não pode, portanto, omitir-se diante das desigualdades socioeconômicas existentes. Tem o dever de atuar no sentido de corrigi-las ou, quando pouco, diminuí-las, garantindo a todos a igualdade de possibilidades. Para este fim, inúmeros são os dispositivos constitucionais relativos à ordem econômica e social. Tais dispositivos não constituem meros conselhos aos detentores do Poder Estatal. São normas cogentes, que contêm em seu bojo verdadeiros princípios constitucionais [...].[254]

Ademais, os direitos de propriedade e liberdade são tocados pela tributação, na medida e no contorno do sistema constitucional tributário, cujos elementos e aspectos de competência estão minudentemente explicitados na Constituição.

O contribuinte tem o direito subjetivo de ser tributado de maneira justa, dentro da moldura constitucional do sistema tributário, que vai discriminar a competência impositiva das pessoas políticas, a classificação das espécies tributárias, a norma-padrão de incidência de cada tributo, as limitações constitucionais ao poder de tributar e os direitos fundamentais traduzidos como verdadeiro "Estatuto do Contribuinte", veiculados pelos princípios da legalidade tributária, anterioridade, irretroatividade, não confiscatoriedade, capacidade contributiva, isonomia e progressividade, dentre outros.

O direito tributário do terceiro milênio deve escolher o caminho da intributabilidade do mínimo existencial, direito fundamental do contribuinte, e suas vertentes dentro do subsistema tributário, e do princípio da segurança jurídica como base concreta de aplicabilidade e efetividade desse direito fundamental, tendo como destinatários os poderes da nação – Legislativo, Executivo e Judiciário – norteando o intérprete,

---

254. CARRAZZA, Elizabeth Nazar. *IPTU e progressividade*. Curitiba, PR: Juruá, 1992, p. 32.

ANNA LUCIA MALERBI DE CASTRO

que deve buscar o equilíbrio entre o Fisco e contribuinte, observada a paridade igualitária entre eles, além do postulado da justiça tributária.

O que se nota é que poder constituinte originário inseriu princípios tributários que têm por finalidade o equilíbrio da relação jurídica obrigacional entre Fisco e contribuinte, assumindo papel de destaque na atividade interpretativa, à luz dos casos concretos a envolver disputas tributárias.

Assim é o direito, dinâmico, procurando sempre cumprir seu papel de regulador das condutas intersubjetivas, gerando a possibilidade de convivermos socialmente sob a égide de um verdadeiro Estado Democrático de Direito, onde, sabedores dos nossos deveres, sejamos questionadores dos nossos direitos, com o fito de vê-los implementados. Vejamos alguns deles.

O direito à educação é direito fundamental, expressão da dignidade da pessoa humana, sobreprincípio prestigiado pela Carta de 1988, expressando um dos maiores valores que nossa sociedade pretende implementar na sociedade. Ele é assim reconhecido por nossos tribunais, que decidiram ser também intocável, e por isso mesmo inconstitucional a limitação à dedução com educação pretendida por lei infraconstitucional, que afronta disposições normativas constitucionais em diversas vertentes: violação à capacidade contributiva; desvirtuamento do conceito de renda fixado constitucionalmente; igualdade e dignidade da pessoa humana.[255]

---

255. "CONSTITUCIONAL. TRIBUTÁRIO. IMPOSTO DE RENDA. PESSOA FÍSICA. LIMITES À DEDUÇÃO DAS DESPESAS COM INSTRUÇÃO. ARGUIÇÃO DE INCONSTITUCIONALIDADE. ART. 8º, II, "B", DA LEI Nº 9.250/95. EDUCAÇÃO. DIREITO SOCIAL FUNDAMENTAL. DEVER JURÍDICO DO ESTADO DE PROMOVÊ-LA E PRESTÁ-LA. DIREITO PÚBLICO SUBJETIVO. NÃO TRIBUTAÇÃO DAS VERBAS DESPENDIDAS COM EDUCAÇÃO. MEDIDA CONCRETIZADORA DE DIRETRIZ PRIMORDIAL DELINEADA PELO CONSTITUINTE ORIGINÁRIO. A INCIDÊNCIA DO IMPOSTO SOBRE GASTOS COM EDUCAÇÃO VULNERA O CONCEITO CONSTITUCIONAL DE RENDA E O PRINCÍPIO DA CAPACIDADE CONTRIBUTIVA. 1. Arguição de inconstitucionalidade suscitada pela e. Sexta Turma desta Corte em sede de apelação em mandado de segurança impetrado com a finalidade de garantir o direito à dedução integral dos gastos com educação na Declaração de Ajuste Anual do Imposto de Renda Pessoa Física de 2002, ano-base 2001. 2.

O PRINCÍPIO DA DIGNIDADE DA PESSOA HUMANA
E A NORMA JURÍDICA TRIBUTÁRIA

Outro importante direto é o relativo à saúde, que "é direito de todos e dever do Estado, garantido mediante políticas sociais e econômicas que visem à redução do risco de doença e de outros agravos e ao acesso universal e igualitário às ações e serviços para sua promoção, proteção e recuperação" (art. 196 da CF). Diante de moléstia grave, nossos tribunais têm decidido argumentando um plexo de valores e tangibilidades sociais a sopesar a atividade humana, saúde e inviolabilidade da estrutura psíquica humana.[256]

Possibilidade de submissão da *quaestio juris* a este colegiado, ante a inexistência de pronunciamento do Plenário do STF, tampouco do Pleno ou do Órgão Especial desta Corte, acerca da questão. 3. O reconhecimento da inconstitucionalidade da norma afastando sua aplicabilidade não configura por parte do Poder Judiciário atuação como legislador positivo. Necessidade de o Judiciário – no exercício de sua típica função, qual seja, averiguar a conformidade do dispositivo impugnado com a ordem constitucional vigente – manifestar-se sobre a compatibilidade da norma impugnada com os direitos fundamentais constitucionalmente assegurados. Compete também ao Poder Judiciário verificar os limites de atuação do Poder Legislativo no tocante ao exercício de competências tributárias impositivas. 4. A CF confere especial destaque a esse direito social fundamental, prescrevendo o dever jurídico do Estado de prestá-la e alçando-a à categoria de direito público subjetivo. 5. A educação constitui elemento imprescindível ao pleno desenvolvimento da pessoa, ao exercício da cidadania e à livre determinação do indivíduo, estando em estreita relação com os primados basilares da República Federativa e do Estado Democrático de Direito, sobretudo com o princípio da dignidade da pessoa humana. Atua como verdadeiro pressuposto para a concreção de outros direitos fundamentais. 6. A imposição de limites ao abatimento das quantias gastas pelos contribuintes com educação resulta na incidência de tributos sobre despesas de natureza essencial à sobrevivência do indivíduo, a teor do art. 7 °, IV, da CF, e obstaculiza o exercício desse direito. 7. Na medida em que o Estado não arca com seu dever de disponibilizar ensino público gratuito a toda população, mediante a implementação de condições materiais e de prestações positivas que assegurem a efetiva fruição desse direito, deve, ao menos, fomentar e facilitar o acesso à educação, abstendo-se de agredir, por meio da tributação, a esfera jurídico-patrimonial dos cidadãos na parte empenhada para efetivar e concretizar o direito fundamental à educação. 8. A incidência do imposto de renda sobre despesas com educação vulnera o conceito constitucional de renda, bem como o princípio da capacidade contributiva, expressamente previsto no texto constitucional. 9. A desoneração tributária das verbas despendidas com instrução configura medida concretizadora de objetivo primordial traçado pela Carta Cidadã, a qual erigiu a educação como um dos valores fundamentais e basilares da República Federativa do Brasil. 10. Arguição julgada procedente para declarar a inconstitucionalidade da expressão 'até o limite anual individual de R$ 1.700,00 (um mil e setecentos reais)' contida no art. 8°, II, 'b', da Lei n° 9.250/95." (TRF-3ª Região – AC n. 0005067-86.2002.4.03.6100/SP, rel. Des. Mairan Maia, j. 14.05.2012).

256. "TRIBUTÁRIO. PROCESSUAL CIVIL. ANTECIPAÇÃO DOS EFEITOS DA TUTELA. INDEFERIMENTO. AGRAVO DE INTRUMENTO. IMPOSTO DE

ANNA LUCIA MALERBI DE CASTRO

Assim, fica clara a importância de um Judiciário, como poder dotado de competência específica para garantir a estabilização do sistema do direito positivo, pode e tem o dever de garantir, pelas suas normas jurídicas produzidas (julgados), o sobreprincípio da dignidade da pessoa humana, valor esse expresso no princípio da capacidade contributiva, acepção de limite objetivo. É procedimental, portanto, resguardando, de forma mediata o valor máximo prestigiado pelo Constituinte de 1988.

10.1 O mínimo existencial e seus aspectos relevantes, na visão de Ricardo Lobo Torres

Ricardo Lobo Torres,[257] em importante estudo sobre a questão do mínimo vital imbricar-se com a ideia de pobreza, ressal-

---

RENDA. LEI N. 7.713/88, ART. 6°, XIV. ISENÇÃO. NEOPLASIA MALIGNA. REDIMENTOS DE CONTRIBUINTE NA ATIVIDADE. POSSIBILIDADE. AGRAVO DE INSTRUMENTO PROVIDO. 1. A isenção do imposto de renda prevista no inciso XIV do art. 6° da Lei n. 7.713/88 alcança também a remuneração do contribuinte em atividade. Precedentes deste Regional. 2. 'A isenção, vicejando só em prol dos 'inativos portadores de moléstias graves', está descompromissada com a realidade sócio-fático-jurídica; a finalidade (sistemática) da isenção, na evolução temporal desde sua edição em 1988; os princípios da isonomia e da dignidade humana e, ainda, com o vetor da manutenção do mínimo vital [...]. Inimaginável um contribuinte 'sadio para fins de rendimentos ativos' e, simultaneamente, 'doente quanto a proventos'. Inconcebível tal dicotomia, que atenta contra a própria gênese do conceito holístico (saúde integral). Normas jurídicas não nascem para causar estupor' (EIAC 0009540-86.2009.4.01.3300/BA, TRF1, Quarta Seção, Rel. Desembargador Federal Luciano Tolentino Amaral, e-*DJF1* 08.02.2013). 3. Agravo de instrumento provido." (TRF-1ª Região − AG n. 0020645-27.2013.4.01.0000/DF, rel. Des. Marcos Augusto de Sousa, j. 20.03.2015); "TRIBUTÁRIO. IMPOSTO DE RENDA PESSOA FÍSICA. DESPESAS MÉDICAS. DEDUÇÃO. MEDICAMENTOS PARA O TRATAMENTO DE CÂNCER. INTERPRETAÇÃO ANALÓGICA. FINALIDADE DA LEI. PRINCÍPIOS CONSTITUCIONAIS. 1. O rol de despesas médicas listadas na alínea a do inciso II do art. 8° da Lei n° 9.250/95 não pode ser interpretado como taxativo, do contrário a norma padeceria de vícios insuperáveis por afronta direta dos princípios da isonomia e da razoabilidade. 2. A finalidade da norma que permite a dedução de despesas médicas da base de cálculo do IR é possibilitar uma compensação aos contribuintes que enfrentem problemas de saúde e necessitem efetuar despesas não custeadas pelo Estado. 3. A interpretação analógica, *in casu*, não só é possível, como necessária, uma vez que interpretação literal e restritiva seria inconstitucional." (TRF-4ª Região – AC n. 2008.70.02.010414-6, rel. Juíza Vânia Hack de Almeida, *DE* 23.04.2010).

257. TORRES, Ricardo Lobo. *O direito ao mínimo existencial*. Rio de Janeiro: Renovar, 2009.

O PRINCÍPIO DA DIGNIDADE DA PESSOA HUMANA
E A NORMA JURÍDICA TRIBUTÁRIA

ta que esse tema tem se tornado cada vez mais importante para a fiscalidade moderna. Destaca ele diversas etapas analíticas do mínimo existencial, sua teoria, conceito e positivação.

Entendemos indispensável a aferição de outra corrente, a jusnaturalista, que demonstra, ao longo dos anos, a evolução do mínimo vital relacionado com a tributação. E, mais, dada a relevância jurídica superiormente tratada pelo autor, necessário perquirir seu caminho construtivo, na busca pelo conhecimento do mínimo existencial, em todas as vertentes possíveis.

Nosso estudo parte do sistema jurídico-positivo, diversamente do quanto feito na abordagem de Ricardo Lobo Torres.

A intributabilidade desse núcleo intangível de direito fundamental decorre da Constituição e de seus princípios norteadores da ordem tributária.

Na abordagem da evolução histórica, temos que, no Estado patrimonial, os pobres não gozavam de imunidade tributária, portanto as injustiças eram patentes, ferindo a dignidade do homem e sua liberdade. A Igreja tinha forte atuação junto às camadas mais pobres, distribuindo o dízimo e incentivando a participação dos cristãos ricos. Mudanças evidentes ocorreram com a chegada do liberalismo, cabendo ao Estado tal parcela de assistência e começando a surgir a defesa da progressividade na tributação, limitada pela imunidade ao mínimo existencial.

No Estado de Direito Fiscal, a imunidade do mínimo existencial aos impostos ganhou força com a dogmática liberal e a teoria da tributação progressiva. Importa esclarecer que tal imunidade também pode ser reconhecida nas taxas. Anote-se, na Constituição de 1824, ter havido a seguinte garantia: "os socorros públicos e a instrução primária é gratuita a todos os cidadãos."

No chamado Estado Social Fiscal, a proteção ao mínimo existencial deu-se por instrumentos paternalistas, aproximando-se da ideia de justiça social.

Presentemente, no Estado Democrático de Direito, a tese do mínimo existencial exsurge sob nova ótica, ou seja, com base nas perspectivas teóricas dos direitos humanos e do constitucionalismo contemporâneo.

10.1.1 A positivação do direito ao mínimo existencial

Na órbita jurídica existem, à evidência, condições humanas mínimas de vida digna que limitam a atuação estatal impositiva e, mais, exigem a presença de um Estado que as propiciem, via de ações diretas e indiretas.

A Constituição de 1988 não prevê expressamente o direito ao mínimo existencial, porém resulta clara tal proteção, em face dos dispositivos constitucionais atinentes aos objetivos fundamentais (art. 3º, III), das imunidades dos arts. 5º, incisos XXXIV e LXXIV, 153, § 4º, dentre outros, e dos direitos sociais (art. 6º). Ressalte-se, ainda, a vinculação das receitas públicas às despesas com educação, saúde, combate à pobreza etc.

O mínimo existencial marca a jusfundamentalidade dos direitos sociais, afirma Ricardo Lobo Torres.[258]

O direito ao mínimo existencial está presente nas declarações internacionais de direitos humanos: Declaração Universal dos Direitos do Homem; Declaração sobre o Direito ao Desenvolvimento; Pacto Internacional sobre Direitos Econômicos, Sociais e Culturais; Pacto de São José da Costa Rica; Carta Europeia de Direitos Humanos; Declaração do Milênio das Nações Unidas.

Assinala, fundamentando sua posição doutrinária, que:

> A proteção ao mínimo existencial, sendo pré-constitucional, está ancorada na ética e se fundamenta na liberdade, ou melhor, nas condições iniciais para o exercício da liberdade, na ideia de felicidade, nos direitos humanos e nos princípios da igualdade e da dignidade humana [...].[259]

Quanto ao conteúdo, o mínimo existencial se refere a direitos fundamentais ou não. Especificamente quanto à sua dimensão essencial, o mínimo existencial se apresenta nos direitos tributário, financeiro, penal e internacional, dentre outros.

---

258. TORRES, Ricardo Lobo. *O direito ao mínimo existencial*, cit., p. 42.

259. Idem, p. 13.

O PRINCÍPIO DA DIGNIDADE DA PESSOA HUMANA
E A NORMA JURÍDICA TRIBUTÁRIA

Sabemos, pois, que a perspectiva da dimensão dos direitos fundamentais é tema central e prioritário, irradiando seus efeitos jurídicos por toda a ordem normativa cogente. Nesse aspecto, concordamos plenamente com os ensinamentos de Ricardo Lobo Torres. Embora partilhemos do enfoque do mínimo vital sob o aspecto do direito positivado, não resta dúvida quanto a tal dimensão.

10.1.2 A questão da pobreza

O tema do mínimo existencial, como visto, imbrica a questão da pobreza, observadas as distinções entre pobreza absoluta e relativa. A absoluta refere-se à que deve ser combatida pelo Estado, sendo um dever. A relativa está ligada a causas de produção econômica e redistribuição de bens, sendo relativizada pelas diretrizes sociais e orçamentarias. Tal aproximação conceitual se direciona aos sociólogos e políticos, mas é irrelevante para o mundo jurídico.

Não olvidemos que o combate à miséria e pobreza dar-se-á pelo fortalecimento dos instrumentos garantidores do mínimo existencial e pela atuação positiva do Estado pela efetividade dos direitos sociais. Anote-se que dentre os objetivos delineados pelo constituinte de 1988 está a "erradicação da pobreza". Tal diretriz envolve dotação orçamentária que crie condições de fruição de direitos de liberdade e mínimo existencial, sem prejuízo dos direitos sociais.

Registre-se que inexiste confronto entre mínimo existencial e direitos sociais, nem entre direitos fundamentais e sociais. Tal raciocínio nos leva à afirmativa de que compete ao Estado a implementação de políticas públicas para a solução de todos esses problemas.

No que toca ao direito ao desenvolvimento humano, conceito próximo aos direitos humanos, a ONU orienta no sentido de que o desenvolvimento humano seja sustentável, buscando diretriz para que todos tenham acesso às oportunidades de desenvolvimento. Nas sociedades miseráveis, entretanto, a própria vida está em risco.

A qualidade de vida, nesse diapasão, é índice para medir o desenvolvimento de cada sociedade, constituindo conceito moral, ligado às possibilidades do exercício de liberdade e ações estatais positivas, a ensejar uma justiça distributiva. Dworkin[260] a vê na qualidade dos recursos, fundamento para garantir o *well-being*, conceito ético-jurídico.

A qualidade de vida deve ser avaliada pela garantia dos mínimos sociais e ações pertinentes à justiça distributiva ligadas à saúde, educação, moradia, dentre outros direitos sociais.

Vemos, então, que as questões atinentes ao combate à miséria, à pobreza e os instrumentos necessários para garantir qualidade de vida, mínimo existencial e direitos sociais estão ligados à redistribuição de renda e ao desenvolvimento econômico. Observe-se, então, o art. 3º, III da Carta de 1988, que prestigia expressamente tais conceitos, a nortear o caminho da nação para uma sociedade justa, solidária e livre.

Afirma o Ricardo Lobo Torres:

> O desenvolvimento econômico deve ser *justo* para que se torne legítimo. Não é ele que cria a ordem jurídica justa, senão que o ordenamento justo é que propicia as condições para o desenvolvimento. Em nome do crescimento econômico não se pode postergar a redistribuição de rendas, nem ofender a direitos humanos, nem atentar contra o meio ambiente, nem justificar a corrupção dos políticos.[261]

Tal discurso é perfeito, a expressar o limite e a diretriz de um Estado que tem por escopo a construção de uma sociedade igualitária e sem miséria. Assim, o desenvolvimento deve buscar a compatibilidade entre os meios escolhidos e as finalidades

---

260. DWORKIN, Ronald. Do liberty and equality conflict? In: BARKER, Paul (Ed.). *Living as equals*. New York: Oxford University Press, 1996, p. 39-57, apud TORRES, Ricardo Lobo. *O direito ao mínimo existencial*, cit., p. 19.

261. TORRES, Ricardo Lobo. *O direito ao mínimo existencial*, cit., p. 23.

perseguidas, pautado pela razoabilidade e obediência aos princípios voltados aos direitos fundamentais do cidadão.

10.1.3 A teoria do mínimo existencial

Quanto às características, ressalte-se que a teoria do mínimo existencial é subsistema da teoria dos direitos fundamentais. Assim, vamos nos respaldar em Kant, Rawls e Alexy, sendo certo que esse último nos oferta a completa estruturação do que vem a ser a teoria dos direitos fundamentais.

Relevante característica tem sede na afirmativa de que a teoria do mínimo existencial, como a dos direitos fundamentais, na visão de Ricardo Lobo Torres, tem caráter normativo, interpretativo, é dogmática e vincula-se à moral.

Entendemos, *data venia*, que não se trata, na espécie, de questão moral, mas sim jurídica, verdadeiro mandamento constitucional de aplicação a ser efetivado, por meio de um sistema de tributação pautado pela justiça fiscal, a preservar o mínimo existencial.

Seu espectro é dogmático, sem dúvida, e se infere do interesse em concretizar os direitos fundamentais por meio das fontes legislativa e jurisdicional (jurisprudência). Certo é que o mínimo existencial está garantido na própria Constituição, mas nada obsta que encontre respaldo e ampla proteção nas Constituições estaduais e na normação ordinária em geral. Assim, o caráter dogmático é intrínseco e essencial para a teoria do mínimo existencial.

10.1.4 O conceito de direito ao mínimo existencial

A Lei 8.742/93 se refere ao mínimo social, enquanto que a expressão *mínimo existencial* tem tradição no direito brasileiro e alemão. Existe um direito às condições de existência mínima e digna do ser humano que não podem sofrer quaisquer máculas, notadamente da tributação e, mais, exige uma atuação positiva, com a finalidade de implementar políticas públicas que incrementem as condições humanas.

Todavia, não é qualquer direito mínimo que se transforma em existencial. Sem o necessário à sobrevivência humana, por óbvio não se alcança qualquer possibilidade de usufruto de quaisquer outros direitos, tais como o da liberdade. Assim, a dignidade humana e as condições materiais do homem não podem macular ou aniquilar esse núcleo intocável que é o da própria sobrevivência.

O mínimo existencial pode ser buscado no significado dos princípios constitucionais, primados da liberdade e igualdade, e também na dignidade da pessoa humana, expressa na Declaração dos Direitos Humanos e respectivas imunidades tributárias de que gozam os cidadãos-contribuintes.

Assim, o conteúdo do mínimo está diretamente ligado ao direito da pessoa humana a uma existência digna.

Quanto às faces do mínimo existencial, destaca: 1) o mínimo existencial aparece como direito subjetivo e como norma objetiva; 2) refere-se aos direitos fundamentais originários (liberdade) e aos sociais; 3) quanto à efetividade, tem-se a duplicidade do *status negativus* e *status positivus libertatis*.

A filosofia social, política e jurídica estão a voltar seu olhar para a preocupação iminente de se garantir imunidade quanto aos riscos da existência ou, ao menos, minorá-los.

O Estado de Direito, desde o seu nascedouro, se preocupa com a liberdade, mas a questão hoje vai além, pois as vicissitudes da existência, tais como a doença, velhice, incapacidade e pobreza, desafiam o encontro de novos rumos, buscam ações protetivas do Estado e do próprio cidadão e revelando a intensa relação entre os direitos sociais e o mínimo existencial.

Afirma Ricardo Lobo Torres[262] que a jusfundamentalidade dos direitos sociais se reduz ao mínimo existencial, em seu du-

---

262. TORRES, Ricardo Lobo. *O direito ao mínimo existencial*, cit., p. 41.

O PRINCÍPIO DA DIGNIDADE DA PESSOA HUMANA
E A NORMA JURÍDICA TRIBUTÁRIA

plo aspecto: proteção negativa — impossibilidade de tributação sobre direitos sociais mínimos; e proteção positiva — execução de atividades estatais materiais e ou econômicas em favor dos pobres. Acrescenta que "os direitos sociais se transformam em mínimo existencial quando são tocados pelos interesses fundamentais ou pela jusfundamentalidade".[263] Deduz que o mínimo existencial é o núcleo essencial dos direitos fundamentais.

O enfoque do presente estudo está na análise do mínimo existencial, inserido no rol dos direitos fundamentais, protetivo de restrições impostas pelo Estado e terceiros e, ainda, a merecer ações positivas e garantia jurisdicional, independentemente de dotação orçamentária para tanto.

Destaca as teorias de Rawls, Habermas e Alexy acerca dos fundamentos do mínimo existencial e, quanto a Rawls,[264] dois princípios básicos de justiça, numa concepção ampla: 1) cada pessoa tem igual direito à maior liberdade básica compatível com idêntica liberdade para os outros; 2) as desigualdades sociais e econômicas devem ser combinadas, de maneira a compatibilizá-las, para que desperte a convicção de vantagem a todos e ligadas a órgãos abertos a todos.

A partir da premissa da teoria da justiça, John Rawls tem por moldura a proteção do mínimo social, com o escopo de assegurar uma igualdade imparcial de oportunidades, a depender, portanto, de ações governamentais que incrementem a educação, cultura e auxílio às famílias — doença e desemprego. O mínimo existencial é protegido pelas dotações orçamentárias destinadas a esse fim.

John Rawls,[265] aprofundando seus estudos sobre a teoria da justiça, conceituou o mínimo existencial em aspectos mais amplos, garantidas as necessidades básicas dos cidadãos, sua

---

263. TORRES, Ricardo Lobo. *O direito ao mínimo existencial*, cit., p. 42.

264. RAWLS, John. *Uma teoria da justiça*, cit., p. 67-68.

265. RAWLS, John. *Political liberalism*. New York: Columbia University Press, 1996, apud TORRES, Ricardo Lobo. *O direito ao mínimo existencial*, cit., p. 56-57.

existência e fruição do direito de liberdade. Desenvolveu então a ideia de fundamentos constitucionais que compreendem os princípios fundamentais que especificam a estrutura estatal e a política em todos os seus elementos, e os direitos e liberdades básicas e iguais da cidadania.

Foi relevante para o pensamento jurídico das últimas décadas, pois é ponto de divisa com a concepção utilitarista da justiça social (utópica distribuição geral de recursos entre as classes sociais), sem instrumentalidade política e econômica razoáveis e independente de previsão de limitações ou beneficiários.

Para Robert Alexy,[266] a proposta é um modelo de ponderação: distingue mínimo existencial, direitos fundamentais sociais e direitos jusfundamentais sociais.

Para Alexy, os direitos fundamentais sociais, *prima facie*, são princípios que contêm exigências normativas que alcançam a definitividade por via de atuação legislativa que cumpra os comandos constitucionais acerca dos princípios jusfundamentais.

Jürgen Häbermas[267] ignora uma teoria da justiça e volta-se para uma teoria do direito, desenvolvida no âmbito do ordenamento jurídico. As questões orçamentárias e financeiras são resolvidas tendo por termo inicial os direitos fundamentais. Sustenta um feixe de categorias de direitos fundamentais, destacando as garantias às condições de vida por um Estado de Segurança, compatibilizando tais condições com a liberdade jurídica ("um Estado Social providencial distribuidor das chances da vida"), a garantir, a cada cidadão, uma base material para sua existência digna.

Perceptível em sua teoria a distinção entre os direitos fundamentais de garantia de condições de vida e os direitos às prestações sociais (solidariedade).

---

266. ALEXY, Robert. *Teoria dos direitos fundamentais*, cit., p. 512-514.

267. HÄBERMAS, Jürgen. *Faktizität und Geltung...* Frankfurt: Suhrkamp, 1992, p. 155, apud TORRES, Ricardo Lobo. *O direito ao mínimo existencial*, cit., p. 59.

O PRINCÍPIO DA DIGNIDADE DA PESSOA HUMANA
E A NORMA JURÍDICA TRIBUTÁRIA

Importante participação na concepção do mínimo existencial foram as manifestações das Cortes Constitucionais da Alemanha e dos Estados Unidos.

O Tribunal Constitucional Federal alemão teve relevante participação na formação doutrinária do mínimo existencial, seja pelo fato de tê-lo fundamentado na dignidade humana e no princípio da igualdade, seja por distingui-lo dos direitos sociais.

A Suprema Corte americana fixou doutrina de que o mínimo existencial pode surgir da "inserção de interesses fundamentais nos direitos políticos, econômicos e sociais e, passou, ulteriormente, a falar em *minimum protection*".[268]

Revela Ricardo Lobo Torres[269] que o mínimo existencial não se caracteriza nem como valor, nem como princípio, mas se conceitua como conteúdo essencial dos direitos fundamentais. Todavia, está impregnado por valores (liberdade, justiça, igualdade, solidariedade) e princípios jurídicos.

O conteúdo essencial é núcleo intangível e irrestringível dos direitos fundamentais, constituindo verdadeiro limite para os poderes estatais.

As restrições aos direitos fundamentais é tema de crucial relevo, notadamente porque gozam esses direitos de âmbito protetivo e relação de tensão permanente, notadamente na esfera tributária.

Aborda o tema de proteção dos direitos fundamentais e do mínimo existencial complementando-o com as questões de restrições e intervenções (limites dos limites): existem limites fáticos ao chamado mínimo existencial (núcleo essencial dos direitos fundamentais), especialmente quanto aos recursos orçamentários. São eles: a) como mínimo do mínimo em seu *status negativus*; b) como mínimo do mínimo em seu *status positivus libertatis*; c) como máximo do mínimo, aberto para as políticas públicas.

---

268. TORRES, Ricardo Lobo. *O direito ao mínimo existencial*, cit., p. 66.

269. Idem, p. 83.

Finaliza, então:

> Em síntese, a jusfundamentalidade dos direitos sociais se reduz ao mínimo existencial, em seu duplo aspecto de proteção negativa contra a incidência de tributos sobre os direitos sociais mínimos de todas as pessoas e de proteção positiva consubstanciada na entrega de prestações estatais materiais em favor dos pobres. Os direitos sociais máximos devem ser obtidos na via do exercício da cidadania reivindicatória e da prática orçamentária, a partir do processo democrático. Esse é o caminho que leva à superação da tese do primado dos direitos sociais sobre os direitos da liberdade, que inviabilizou o Estado Social de Direito, e da confusão entre direitos fundamentais e direitos sociais, que não permite a eficácia destes últimos sequer na sua dimensão mínima.[270]

Constitui, em sua conclusão, limite fático intransponível para a implementação do orçamento e da carga tributária imposta, sendo vedado ao legislador exigir tributo do cidadão, sob pena de violação do princípio do não confisco, excedido o da razoabilidade.

10.2 Direitos fundamentais e seu núcleo essencial: a dignidade da pessoa humana

Igualmente, o sistema tributário deve buscar a efetividade de uma justiça fiscal, respeitados os princípios da preservação do mínimo vital, igualdade e capacidade contributiva.

A Constituição de 1988 inovou e ampliou os direitos e garantias fundamentais, em resposta ao regime ditatorial que existiu em nosso país. Além da previsão contida no art. 5º, todos os subsistemas de estrutura de poder e seu exercício, administração pública, ordem econômica, social, tributária, dentre outras estruturas constitucionais, há diretriz máxima de prioridade e observância dos direitos fundamentais em todo o Texto Magno.

Os valores, princípios e garantias formam um corpo normativo a nortear todo o sistema de direito positivo. Em outro

---

270. TORRES, Ricardo Lobo. *O direito ao mínimo existencial*, cit., p. 80-81.

O PRINCÍPIO DA DIGNIDADE DA PESSOA HUMANA
E A NORMA JURÍDICA TRIBUTÁRIA

giro, quando afirmamos que a Constituição é ápice da pirâmide normativa, toda ordem infraconstitucional deve-se conformar e se submeter às suas normas jurídicas, sobretudo aquelas que denominamos princípios, porque dotados de alta carga axiológica. Não são apenas conselhos ou recomendações, as normas constitucionais são dotadas de eficácia mínima e, portanto, inseridas no âmbito da aplicabilidade imediata para algumas delas – tais como direitos e garantias fundamentais – e outras com aplicabilidade mediata ou contida, a necessitar de norma integrativa para produzir efeitos no mundo jurídico.

Sem adentrar ao tema constitucional *stricto sensu*, relativo aos direitos fundamentais e suas dimensões, passamos a abordar os direitos fundamentais previstos na Constituição de 1988, direcionados ao objeto deste estudo, qual seja, a intributabilidade do mínimo existencial, à luz do princípio da capacidade contributiva, corolário da isonomia, na órbita de aplicabilidade do sobreprincípio da segurança jurídica. Para tanto, importa perquirir o caminho dos direitos fundamentais no que tange a sua restringibilidade e limites.

No que pertine à indagação de quais direitos são os fundamentais, imediatamente respondemos que são aqueles que a Carta Magna elegeu como tais. Assim, os direitos fundamentais têm regime jurídico destacado e com maior proteção, à luz da Carta Política.

Por essa razão, pretendeu o constituinte de 1988 dar ampla proteção aos direitos fundamentais, deixando-os imodificáveis, por constituírem cláusulas pétreas (art. 60, § 4º, IV, da CF) e pela aplicabilidade imediata a que estão submetidos (art. 5º, § 1º, da CF).

Daí exsurge que o mínimo vital não é princípio exógeno ao direito, é princípio, na acepção de limite-objetivo, com a qualidade de norma jurídica, inserido como núcleo essencial dos direitos fundamentais, ligados ao conceito de existência digna, inseparável, portanto, buscando seu fundamento de validade no princípio da capacidade contributiva, prestigiado pelo constituinte originário, expressamente disposto no art. 145, § 1º.

Ao afirmarmos que o mínimo vital é o núcleo essencial dos direitos fundamentais, temos que assinalar que a recíproca não é verdadeira, ou seja, não é qualquer conteúdo de direito fundamental que se transforma em mínimo existencial.

Evidentemente que os diretos fundamentais são passíveis de restrições nos termos e formatos permitidos e prescritos pelo constituinte originário. Assim, a título exemplificativo, a tributação toca os direitos fundamentais de propriedade e liberdade, observados os limites principiológicos do não confisco, igualdade, capacidade contributiva, anterioridade etc.

No cotejo e ponderação de princípios, há que se manter o núcleo imutável de cada um deles, quando aplicados na órbita concreta da realidade social. Os direitos individuais, liberdades, poderes e garantias podem sofrer restrições, porém limitadas.

No ordenamento jurídico constitucional brasileiro, diferentemente de outros países, não há disciplina direta e expressa acerca do âmbito protetivo do núcleo essencial de direitos fundamentais, não ensejando, por esse motivo, a exclusão de tal comando. Muito pelo contrário, deflui da interpretação sistemática do Texto Magno que há inequívoca esfera de proteção a tais direitos, como a garantia de imutabilidade de direitos e garantias individuais, cláusulas pétreas, insculpidas no art. 60, § 4º, configurando verdadeiro limite ao poder reformador e ao legislador ordinário.

Quanto à proteção do núcleo essencial, há ordenamentos constitucionais, como o da Alemanha, que consagra expressamente tal proteção (art. 19, II, da Lei Fundamental alemã de 1949) e a Constituição portuguesa de 1976.

Tais previsões expressas na Constituição alemã visavam a evitar o aniquilamento dos direitos individuais pelo legislador infraconstitucional, protegendo-os, portanto, no próprio texto constitucional, hierarquicamente superior às disposições legislativas.

Assim, a Lei Fundamental de Bonn vinculou o legislador ordinário aos direitos fundamentais, prevendo diferentes graduações de intervenção infraconstitucional na esfera protetiva desses direitos. Era a busca, no período dos constitucionalistas

O PRINCÍPIO DA DIGNIDADE DA PESSOA HUMANA
E A NORMA JURÍDICA TRIBUTÁRIA

da era de Weimar, por limites à atuação legislativa arbitrária e violadora dos direitos fundamentais.

Importante ressaltar tais aspectos, pois o desafio maior consiste em buscar esse limite intangível, quer pela tributação, quer por demais vetores normativos tendentes a mitigar ou anular, direta ou por vias indiretas, tal comando constitucional.

Prosseguimos, indicando as correntes que alicerçam as posições dogmáticas sobre a proteção do núcleo essencial, a saber, as teorias absoluta e relativa.

A teoria absoluta tem por núcleo essencial dos direitos fundamentais uma unidade substancial autônoma, que não sofre quaisquer ingerências legislativas, mesmo diante de uma situação concreta. Tal teoria adota interpretação consistente em resguardar um espaço interno totalmente livre de qualquer intervenção por parte do Estado, insuscetível de modificação normativa.

A teoria relativa adota a noção de núcleo essencial variável, conforme o caso concreto posto em análise, utilizando-se de ponderação entre os meios utilizados e as finalidades a serem perseguidas.

Ambas procuram resguardar ampla proteção aos direitos fundamentais, preservando-os das arbitrariedades legislativas tendentes a aboli-los.

O que temos em mente é que a ideia de núcleo essencial indica, *ictus oculi*, a existência de componentes centrais. A teoria relativa, e dela discordamos, oferece risco a essa integridade nuclear, na medida que flexibiliza, por meio da ponderação, direitos fundamentais, princípios centrais do nosso sistema constitucional.

Konrad Hesse[271] adota teoria conciliadora, ao reconhecer que no princípio da proporcionalidade há proteção contra as limitações arbitrárias ou de abuso de poder, passando ao largo da exigida razoabilidade da conduta legislativa e, também, defende tal princípio como obstáculo à lesão do núcleo essencial

---

271. HESSE, Konrad. *Força normativa da Constituição*. Tradução de Gilmar Ferreira Mendes. Porto Alegre, RS: Sergio Antonio Fabris, 1991, p. 149.

dos direitos fundamentais. Assinala, mais, que a exegese correta do princípio da proporcionalidade deve ir além do sentido econômico, para harmonizar-se o direito com a finalidade constitucionalmente prestigiada.

10.3 O princípio da não obstância do exercício de direitos fundamentais por via da tributação

Inseridos num Estado Democrático de Direito, sob o império da Constituição e da lei, o sistema tributário está minudentemente sistematizado na Constituição e submetido aos pilares principiológicos específicos da ordem tributária, mas, igualmente, sob a égide dos princípios da igualdade, legalidade, solidariedade, republicano, federativo, segurança jurídica, razoabilidade, dignidade da pessoa humana, dentre outros, cumprindo relevante papel na esfera, quer dos fundamentos da República Federativa do Brasil (art. 1º, da CF), quer de seus objetivos (art. 3º, da CF), por isso, corrente se falar em sistema constitucional tributário.

O direito, como sistema de normas – de comportamento e estrutura – vai regular condutas intersubjetivas, compondo-se de subsistemas que se comunicam em várias direções, e tem por escopo o mesmo ponto no horizonte, que é a Constituição, ocupante do mais elevado nível hierárquico normativo do sistema jurídico.

Assim, quanto ao direito, precisa a lição de Geraldo Ataliba:

> Consiste o caráter instrumental do direito nesta qualidade que todos reconhecem à norma jurídica de servir de meio posto à disposição das vontades para obter, mediante comportamentos humanos, o alcance das finalidades desejadas pelos titulares daquelas vontades. Os objetivos que dependem de comportamentos humanos podem ter no direito excelente instrumento de alcance. [...] Essencialmente, em última análise, reduzido o objeto à sua mais simples estrutura, o direito não é senão um conjunto de normas (conjunto este a que se convencionou designar sistema jurídico, ordenação jurídica).[272]

---

272. ATALIBA, Geraldo. *Hipótese de incidência*. 6. ed., 14. tiragem. São Paulo: Malheiros, 2013, p. 25.

O PRINCÍPIO DA DIGNIDADE DA PESSOA HUMANA
E A NORMA JURÍDICA TRIBUTÁRIA

O subsistema constitucional tributário é formado por um feixe de normas que versam sobre matéria tributária, caracterizado pela homogeneidade sintática, buscando seu fundamento de validade na mesma fonte – a norma hipotética fundamental –, dispondo sobre a estrutura estatal e sua atividade tributante, ao lado dos direitos e garantias fundamentais, denominada "estatuto do contribuinte", como vimos em capítulo anterior.

Geraldo Ataliba assinala que "a fenomenologia tributária não discrepa, portanto, em nada, da que tipifica o direito em geral, em qualquer de suas expressões".[273]

O legislador de cada pessoa política, na função de criar abstratamente o tributo, não é livre para dispor sobre a tributação (hipótese de incidência, seus sujeitos ativo e passivo e base de cálculo e alíquota) mas deve, ao contrário, buscar na Constituição seus limites e contornos, para alcançar uma tributação justa, exigência do Estado Democrático de Direito.

Vejamos, então, que a atividade tributária desenvolver-se-á dentro do Estado Social de Direito, no qual as leis devem ser materialmente justas, sob a luz da igualdade, solidariedade e liberdade, preceitos insculpidos no art. 3º, I, da Constituição Federal.

Alçaremos à condição de uma sociedade livre, justa e solidária se, e somente se, o sistema tributário for composto de leis fiscais justas.

A justiça fiscal tem como berço a edição de normas tributárias que distribuam igualmente a carga impositiva, em atenção ao princípio da capacidade contributiva, expressão máxima da igualdade na esfera da tributação.

Sabemos que o percurso da tributação invade esferas de direitos fundamentais, tais como os direitos de propriedade e liberdade dos cidadãos, além de outros tantos, direitos fundamentais consagrados e, mais, diga-se, protegidos como cláusulas pétreas.

---

273. ATALIBA, Geraldo. *Hipótese de incidência*, cit., p. 24.

Não há como garantir direitos fundamentais do contribuinte sem os basilares instrumentos da legalidade, igualdade e capacidade contributiva. A correlação da tributação e do "estatuto do contribuinte" é condição irrevogável de um Estado Democrático de Direito que pretende efetivar o primado da segurança jurídica.

Nesse diapasão, o princípio da não obstância dos direitos fundamentais via da tributação.

Decorre, *ab initio*, dessa disposição principiológica decorrente da legalidade, que o Estado, na ação de tributar, além de observar os caminhos constitucionalmente traçados e rigidamente prescritos, igualmente encontra-se impossibilitado de coarctar direitos fundamentais dos contribuintes, impondo carga tributária incompatível com a garantia desses direitos, ou ainda buscar vias indiretas que atropelem tais valores supremos.

Segundo Regina Helena Costa:

> Esse princípio, que se encontra implícito no texto constitucional, é extraído das normas que afirmam que os diversos direitos e liberdades nele contemplados devem conviver harmonicamente com a atividade tributante do Estado. Em outras palavras, se a Lei Maior assegura o exercício de determinados direitos, que qualifica como fundamentais, não pode tolerar que a tributação, também constitucionalmente disciplinada, seja desempenhada em desapreço a esses mesmos direitos.[274]

É preciso, por primeiro, buscar os fundamentos constitucionais, que são os pilares da atividade tributária e onde se encontram seus limites. O destino dos efeitos do princípio sob comento é, num primeiro momento, o próprio Texto Magno, presentes nas normas inibidoras da tributação (imunidades) e nos princípios norteadores das garantias aos direitos fundamentais, expressos como limites-objetivos, tais como a estrita legalidade, anterioridade, irretroatividade, isonomia, capacidade contributiva e proibição de confisco.

---

274. COSTA, Regina Helena. *Curso de direito tributário*: Constituição e Código Tributário Nacional. 3. ed. rev., atual. e ampl. São Paulo: Saraiva, 2013, p. 90.

O PRINCÍPIO DA DIGNIDADE DA PESSOA HUMANA
E A NORMA JURÍDICA TRIBUTÁRIA

Além desse foco da intributabilidade e dos princípios constitucionais, ele se dirige ao legislador ordinário na criação *in abstracto* de tributos, lhe vedando, quando da eleição de fato colhido na hipótese de incidência, criar mecanismos diretos e indiretos de violação desses comandos fundamentais. Anote-se que a isenção é relevante instrumento para a eficácia do princípio da não obstância.

Assim, também o administrador, no exercício de sua função, ancilar à lei, deve cumprir tal princípio da não obstância a direitos fundamentais, sendo certo que seu produto, os atos normativos, viabilizem plenamente o exercício desses direitos constitucionalmente prestigiados.

Todo arcabouço descrito na Constituição atinente aos direitos fundamentais, qualificados pela Carta Magna como tais, recebem a necessária aplicação desse princípio, restando vedado o uso da tributação para amesquinhá-los, ou até eliminá-los.

Ensina Regina Helena Costa, quanto aos demais direitos e sua implicação na seara tributária, que

> o direito à saúde, o direito de todos e dever do Estado, assegurado pelo art. 196, CR, deve ser tutelado pela tributação, não cabendo, por exemplo, que os valores referentes às despesas médicas e ao seguro-saúde sejam considerados renda tributável para efeito de Imposto sobre a Renda. A educação, por sua vez, "direito de todos e dever do Estado e da Família, será promovida e incentivada com a colaboração da sociedade, visando ao pleno desenvolvimento da pessoa, seu preparo para o exercício da cidadania e sua qualificação para o trabalho" (art. 205, CR). Do mesmo modo, as despesas com a educação, do contribuinte e seus dependentes, não podem integrar a renda tributável, sob pena de violar-se direito fundamental.[275]

Realmente, o princípio da não obstância do exercício de direitos fundamentais por via da tributação veio retirar, de uma vez, qualquer sombra que pudéssemos ter acerca da

---

275. COSTA, Regina Helena. *Curso de direito tributário*: Constituição e Código Tributário Nacional, cit., p. 91.

relevância absoluta de uma ação tributável pautada pela justiça, igualdade, com fulcro na legalidade, buscando a dignidade da pessoa em todas as suas vertentes.

Em nosso sentir, veio descortinar e impedir eternas justificativas sobre a arbitrariedade constante da tributação, visando apenas à arrecadação de recursos para o Estado, independentemente de quaisquer garantias ao contribuinte. Recria-se o direito tributário por via do poder constituinte reformador, cujas emendas, muitas vezes, violam nitidamente direitos fundamentais.

Fica muito claro e perceptível que buscar esse princípio nas vertentes dos direitos fundamentais é encontrar porto seguro do dever cumprido, segundo as diretrizes constitucionalmente traçadas.

Colocando-nos na posição de contribuinte-cidadão, ao cumprir o dever fundamental de pagar tributos, temos o direito subjetivo a uma tributação justa, como os demais contribuintes, e ainda direito a antever que o montante arrecadado será empregado nos fins sociais e constitucionais, bem como sentir que nossos direitos fundamentais, tais como saúde, educação, moradia, dentre outros, são, na esfera tributária, respeitados. Compete ao Estado a busca por instrumentos efetivos para concretizá-los, seja por meio das deduções e isenções, seja pela efetivação dos direitos, para que se visualize no horizonte a concretude do magno princípio da proteção da confiança, por meio da segurança jurídica pretendida, dentro de um verdadeiro Estado de Justiça.

10.4 Dignidade da pessoa humana e mínimo vital

O mínimo vital e sua intributabilidade é o núcleo central, sob a perspectiva do direito tributário, do sobreprincípio da dignidade da pessoa humana.

Dentro dos direitos fundamentais, há um de seus elementos essenciais, que é a dignidade da pessoa humana. Ainda

O PRINCÍPIO DA DIGNIDADE DA PESSOA HUMANA
E A NORMA JURÍDICA TRIBUTÁRIA

que de forma indireta, grande parte dos direitos fundamentais do homem envolve a dignidade da pessoa humana. Ou, ao menos, sopesando os princípios em conflito, devemos priorizá-la na interpretação e aplicação do direito.

Na perspectiva do direito tributário, há contornos evidentes, cujos enunciados estão prescritos na própria Constituição, que são a expressão do sobreprincípio da dignidade da pessoa humana.

A dignidade da pessoa humana envolve plexo principiológico variado, complexo e que por vezes se interpenetra, a demandar exegese direcionada para concretizar a dignidade da pessoa humana, nos temos em que almejada pela Constituição, cotejando, por mais das vezes, mais de um princípio para se chegar a um caminho de positivação normativa que o prestigie, imaculado de inconstitucionalidade.

Assim se dá com o mínimo vital, uma das vertentes que compõem a dignidade da pessoa humana. Não é a única, em absoluto, mas não resta dúvida de que o mínimo vital está sujeito ao tempo e à cultura de determinada sociedade. Assim, seu arquétipo conceitual evolui com o transcurso do tempo e seu conteúdo se altera também.[276]

Vejamos, a título de exemplo, uma isenção de IPI de veículo pleiteada por uma idosa, calcado no valor máximo de um Estado Democrático de Direito, que é a liberdade de ir e

---

276. "DIREITO PROCESSUAL CIVIL E TRIBUTÁRIO. AGRAVO INOMINADO. AGRAVO DE INSTRUMENTO. EXECUÇÃO FISCAL. PENHORA DE VALORES. BACENJUD. VALOR INFERIOR A 40 SALÁRIOS-MÍNIMOS. IMPENHORABILIDADE. RECURSO DESPROVIDO. 1. Consolidada a jurisprudência no sentido de que, embora estabelecida a preferência legal sobre para a garantia da execução fiscal, a penhora não pode recair sobre proventos de aposentadoria bancários de até 40 salários-mínimos (art. 649, IV e X, CPC/73), considerados como bens impenhoráveis, destinados a assegurar a subsistência, sobretudo alimentar, tanto do devedor como de seus familiares, proteção ao princípio da dignidade da pessoa humana. 2. Caso em que restou comprovado que a penhora recaiu sobre o valor de R$ 11.906,53, impenhorável termos do art. 649, X, CPC/73, já que se trata de reserva alimentar protegida, ainda que alocada corrente, nos termos da jurisprudência firmada, daí porque deve ser afastada a penhora, sem prejuízo que incida sobre outros bens do devedor." (TRF-3ª Região − AI n. 0025042-41.2014.4.03.0000, rel. Des. Carlos Muta, j. 04.12.2014).

vir. Certo é que o papel da tributação é de extrema relevância para garantir não somente a regra isentiva a que ela tem direito, mas sua dignidade e liberdade.[277] Valores supremos que jamais podem ser mitigados. Daí o papel importantíssimo, a nosso ver, que tem hoje o direito tributário e o sistema tributário prescrito, que nos parece atualizadíssimo, porque é minudente nas garantias fundamentais do contribuinte e tem neste forte aliado, a desempenhar o papel de concretizador dos direitos fundamentais nas relações jurídico-tributárias, primada na paridade com a atividade tributante estatal.

Mais do que fonte de recursos a garantir a estrutura estatal e seu pleno funcionamento, entendemos que o direito tributário exerce papel definitivo, um marco na história da construção de uma sociedade justa, solidária e fraterna, na qual a dignidade da pessoa humana tem sua expressão efetivada no ciclo de positivação do direito.

O direito tributário é instrumento constitucional, notadamente os princípios de direitos fundamentais que se encerram no chamado Estatuto do Contribuinte como garantias fundamentais para que a relação jurídica tributária seja pautada pelos ditames da igualdade, cidadania, segurança jurídica e dignidade, buscando a tributação justa.

---

277. "PROCESSUAL CIVIL. AGRAVO LEGAL. ART. 557, § 1º, DO CÓDIGO DE PROCESSO DECISÃO MONOCRÁTICA QUE NEGOU SEGUIMENTO À APELAÇÃO E AO REEXAME NECESSÁRIO. IPI. ISENÇÃO. DEFICIÊNCIA FÍSICA QUE IMPEDE A DIREÇÃO DE VEÍCULO COMUM DEVIDAMENTE COMPROVADA. PERFEITA SUBSUNÇÃO DA SITUAÇÃO AOS TERMOS DA LEI Nº 8.989/95. AGRAVO LEGAL IMPROVIDO. 1. A Lei nº 8.989/95, prestigiando a dignidade da pessoa humana, fundamento da Federativa do Brasil, bem como o princípio da isonomia, concedeu isenção do IPI às pessoas de deficiência física, visual, mental severa ou profunda, ou autistas, para a aquisição de veículo de fabricação nacional cujas características especifica no caput do seu art. 1º. 2. A impetrante, senhora de 63 anos, comprovou, através de laudo pericial emitido por clínica junto ao Departamento Nacional de Trânsito - DETRAN, ser portadora de monoparesia decorrente sequelas de neoplasia de mama, doença esta expressamente prevista no § 1º do art. 1º que determina limitação dos movimentos de abdução, extensão, elevação, redução de força." (TRF-3ª Região – MS n. 2794 SP 0002794-72.2009.4.03.6106, rel. Des. Johnsom Di Salvo, j. 12.09.2013).

O PRINCÍPIO DA DIGNIDADE DA PESSOA HUMANA
E A NORMA JURÍDICA TRIBUTÁRIA

O mínimo vital envolve necessariamente o que entendemos por existência digna. Assim, núcleos de enunciados prescritivos que marquem a seara da saúde, educação, moradia, alimentação, trabalho, transporte, lazer, segurança, previdência social, proteção à maternidade e à infância, assistência aos desamparados (art. 6º da CF), além da valorização do trabalho humano e da livre-iniciativa (art. 170 da CF).

A intributabilidade do mínimo vital é medida que se impõe no campo da tributação como princípio, na acepção de "limite objetivo", procedimento a implementar o valor supremo da dignidade da pessoa humana.[278]

A vertente da visão humanística do direito tributário, cujo foco da relação jurídica tributária é o cidadão-contribuinte em condições de igualdade com o Estado, enseja percurso objetivo do cientista do direito pelo sistema constitucional, que prestigia como um de seus fundamentos a dignidade da pessoa humana.

---

278. "AGRAVO DE INSTRUMENTO. TRIBUTÁRIO. EXECUÇÃO FISCAL. PENHORA. LIBERAÇÃO DO GRAVAME. PONDERAÇÃO DE PRINCÍPIOS CONSTITUCIONAIS. DIGNIDADE DA PESSOA HUMANA X ARRECADAÇÃO TRIBUTÁRIA. MÍNIMO EXISTENCIAL. NÚCLEO ESSENCIAL. 1. A colisão entre princípios constitucionais conflitantes deve ser dirimida pelo princípio da ponderação. 2. De acordo com a doutrina mais balizada, o princípio da ponderação é subdividido em três outros subprincícios, quais sejam: o princípio da adequação, o princípio da necessidade e o princípio da proporcionalidade em sentido estrito. 3. Os valores de ordem econômica não são postos como absolutos que sobressaiam à efetivação dos direitos sociais cujo propósito consiste na concretização dos princípios da igualdade e da dignidade da pessoa humana. 4. Com efeito, na ponderação dos valores, deve prevalecer a saúde do recorrente em detrimento da arrecadação por parte do fisco, até porque a arrecadação com os bens gravados seria mínima. De outro norte, no caso da impossibilidade do tratamento de saúde adequado, poderá extirpar-se o mínimo existencial no que tange ao princípio da dignidade da pessoa humana relacionado à saúde. 5. Em razão da imposição constitucional, assim como, dos Direitos Humanos e considerando o núcleo em torno do qual gravitam os direitos fundamentais e o mínimo existencial, relacionado ao grave problema de saúde do recorrente, não há como se aceitar no presente caso a impossibilidade da liberação do gravame dos bens penhorados, uma vez que o recorrente depende da sua alienação para sua sobrevivência com um mínimo vital para o desenvolvimento de suas capacidades básicas. Precedente desta Turma." (TRF-4ª Região – AI n. 5014185-52.2013.404.0000, 1ª Turma, rel. Jorge Antonio Maurique, j. 31.07.2013, D.E., de 02.08.2013).

A realização do princípio da dignidade da pessoa humana, porque norma jurídica constitucional fundamental vai informar o conteúdo axiológico do que vem a ser o mínimo vital.

Sendo verdadeira expressão do princípio da capacidade contributiva, o mínimo vital tem seu significado como conjunto de necessidades básicas que viabilizam a efetividade da dignidade humana, princípio constitucional norteador de todos os subsistemas do direito, não refugindo o direito tributário.

Por sua vez, Alexandre de Moraes destaca aspectos da dignidade da pessoa humana: Por primeiro, a dignidade como valor espiritual e moral, ínsita ao seu titular, a se manifestar "na autodeterminação consciente e responsável da própria vida" e também significando "um mínimo invulnerável que todo o estatuto jurídico deve assegurar".[279]

A sempre lembrada Declaração Universal dos Direitos Humanos teve absoluta influência nos textos constitucionais de todo o mundo, notadamente por positivar o princípio da dignidade humana, valor instransponível, quer pelo Estado, quer nas esferas particulares.

Assim, estas noções da dignidade da pessoa humana nos levam, por óbvio, ao caminheiro certeiro de que o direito tem por escopo regular as condutas humanas, tendo como centro o homem, valor supremo do Estado Democrático de Direito.

Inserido no âmbito dos direitos fundamentais, o princípio da dignidade da pessoa humana, na esteira dos demais direitos fundamentais, pode sofrer restrições, encontrando, todavia, limite. Há que existir a compatibilidade entre os princípios na aplicação ao caso concreto, notadamente o da proporcionalidade, para que o sistema jurídico tenha o funcionamento almejado pelo constituinte. Existe, não resta dúvida, dificuldade extrema quanto ao grau da compatibilidade dos

---

279. MORAES, Alexandre de. *Direitos humanos fundamentais*: teoria geral: comentários aos arts. 1º a 5º da Constituição da República do Brasil: doutrina e jurisprudência. 3. ed. São Paulo: Atlas, 2000, p. 60.

O PRINCÍPIO DA DIGNIDADE DA PESSOA HUMANA
E A NORMA JURÍDICA TRIBUTÁRIA

conteúdos dos princípios fundamentais, em especial os liames a permitir a garantia do mínimo existencial. Desafio, intrínseco aos cientistas do direito, que devem percutir tais comandos, com vistas à efetividade da ordem jurídica.

O direito, também é certo, nasce para ser efetivado, compatibilizando a vida em sociedade. Igualmente, o direito não se compadece de paradoxos, o que enseja a aplicabilidade do princípio da dignidade da pessoa humana, constitucionalmente previsto, voltado à proteção do mínimo material indispensável à existência digna.

Assim, tributar o mínimo vital, núcleo essencial dos direitos fundamentais, é inviabilizar o cumprimento do princípio da dignidade humana. A principal finalidade estatal consiste em ações positivas para estabelecer essa garantia mínima de vida digna ao homem, encontrando-se vedação a qualquer afetação patrimonial, de modo a perecerem tais condições.

Precisa a lição de Paulo Bonavides:

> O homem, que antes dominava um largo espaço existencial autônomo, com sua casa, a sua granja, a sua horta, o seu estábulo, a sua economia doméstica independente, aquele homem, com o qual o século XIX ainda amanhecera, é, em nossos dias, um resignatário de toda essa esfera material subjetiva, que o capacitava, na ordem política, a adotar a filosofia individualista e liberal, e, na ordem econômica, a crer em suas próprias energias pessoais e assumir perante o Estado uma atitude de firmeza, independência e altivez.[280]

Transformou-se esse homem com o crescimento populacional e dificuldades econômicas e sociais, as guerras e a expansão do poder estatal, perdendo esse espaço autônomo.

O homem contemporâneo, na dicção de Bonavides[281] chamado de "homem-massa", está envolto em complexo universo

---

280. BONAVIDES, Paulo. *Do estado liberal ao estado social*. 6. ed. rev. ampl. São Paulo: Malheiros, 1996, p. 201.

281. Idem, p. 200.

de interesses sociais que, por vezes, se chocam e, mais, possui uma autonomia material muito restrita. Assim, para esse jurista, o Estado Social tem por fundamento o aspecto intervencionista, cujo poder político se espalha pelas mais diversas esferas da realidade social, ou seja, nota-se evidente crescimento da dependência do homem, diante da necessidade de prover-se a si próprio de elementos materiais mínimos.

Elucidativa a lição de João Maurício Adeodato quanto à conduta humana, cujos comportamentos serão regrados pelo direito:

> Dentre as condutas em que um ser humano se pode envolver − a *complexidade* de seu contexto − uma primeira separação deve ser feira entre as esferas da intrassubjetividade e da intersubjetividade. Na primeira estão os conflitos internos do ser humano, tais como o problema da crença em Deus, na imortalidade da alma ou a questão de se há modos bons e maus de agir, sobre os quais a norma jurídica tampouco pode incidir; da mesma maneira que nas condutas consideradas impossíveis [...] Esses conflitos exteriorizados, porém, todos eles são potencialmente objeto de norma jurídica, pois envolvem "condutas em interferência intersubjetiva", na expressão de Carlos Cossio.[282]

A Lei Máxima exerce, pois, papel fundamental e, como norma geral e abstrata, é fundamento de validade de todas as normas do sistema − na lição kelseniana, norma hipotética fundamental. A Carta Política é que indica os rumos e caminhos que todo subsistema do direito deve seguir, conforme assinalado anteriormente.

Não nos esqueçamos de que a efetivação dos primados proclamados pelo direito se dá com a edição das normas individuais e concretas, constituindo o ponto final do processo de positivação. Esse é o momento que em que a linguagem do direito atinge a realidade social.

É preciso dizer, enfaticamente, que não podemos paralisar nossa análise na feição estática do sistema normativo, mas

---

282. ADEODATO, João Maurício Leitão. *Uma teoria retórica da norma jurídica e do direito subjetivo*. São Paulo: Noeses, 2011, p. 165.

O PRINCÍPIO DA DIGNIDADE DA PESSOA HUMANA
E A NORMA JURÍDICA TRIBUTÁRIA

precisamos ir além, buscando a feição pragmática da linguagem normativa.

Com isso queremos dizer que dado o dinamismo do sistema de direito positivo, o que nos adiantaria princípios e valores acolhidos como letras a enfeitar o texto constitucional, se não tivéssemos meio de aplicá-los?

Daí a suma importância do estudo do direito sob o ponto de vista dogmático, direcionando certos valores que uma sociedade pretende ver implantados, pelo ciclo de positivação do direito.

A fenomenologia jurídica é complexa, bem o sabemos, e nossa concepção deve nortear-se pelo caráter analítico da linguagem, pois a normação escrita ou oral assim se manifesta, criando o direito suas próprias realidades.

Dentre a valoração principiológica presente na Lei Fundamental, a dignidade da pessoa humana surge como valor nuclear, como já visto, princípio a nortear todo o sistema jurídico.

O que se deve ter sempre em mente é que, numa hipótese ou noutra, não há o que se discutir do valor albergado pela Constituição, inquestionável, portanto. Porém, em determinada ocorrência fenomênica, é preciso observar se ele foi respeitado ou se a resposta é negativa. Este balizamento é que caberá ao intérprete, compatibilizando tal princípio com o mínimo vital.

Tal complexidade resta muito bem elucidada pelos estudos de Ingo Wolfgang Sarlet[283] que diz da igualdade das pessoas em termos de dignidade e que existe um dever recíproco de respeito e observância da dignidade alheia, quer pelo Poder Público, quer pela sociedade. Deve-se buscar sempre a harmonização e o estabelecimento de uma concordância prática que vai nortear o intérprete na ponderação da aplicação do princípio, preponderantemente em razão do cotejo dos bens postos em conflito.

---

283. Para uma visão desapaixonada e objetiva dessa controvérsia, ver, por todos: SARLET, Ingo Wolfgang, *Dignidade da pessoa humana e direitos fundamentais na Constituição Federal de 1988*, cit., p. 136.

A dignidade da pessoa humana é sobreposta a todos os bens, valores ou princípios constitucionais, confronta-se apenas com a própria dignidade, apenas e tão somente nos casos limites em que dois ou mais indivíduos, em idêntica posição igualitária, entrem em conflito capaz de macular tal valor supremo.

Lembremos ainda a lição de Miguel Reale,[284] ao afirmar que toda pessoa é única e nela habita o todo universal, o que a insere na existência humana.

Importa dizer que ao pronunciarmos a palavra "pessoa", queremos dizer singularidade, intencionalidade, liberdade, inovação e transcendência.

Todavia, o conceito de pessoa, no âmbito do direito, é diferente do desenvolvido na linguagem social. Na dicção jurídica, pessoa não significa ser humano, ou seja, conjunto físico, para simplificar, constituído de cabeça, pescoço, tronco e membros. Pessoa é o ente ao qual o direito confere a possibilidade de ser sujeito nas relações jurídicas de direitos e deveres correlatos.

Tal integração normativa já sinaliza que presentemente a ordem jurídica busca um maior equilíbrio entre os valores coletivos e individuais; a fim de integrá-los, deve o aplicador buscar a interpretação sistemática, compatibilizando-os com todo o sistema normativo, sem deixar de relevar tal valor, diga-se, imprescindível.

A referência à dignidade da pessoa humana engloba em si toda a gama dos direitos fundamentais quer os clássicos individuais, quer aqueles de cunho econômico e social.

Tal aspecto do desenvolvimento é uma garantia e está atrelado e coordenado com todo o texto constitucional, e devemos superar a realidade da pobreza, da indignidade, bem assim da sobrecarga tarifária, cujas consequências impedem a própria prosperidade da nação.

Pensando em termos de comunidade, o direito ao desenvolvimento revela-se como expressão da dignidade da pessoa

---

284. REALE, Miguel. Pessoa, sociedade e história. In: SYMPOSIUM SOBRE DERECHO NATURAL Y AXIOLOGIA. México: Centro de Estudios Filosóficos, 1963, p. 110. Disponível em: https://bit.ly/2xM2Q2T Acesso em: 15 jul. 2019.

humana e da própria cidadania, corolário do reconhecimento desses valores a todos, sem distinção.

À evidência que num Estado Democrático de Direito, a atividade tributária é legitima como meio de realização estatal na persecução de suas finalidades, todavia é necessário criar parâmetros mais eficientes, que conjuguem os valores e princípios prestigiados pelo constituinte. Na hipótese, é a impossibilidade de atingir o mínimo vital.

Devemos, todavia, gerar um funcionamento do sistema estatal adequado e realista, firme e convicto de seus deveres. Compete ao Estado, ademais, o dever de evitar a concentração de riqueza em um grupo determinado — ele deve buscar um sistema tributário que prestigie a existência digna e promova a igualdade de desenvolvimento regional no país.

Efetivamente, complexa a análise e realização de toda a conjugação social, o funcionamento da administração estatal, que observe o comando constitucional de intributabilidade do mínimo vital, respeitada a dignidade da pessoa humana.

Lembrando a lição de Jean-Jacques Rousseau: "Os escravos tudo perdem sob seus grilhões, até o desejo de escapar deles [...]. A força fez os primeiros escravos, sua covardia os perpetuou."[285]

Os grilhões da sociedade contemporânea encontram-se presentes, fortemente, no momento em que deixamos, covardemente, inertes os princípios constitucionais atinentes a garantir a dignidade da pessoa humana. Viver dignamente é direito de todos.

10.5 Capacidade contributiva e mínimo existencial

O princípio da dignidade da pessoa humana, como vimos, determina que se reconheçam os direitos subjetivos do cidadão de obter do Estado prestações positivas, com o fito

---

285. ROUSSEAU, Jean-Jacques. *Do contrato social ou princípios do direito político.* Tradução de Eduardo Brandão; organização e introdução Maurice Cranston. São Paulo: Penguin Classics; Companhia das Letras, 2011, p. 57.

de criar condições para usufruto de uma sobrevivência digna, elemento do chamado mínimo existencial ou vital.

Insere-se tal conceito na órbita jurídica normativa positivada pela Constituição, que, embora implicitamente, traça contornos explícitos muito bem delineados da garantia a esse preceito fundamental do mínimo existencial.

O mínimo vital decorre, além da dignidade da pessoa humana, dos primados da igualdade e liberdade, contidos no subsistema tributário pela efetividade do princípio da capacidade contributiva. Traçar o conteúdo e o limite do mínimo existencial define justamente a eficácia da capacidade contributiva, direito fundamental que traz o núcleo intocável do mínimo vital para o mundo da concreção, finalidade mesma do direito.

O princípio da capacidade contributiva deita raízes na igualdade e é direito fundamental do contribuinte, expresso no art. 145, § 1º, da Constituição Federal: "Sempre que possível, os impostos terão caráter pessoal e serão graduados segundo a capacidade econômica do contribuinte [...]."

Constitui, num Estado Democrático de Direito, o mais importante instrumento para o equilíbrio da relação jurídica Fisco-contribuinte. É direito fundamental que busca, na diretriz da justiça e igualdade, contrabalançar o dever fundamental de recolher tributos que tem o contribuinte, com a sua capacidade econômica, elemento integrante da capacidade contributiva.

Uma das metas mais relevantes a buscar é o ideal de justiça fiscal, concretizando-a toda vez que um tributo leva em consideração a capacidade contributiva do sujeito passivo da relação jurídica tributária, observada a igualdade, ou seja, mesmo tratamento jurídico para contribuintes em idêntica situação fática (art. 5º, I, da CF), além da expressa vedação de tributo com efeito confiscatório.

José Marcos Domingues de Oliveira, relativamente à igualdade tributária, assinala:

> a) Se todos são iguais perante a lei, todos devem ser por ela tributados (princípio da generalidade);

O PRINCÍPIO DA DIGNIDADE DA PESSOA HUMANA
E A NORMA JURÍDICA TRIBUTÁRIA

> b) O critério de igualação ou de desigualação há de ser a riqueza de cada um, pois o tributo visa *(sic)* retirar recursos do contribuinte para manter as finanças públicas; assim pagarão todos os que tenham riqueza; localizados os que têm riqueza (logo, contribuintes), devem todos estes ser tratados igualmente – ou seja – tributados identicamente na medida em que possuírem igual riqueza (princípio da igualdade tributária).[286]

Todas essas vertentes são reflexos imediatos do princípio da capacidade contributiva.

É sabido que o corpo normativo consistente em normas fundamentais protetivas a esses direitos é chamado de "Estatuto do Contribuinte", sendo que a capacidade contributiva é dele forte aliada.

A atividade tributária deve respeitar os direitos fundamentais dos contribuintes, sob pena de flagrante inconstitucionalidade e verdadeiro confisco. Compatibilizar esses postulados constitucionais, de um lado o evidente dever fundamental de pagar tributos ao Estado e, de outro, impedir que tal atribuição estatal invada direitos como os da liberdade e da propriedade, invalidando-os, é tarefa finalística das diretrizes constitucionais.

A tributação encontra sua legitimidade quando há observância da capacidade contributiva. Dela não podemos fugir, se pretendemos ter um verdadeiro Estado Democrático de Direito.

Tal ideia tornou-se mais precisa na Idade Média, pelo que se pode depreender do pensamento de São Tomás de Aquino, para quem cada um devia pagar tributos *secundum facultatem* ou *secundum equilatatem proportionis*.

Em 1776, Adam Smith, em sua obra *A riqueza das nações*, sustentava, como concretização da justiça da imposição fiscal, que todos devessem contribuir para as despesas públicas "na razão de seus haveres", sendo que no atendimento ou não dessa máxima residiria a chamada "igualdade ou desigualdade da tributação".

---

286. OLIVEIRA, José Marcos Domingues. *Direito tributário*: capacidade contributiva: conteúdo e eficácia do princípio. Rio de Janeiro: Renovar, 1998, p. 12.

De fato, remonta aos primórdios da civilização a embrionária ideia de igualdade na tributação, expressa pela capacidade econômica de cada um em contribuir na medida do possível.

Outros acontecimentos associados à capacidade contributiva foram o *Boston Tea Party*, a revolta dos norte-americanos diante da tributação inglesa do chá, em 1773; a Revolução Francesa, em 1789, igualmente demonstrando que o povo não mais aceitava a carga tributária excessiva tanto que a Declaração dos Direitos do Homem e dos Cidadãos passou a determinar a imposição de tributos em conformidade com a capacidade econômica individual; e também a Inconfidência Mineira, também em 1789, contra a tributação imposta pela Coroa portuguesa.

Foi com o Benvenuto Griziotti, em 1929, que a ciência jurídica voltou seu olhar para a capacidade contributiva, que afirmou ser ela o berço da obrigação tributária.

Compreendida como um dos elementos do princípio da justiça, evoluiu para componente do conteúdo material do postulado da igualdade.

Merecem destaque as palavras de Fernando Aurelio Zilveti:

> A capacidade contributiva é o princípio segundo o qual cada cidadão deve contribuir para as despesas públicas na exata proporção de sua capacidade econômica. Isto significa que os custos públicos devem ser rateados proporcionalmente entre os cidadãos, na medida em que estes tenham usufruído da riqueza garantida pelo Estado. Também aceita como capacidade contributiva, a divisão equitativa das despesas na medida da capacidade individual de suportar o encargo fiscal.[287]

A Constituição de 1946 previu tal princípio em seu art. 202, que assim dispõe: "Os tributos terão caráter pessoal sempre que isso for possível, e serão graduados conforme a capacidade econômica do contribuinte."

---

287. ZILVETI, Fernando Aurelio. Capacidade contributiva e mínimo existencial. In: SCHOUERI, Luis Eduardo; ZILVETI, Fernando Aurelio (Coords.). *Direito tributário*: estudos em homenagem a Brandão Machado. São Paulo: Dialética, 1998, p. 38.

O PRINCÍPIO DA DIGNIDADE DA PESSOA HUMANA
E A NORMA JURÍDICA TRIBUTÁRIA

Após longa jornada omissiva do primado da capacidade contributiva nas Constituições que se seguiram, sobreveio a ordem constitucional de 1988, renascendo no mundo do direito positivado tal mandamento (art. 145, § 1º, da CF).

A questão central reside na moldura e conteúdo da capacidade contributiva. É dizer, na esteira de Rubens Gomes de Sousa, que capacidade contributiva é

> a soma de riqueza disponível depois de satisfeitas as necessidades elementares de existência, riqueza essa que pode ser absorvida pelo Estado sem reduzir o padrão de vida do contribuinte e sem prejudicar as suas atividades econômicas.[288]

Ao longo do tempo, como se perdeu de vista o paradigma doutrinário quanto a esse direito fundamental do contribuinte de proteger seu patrimônio, a riqueza a ser tributada, na lição de Rubens Gomes de Sousa, é o *"quantum* a mais, além do mínimo para as necessidades de existência, sem reduzir o padrão de vida do contribuinte"*.

Regina Helena Costa assim elucida a questão:

> No plano jurídico-positivo a capacidade contributiva significa que um sujeito é titular de direitos e obrigações com fundamento na legislação tributária vigente, que é quem vai definir aquela capacidade e seu âmbito. No plano ético-econômico, por sua vez, relaciona-se com a justiça econômica material. Aqui se designa por "capacidade contributiva" a aptidão econômica do sujeito para suportar ou ser destinatário de impostos, que depende de dois elementos: o volume de recursos que o sujeito possui para satisfazer o gravame e a necessidade que tem de tais recursos.[289]

Como há um elemento valorativo a ser buscado pelo intérprete e pelo legislador, no sentido de aferir a aptidão para contribuir com o recolhimento de impostos, podemos firmar a convicção de que para alcançar a justiça tributária, deve-se

---

288. SOUSA, Rubens Gomes de. *Compêndio de legislação tributária*. Ed. póstuma. São Paulo: Resenha Tributária, 1981, p. 95.

289. COSTA, Regina Helena. *Princípio da capacidade contributiva*. 4. ed. atual., rev. e ampl. São Paulo: Malheiros, 2012, p. 26-27.

respeitar o núcleo do mínimo vital, que denota, justamente, a incapacidade dessa aptidão valorada.

Os aspectos indicativos de capacidade contributiva dirigem-se à renda, ao patrimônio ou ao consumo.

Nota-se que os arts. 153, 155 e 156 da Constituição Federal, pertinentes à capacidade contributiva absoluta ou objetiva, indicam os "fatos" possíveis de revelar riqueza, tornando o indivíduo apto para o ulterior dever de pagar impostos para o Estado.

Na dicção constitucional do dispositivo insculpido no art. 145, § 1º, a expressão "sempre que possível" ensejou discussão doutrinária quanto à possibilidade do legislador, facultativamente, graduar os impostos, observada a capacidade econômica.

Na esteira do entendimento de Mizabel Derzi,[290] tal cláusula é imperativa, é comando de aplicação, observada a estrutura normativa constante do aspecto material da hipótese de incidência de determinado imposto.

Destacamos as enfáticas palavras de Misabel Derzi:

> É que a capacidade contributiva é princípio que serve de critério ou de instrumento à concretização dos direitos fundamentais individuais, quais sejam, a igualdade e o direito de propriedade ou vedação do confisco [...] Portanto, o princípio da capacidade contributiva não mais pode ser interpretado à luz da concepção de um Estado de Direito ultrapassado e abstencionista. Ao contrário. A Constituição de 1988 tende à concreção, à efetividade e à consagração de princípios autoaplicáveis, obrigatórios não apenas para o legislador, como também para o intérprete e aplicador da lei.[291]

Feitas essas breves considerações, decorre claramente do exposto que falar de mínimo vital é respeitar o fundamental princípio da capacidade contributiva, espectro da manifestação do postulado da igualdade.

---

290. DERZI, Misabel Abreu Machado, in BALEEIRO, Aliomar. *Limitações constitucionais ao poder de tributar*, cit., Cap. XIV, p. 1.093, nota de atualização 2 a 2.6.

291. Idem.

O PRINCÍPIO DA DIGNIDADE DA PESSOA HUMANA
E A NORMA JURÍDICA TRIBUTÁRIA

O mínimo vital correlaciona-se diretamente com a capacidade contributiva. É definido como a parcela necessária para uma existência digna, protegendo o indivíduo, na condição de limite à atuação estatal tributante.

Embora sem previsão constitucional expressa, deflui implicitamente do princípio da dignidade da pessoa humana, fundamento da nossa República Federativa.

Constitui dever do Estado prover um mínimo existencial, necessidades básicas para uma vida digna. No que pertine à tributação, esse núcleo é intocável, pois pertence a essa categoria isentiva uma determinada faixa populacional que não possui capacidade econômica para contribuir com o Estado, por via da tributação. Pretende-se que possa o indivíduo arcar com suas próprias despesas de moradia, alimentação, saúde, vestuário, não expressando riqueza que vá além dessas necessidades. Para bem da verdade, há camada da população que nem sequer consegue suprir a própria sobrevivência.

Se a tributação atingisse esse mínimo vital, restaria prejudicada a intenção do comando constitucional atinente à capacidade contributiva, impossibilitando o legislador de cumprir seu mister. Além desse aspecto, teríamos o evidente malferimento da dignidade da pessoa humana, o que é inadmissível na ordem constitucional que prestigia o cidadão.

A norma isentiva do mínimo vital se dá por motivo técnico de ausência do pressuposto necessário para a tributação, que é a capacidade contributiva, restando inviável a tributação.

É, sem dúvida, política a ser adotada, tendente a favorecer camada da população mais pobre. Quer se trate de isenção, medida adotada, imprescindível à observância da dignidade da pessoa humana, quer se tenha uma visão de que há incapacidade contributiva, o mais importante é que, ao final, reste protegido esse núcleo essencial de direito fundamental do contribuinte.

Não podemos nos esquecer de que compete igualmente ao Estado a responsabilidade de criar isenções nos impostos

239

indiretos, aqueles cujo ônus econômico recai sobre o contribuinte de fato, o consumidor final, nas hipóteses de imposto sobre consumo.

Ressalte-se ainda que as deduções são medidas imprescindíveis para cumprimento dos comandos constitucionais da dignidade da pessoa humana e da capacidade contributiva. Esse entendimento envolve as pessoas físicas e também as jurídicas.

Outra relevante observação consiste em situar o mínimo vital quanto ao seu conteúdo sob as coordenadas temporal e espacial. Está inserido no conceito de necessidades básicas, submetido à análise pelo legislador, que adotará decisão política de quais serão os componentes do mínimo vital.

Entendemos que se destine à camada mais pobre da sociedade que, não resta dúvida, necessita de amparo estatal e de sua atuação positiva.

Diz Fernando Aurélio Zilveti que "é essencial o respeito ao princípio do mínimo existencial".[292]

É outrossim fundamental que a camada da população que tenha riqueza tributável possua também direito à dedução com educação, moradia, alimentação e vestuário, em sua integralidade. São direitos fundamentais, deveres do Estado não cumpridos efetivamente.

A determinação do mínimo existencial, na qualidade de essencialidade para uma sobrevivência digna e para a apuração efetiva da possível capacidade contributiva do cidadão, é um desafio que encontra obstáculos.

Devemos, todavia, buscar elementos concretos, sob a perspectiva do espaço e do tempo, ou seja, é imprescindível a análise de um dado histórico, em um determinado momento, numa dada sociedade, de forma a quantificar, percentualmente, o núcleo do mínimo vital sujeito à intributabilidade.

---

292. ZILVETI, Fernando Aurelio. Capacidade contributiva e mínimo existencial, in *Direito tributário*: estudos em homenagem a Brandão Machado, cit., p. 45.

O PRINCÍPIO DA DIGNIDADE DA PESSOA HUMANA
E A NORMA JURÍDICA TRIBUTÁRIA

Imperativo percorrer esse *iter* analítico, para atingir a meta que tem o direito, quanto à segurança jurídica do sistema para se atingir uma justiça tributária.

O direito tem por finalidade preservar os valores a ele confiados num Estado Social Democrático de Direito e, igualmente, enfrentar a constante relação de tensão entre a segurança jurídica e a justiça fiscal, nas situações para as quais a positividade do direito deve procurar soluções objetivas, como ao traçar o limite do mínimo existencial.

Compete ao legislador, vez que submetido nosso ordenamento ao princípio da reserva legal, fixar esse *quantum* intributável por meio de lei, criando um quadro normativo do mínimo vital, para garantir a efetividade dos direitos fundamentais.

Não nos resta dúvida alguma de que, nos impostos pessoais sobre o rendimento, o mínimo existencial inclui, por exemplo, as despesas necessárias para a existência física – alimentação, vestuário, habitação, saúde – e existência humana – educação, pois esses são pressupostos do direito à vida e à dignidade.

Nota-se, mais, que o desafio envolve as diversidades regionais que existem no nosso país, a denotar pelas populações de determinados Estados e municípios absolutamente carentes, até mesmo para suprir a própria sobrevivência.

Obviamente, nos países desenvolvidos e ricos, o direito fundamental do mínimo existencial não tem relevância, pois esse direito humano se revela em países com populações pobres, que necessitam de proteção estatal para a obtenção dos bens essenciais para a sobrevivência.

A efetividade dos direitos fundamentais, notadamente na esfera tributária, observado o princípio da capacidade contributiva, de forma a resguardar o mínimo existencial, poderá consolidar em nossa Pátria uma sociedade em que os valores supremos são concretizados, tendo a Constituição como seu baluarte.

CONCLUSÃO

Percebe-se a amplitude que envolve o tema dos direitos fundamentais na seara tributária e, por certo, rumaríamos ao infinito, não fossem os inúmeros cortes metodológicos, com o escopo de conhecermos os balizamentos constitucionais delimitantes do sistema tributário nacional. O caminho foi longo. Chegamos ao fim.

A escola filosófica do constructivismo lógico-semântico nos permitiu exatamente o quanto pretendíamos: adentrar no universo do direito positivo pela linguagem que o cria, a prescritiva de condutas, própria do direito positivo, e a ciência do direito, linguagem descritiva, sendo metalinguagem em relação à primeira. E, ainda, examinar os valores constitucionalmente prescritos em enunciados que têm o homem e seus direitos fundamentais como núcleo protetivo extenso e minudente, com regime jurídico próprio, presente no ápice da cadeia normativa, no Texto Magno.

Para entendermos o percurso da normatividade e da efetividade dos princípios, procuramos expor o longo caminho da dogmática jurídica, a nos dar exata dimensão de quanto foi árdua a tarefa científica para que eles fossem reconhecidos como norma jurídica, dotados de juridicidade e aplicabilidade.

A complexidade das relações humanas salta aos olhos, à luz de um mundo imerso em sombras, insegurança e desconhecimento. O ser humano encontra, dentro do universo jurídico, com anteparo na Constituição, lei suprema, a esperança num futuro em que os enunciados principiológicos relativos aos direitos fundamentais serão efetivados.

O cidadão, com a Constituição de 1988, teve ampliado seu horizonte, no que tange aos direitos fundamentais e respectivas garantias. Ademais são normas jurídicas dotadas de eficácia plena e aplicabilidade imediata, sendo ainda clausulas pétreas. Muito claro, então, o que pretendeu o constituinte, em resposta à época ditatorial. Desde o preâmbulo, e por todo o texto constitucional, percebe-se o prestígio e a relevância dos valores fundamentais nos princípios ocupantes do alto patamar normativo.

A existência digna é corolário da democracia, construindo uma pátria, banidas as discriminações e misérias. A cidadania é exercício de liberdade, indissociável do direito tributário, subsistema do direito positivo que participa essencialmente da concretização desse valor democrático, a demandar a conjugação de princípios como igualdade, propriedade e segurança jurídica.

A intributabilidade do mínimo vital é princípio na acepção de limite objetivo, garantidor da existência digna, devendo o exegeta buscar seu conteúdo, de forma a garantir esse valor fundamental. Da mesma maneira, as normas imunizantes, enunciados intrínsecos da atividade tributante estatal que respeita os direitos do contribuinte, uma relação paritária.

O contribuinte é cidadão! O direito tributário, por via dos enunciados prescritivos e pelas normas jurídicas individuais e concretas, dá efetividade aos direitos fundamentais, dentre eles o princípio da dignidade da pessoa humana, nas vertentes direta e indireta. Toca a realidade social, regulando os comportamentos humanos.

O homem é elemento intercalar das estruturas jurídicas, que as movimenta, e o direito é sistema que possui homogeneidade sintática e heterogeneidade semântica. Assim, perfeito o uso da semiótica na espécie, pois é a heterogeneidade semântica que permite a abertura de conteúdo a permear os valores, pois que condicionados às variantes de tempo, território e cultura. Sempre que falarmos em direito, teremos a presença de valores, conforme amplamente demonstrado no curso desta obra.

A dignidade da pessoa humana é sobreprincípio na acepção de valor, um dos fundamentos da República Federativa

O PRINCÍPIO DA DIGNIDADE DA PESSOA HUMANA
E A NORMA JURÍDICA TRIBUTÁRIA

do Brasil, que irradia efeitos por todo o ordenamento jurídico pátrio. Assim, oportuna a exposição minudente acerca da teoria dos valores e suas características, resultando claro que é o homem quem atribui valor ao objeto, condicionado à sua cultura e ao limite de sua linguagem.

Demonstrou-se que a dignidade da pessoa humana teve seu berço histórico no cristianismo e com a ótica da filosofia ganhou foros de importância nuclear, até chegar ao campo normativo nas Constituições contemporâneas. A filosofia deu-lhe expressão moral e ética e o direito deu-lhe o contorno necessário para, traduzida em linguagem jurídica, tornar-se princípio, em enunciado expresso no topo piramidal normativo.

É na interpretação e aplicação do direito, ou seja, pelo ciclo de positivação, que se deve observar prioritariamente a dignidade humana. A linguagem é o caminho do conhecimento, não há outro. Reduz a complexidade do objeto, e o homem então, como elemento nuclear, constrói a realidade jurídica ou social. Esses condicionamentos determinantes permitem o funcionamento do sistema que, como autopoiético, compõe-se de características específicas de autorreferibilidade, autonomia e identidade, sendo certo que as mudanças originam-se de sua estrutura interna.

As linhas escritas espelharam o nosso sentir de esperança e convicção de que o direito tributário é subsistema realizador dos direitos fundamentais do homem. Ao Judiciário competirá, certamente, a coragem de sair desses pequenos e iniciantes passos e rumar, grandemente, na interpretação extensiva dos princípios atinentes ao Estatuto do Contribuinte.

A nação espera mais, espera novos voos na dogmática jurídica, a expressar a voz que jamais se cala: garantia de estrutura estatal e seu pleno e eficiente funcionamento, em igualdade com os direitos fundamentais dos contribuintes, na construção de uma sociedade justa, solidária e fraterna, na qual a dignidade da pessoa humana tenha efetividade na fenomenologia da incidência jurídico-tributária.

REFERÊNCIAS

ADEODATO, João Maurício Leitão. *Uma teoria retórica da norma jurídica e do direito subjetivo*. São Paulo: Noeses, 2011.

ALEXY, Robert. *Sistema jurídico, principios jurídicos y razón práctica*. Traducción de Manuel Atienza. *Doxa*, Alicante, Universidade de Alicante, n. 5, p. 139-151, 1988.

_____. *Teoria dos direitos fundamentais*. Tradução de Virgílio Afonso da Silva. São Paulo: Malheiros, 2008.

ARAUJO, Luiz Alberto David; NUNES JÚNIOR, Vidal Serrano. *Curso de direito constitucional*. 17. ed. atual. até a EC n. 71 de 29 de novembro de 2012. São Paulo: Verbatim, 2013.

ARENDT, Hannah. *A condição humana*. Tradução de Roberto Raposo, revisão técnica e apresentação de Adriano Correa. 12. ed. rev. Rio de Janeiro: Forense Universitária, 2014.

ARNAUD, André-Jean et al. (Dir.). *Dictionnaire encyclopédique de théorie et de sociologie du droit*. Paris: Librairie Générale de Droit et de Jurisprudence, 1988.

ATALIBA, Geraldo. *Hipótese de incidência*. 6. ed. 14. tiragem. São Paulo: Malheiros, 2013.

_____. *República e Constituição*. 3. ed. São Paulo: Revista dos Tribunais, 1985.

ÁVILA, Humberto. *Segurança jurídica*: entre a permanência, mudança e realização no direito tributário. 2. ed. rev., atual. e ampl. São Paulo: Malheiros, 2012.

_____. *Teoria dos princípios*: da definição à aplicação dos princípios jurídicos. 14. ed. atual. São Paulo: Malheiros, 2013.

BALEEIRO, Aliomar. *Direito tributário brasileiro*. 12. ed. rev., atual. e ampl. por Misabel Abreu Machado Derzi. Rio de Janeiro: Forense, 2013.

_____. *Uma introdução à ciência das finanças*. 15. ed. rev. e atual. por Dejalma de Campos. Rio de Janeiro: Forense, 1988.

_____. *Limitações constitucionais ao poder de tributar*. 8. ed., atual. por Misabel Abreu Machado Derzi. Rio de Janeiro: Forense, 2010.

BARRETO, Aires Fernandino. *ISS na Constituição e na lei*. 3. ed. São Paulo: Dialética, 2009.

_____; BARRETO, Paulo Ayres. *Imunidades tributárias*: limitações constitucionais ao poder de tributar. 2. ed. São Paulo: Dialética, 2011.

BARRETO, Paulo Ayres. *Contribuições*: regime jurídico, destinação e controle. 2. ed. São Paulo: Noeses, 2011.

BARROSO, Luís Roberto. *Interpretação e aplicação da Constituição*: fundamentos de uma dogmática constitucional transformadora. 5. ed. rev. atual e ampl. São Paulo: Saraiva, 2003.

BASTOS, Celso Ribeiro; MARTINS, Ives Gandra da Silva. *Comentários à Constituição do Brasil*: promulgada em 5 de outubro de 1988. 2. ed. São Paulo: Saraiva, 2001, v. 1.

BECKER, Alfredo Augusto. *Teoria geral do direito tributário*. 5. ed. São Paulo: Noeses, 2010.

BOBBIO, Norberto. *A era dos direitos*. Rio de Janeiro: Elsevier, 2004.

_____. *Teoria geral do direito*. Tradução de Denise Agostinetti. 3. ed. São Paulo: Martins Fontes, 2010.

_____. *Teoria do ordenamento jurídico*. Tradução de Maria Celeste Cordeiro Leite dos Santos; revisão técnica de Claudio de Cicco. 7. ed. Brasília: Universidade de Brasília (UnB), 1996.

BONAVIDES, Paulo. *Curso de direito constitucional*. 27. ed. atual. São Paulo: Malheiros, 2012.

_____. *Do estado liberal ao estado social*. 6. ed. rev. ampl. São Paulo: Malheiros, 1996.

BORGES, José Souto Maior. O princípio da segurança na Constituição Federal e a Emenda Constitucional 45/2004: implicações fiscais. In: PIRES, Adilson Rodrigues; TORRES, Heleno Taveira (Orgs.). *Princípios de direito financeiro e tributário*: estudos em homenagem ao professor Ricardo Lobo Torres. Rio de Janeiro: Renovar, 2006.

_____. Segurança jurídica: sobre a distinção entre competências fiscais para orientar e atuar contribuinte. *Revista de Direito Tributário*, São Paulo, n. 100, p. 19-26, 2008.

CALMES, Sylvia. *Du principe de protection de la confiance légitime en droits allemand, communautaire et français*. Paris: Dalloz, 2001.

CANOTILHO, José Joaquim Gomes. *Constituição dirigente e vinculação do legislador*: contributo para compreensão das normas constitucionais programáticas. Coimbra: Coimbra Editora, 1982.

_____. *Direito constitucional*. 6. ed. rev. Coimbra: Almedina, 1993.

_____. *Direito constitucional e teoria da Constituição*. 7. ed. Coimbra: Almedina, 2009.

_____. *Estudos sobre direitos fundamentais*. 1. ed. brasileira, 2. ed. portuguesa. São Paulo: Revista dos Tribunais; Coimbra: Coimbra Editora, 2008.

CARRAZZA, Elizabeth Nazar. *IPTU e progressividade*. Curitiba/PR: Juruá, 1992.

CARRAZZA, Roque Antonio. *Curso de direito constitucional tributário*. 30. ed., rev., ampl. e atual. até a Emenda constitucional n. 84/2014. São Paulo: Malheiros, 2015.

_____. *Imunidades tributárias dos templos e instituições religiosas*. São Paulo: Noeses. 2015.

_____. *Reflexões sobre a obrigação tributária*. São Paulo: Noeses. 2006.

CARVALHO, Aurora Tomazini de. *Curso de teoria geral do direito*: o constructivismo lógico-semântico. 2. ed. São Paulo: Noeses, 2010.

CARVALHO, Paulo de Barros. A certeza nas relações jurídicas tributárias. Conferência de abertura do XXVIII Congresso de Direito Tributário. *Revista de Direito Tributário*, São Paulo, Malheiros, n. 123, p. 16, 2015.

_____. *Curso de direito tributário*. 23. ed. São Paulo: Saraiva, 2011.

_____. *Derivação e positivação no direito tributário*. São Paulo: Noeses, 2011, v. 1.

_____. *Direito tributário, linguagem e método*. 4. ed. São Paulo: Noeses, 2011.

_____. *Direito tributário*: fundamentos jurídicos da incidência. 9. ed. São Paulo: Saraiva, 2012.

_____. Estatuto do contribuinte, direitos, garantias individuais em matéria tributária e limitações constitucionais nas relações entre fisco e contribuinte. *Vox Legis*, São Paulo, Sugestões Literárias, v. 12, n. 141, p. 33-54, set. 1980.

COMPARATO, Fábio Konder. *A afirmação histórica dos direitos humanos*. 4. ed. rev. e atual. São Paulo: Saraiva, 2005.

COSTA, Regina Helena, *Curso de direito tributário*: Constituição e Código Tributário Nacional. 3. ed. rev., atual. e ampl. São Paulo: Saraiva, 2013.

_____. *Princípio da capacidade contributiva*. 4. ed. atual., rev. e ampl. São Paulo: Malheiros, 2012.

DERZI, Misabel Abreu Machado. Mutações, complexidade, tipo e conceito, sob o signo da segurança e da proteção da confiança. In: TORRES, Heleno Taveira (Coord.). *Tratado de direito constitucional tributário*: estudos em homenagem a Paulo de Barros Carvalhos. São Paulo:Saraiva, 2005, p. 245-284.

DWORKIN, Ronald. *Taking rights seriously*. 16. ed. Cambridge, MA: Harvard University Press, 1978.

ESPÍNDOLA, Ruy Samuel. *Conceito de princípios constitucionais*. São Paulo: Revista dos Tribunais, 1999.

FERRARA, Francesco. *Interpretação e aplicação das leis*. 2. ed. Tradução de Manuel A. Domingues de Andrade. São Paulo: Saraiva, 1940.

FERRAZ JUNIOR, Tercio Sampaio. *Introdução ao estudo do direito, técnica, decisão, dominação*. 6. ed. rev. e ampl., 4. reimpr. São Paulo: Atlas, 2012.

_____. Segurança jurídica e normas gerais tributárias. *Revista de Direito Tributário*, São Paulo, v. 5, n. 17/18, p. 51-56, jul./dez. 1981.

FERREIRA, Aurélio Buarque de Holanda. *Novo dicionário da língua portuguesa*. 2. ed. Rio de Janeiro: Nova Fronteira, 1986.

FLUSSER, Vilém. *Língua e realidade*. 2. ed. São Paulo: Annablume, 2004.

GAMA, Tácio Lacerda. *Competência tributária*: fundamentos para uma teoria da nulidade. 2. ed. rev. ampl. São Paulo: Noeses, 2011.

GONÇALVES, Guilherme Leite; VILLAS BÔAS FILHO, Orlando. *Teoria dos sistemas sociais*: direito e sociedade na obra de Niklas Luhmann. São Paulo: Saraiva, 2013.

GRAU, Eros Roberto. *A ordem econômica na Constituição de 1988*. 16. ed. rev. e atual. São Paulo: Malheiros, 2014.

HÄBERLE, Peter. A dignidade humana e a democracia pluralista: seu nexo interno. In: SARLET, Ingo Wolfgang (Org.).

Direitos fundamentais, informática e comunicação: algumas aproximações. Porto Alegre: Livraria do Advogado, 2007.

HESSE, Konrad. *Força normativa da Constituição*. Tradução de Gilmar Ferreira Mendes. Porto Alegre, RS: Sergio Antonio Fabris, 1991.

HUSSERL, Edmund. *Investigações lógicas*: sexta investigação: elementos de uma elucidação fenomenológica do conhecimento. São Paulo: Nova Cultural, 2005.

KANT, Immanuel. *Fundamentação da metafísica dos costumes*. Tradução de Paulo Quintela. Lisboa: Edições 70, 2007. (Textos Filosóficos).

KAUFMANN, Matthias. *Em defesa dos direitos humanos*: considerações históricas e de princípio. Tradução de Rainer Patriota. São Leopoldo-RS: Unisinos, 2013.

KELSEN, Hans. *Teoria pura do direito*. Tradução de João Baptista Machado. 8. ed. 5. tiragem. São Paulo: Martins Fontes, 2015.

LASSALE, Ferdinand. *O que é a Constituição?* Tradução de Ricardo Rorigues Gama. 2. ed. Campinas: Russell, 2007.

LINS, Robson Maia. *Controle de constitucionalidade da norma tributária*: decadência e prescrição. São Paulo: Quartier Latin, 2005.

_____. A jurisprudência do Supremo Tribunal Federal e a imunidade do art. 150, VI, b, da Constituição Federal. In: MARTINS, Ives Gandra da Silva; CARVALHO, Paulo de Barros (Orgs.). *As imunidades das instituições religiosas*. São Paulo: Noeses, 2015.

_____. As normas jurídicas e o tempo jurídico. In: ROBLES, Gregorio; CARVALHO, Paulo de Barros (Coords.). *Teoria comunicacional do direito*: diálogo entre Brasil e Espanha. São Paulo: Noeses, 2011, p. 481-502.

_____. O Supremo Tribunal Federal e norma jurídica: aproximações com o constructivismo lógico-semântico. In: HARET, Florence; CARNEIRO, Jerson (Coords.). *Vilém Flusser e juristas*: comemoração dos 25 anos do grupo de estudo de Paulo de Barros Carvalho. São Paulo: Noeses, 2009, p. 367-396.

LUHMANN, Niklas. Iluminismo sociológico. In: SANTOS, José Manuel (Org.). *O pensamento de Niklas Luhmann*. Covilhã: Universidade da Beira Interior, 2005, p. 19-70. Disponível em: https://bit.ly/2XMzEIw Acesso em: 15 jul. 2019.

_____. Sociologia como teoria dos sistemas sociais. In: SANTOS, José Manuel (Org.). *O pensamento de Niklas Luhmann*. Covilhã: Universidade da Beira Interior, 2005, p. 70-119. Disponível em: https://bit.ly/2XMzEIw Acesso em: 15 jul. 2019.

MATURANA, Humberto; VARELA, Francisco. *A árvore do conhecimento*. Tradução de Jonas Pereira dos Santos. Campinas: PSY II, 1995.

MAXIMILIANO, Carlos. *Hermenêutica e aplicação do direito*. 10. ed. Rio de Janeiro: Freitas Bastos, 1988.

MELLO, Celso Antônio Bandeira de. *Curso de direito administrativo*. 9. ed. rev., atual. e ampl. São Paulo: Malheiros, 1997.

MELLO FILHO, José Celso de. *Constituição federal anotada*. São Paulo: Saraiva, 1984.

MENDES, Gilmar Ferreira; COELHO, Inocêncio Mártires; BRANCO, Paulo Gustavo Gonet. *Curso de direito constitucional*. 5. ed. rev. e atual. São Paulo: Saraiva; Instituto Brasileiro de Direito Público, 2010.

MIRANDA, Jorge. *Manual de direito constitucional*. 4. ed. Coimbra: Coimbra Editora, 1990. v. 1, t. 2.

_____. *Manual de direito constitucional*: direitos fundamentais. 3. ed. Coimbra: Coimbra Editora, 2000. v. 4.

MIRANDA, Pontes de. *O problema fundamental do conhecimento*. 2. ed. Rio de Janeiro, Borsoi, 1972.

MORAES, Alexandre de. *Direitos humanos fundamentais*: teoria geral: comentários aos arts. 1º a 5º da Constituição da República do Brasil: doutrina e jurisprudência. 3. ed. São Paulo: Atlas, 2000.

NUNES Luiz Antonio Rizzato. *O princípio constitucional da dignidade da pessoa humana*: doutrina e jurisprudência. 3. ed. São Paulo: Saraiva, 2010.

OLIVEIRA, José Marcos Domingues. *Direito tributário*: capacidade contributiva: conteúdo e eficácia do princípio. Rio de Janeiro: Renovar, 1998.

RAWLS, John. *Uma teoria da justiça*. Brasília: Editora Universidade de Brasília, 1981.

REALE, Miguel. *Filosofia do direito*. 11. ed. São Paulo: Saraiva, 1986.

_____. *Introdução à filosofia*. 3. ed. São Paulo: Saraiva, 1994.

_____. *Pessoa, sociedade e história*. In: SYMPOSIUM SOBRE DERECHO NATURAL Y AXIOLOGIA. México: Centro de Estudios Filosóficos, 1963. p. 110. Disponível em: https://bit.ly/2xM2Q2T Acesso em: 15 jul. 2019.

ROCHA, Cármem Lúcia Antunes. O princípio da dignidade da pessoa humana e a exclusão social. *Interesse Público*, Belo Horizonte, v. 1, n. 4, p. 23-48, out./dez. 1999. Disponível em: https://bit.ly/2XIB4UA Acesso em: 15 jul. 2019.

_____. *Princípios constitucionais da administração pública*. Belo Horizonte: Del Rey, 1994.

ROTHENBURG, Walter Claudius. *Princípios constitucionais*. Porto Alegre: Sérgio Antonio Fabris, 1999.

ROUSSEAU, Dominique. *Les libertés individuelles et la dignité de la personne humaine*. Paris: Montchrestien, 1998.

ROUSSEAU, Jean-Jacques. *Do contrato social ou princípios do direito político*. Tradução de Eduardo Brandão; organização e introdução Maurice Cranston. São Paulo: Penguin Classics; Companhia das Letras, 2011.

SANTOS, José Manuel. Apresentação. In: SANTOS, José Manuel (Org.). *O pensamento de Niklas Luhmann*. Covilhã: Universidade da Beira Interior, 2005. p. 10-18. Disponível em: https://bit.ly/2XMzEIw Acesso em: 15 jul. 2019.

SARLET, Ingo Wolfgang. *Dignidade da pessoa humana e direitos fundamentais na Constituição Federal de 1988*. 9. ed. rev. e atual. Porto Alegre: Livraria do Advogado, 2012.

_____. *A eficácia dos direitos fundamentais*: uma teoria geral dos direitos fundamentais na perspectiva constitucional. 12. ed. rev., atual. e ampl. Porto Alegre: Livraria do Advogado, 2015.

SCAVINO, Dardo. *La filosofía actual*: pensar sin certezas. Buenos Aires: Paidós Postales, 1999.

SILVA, José Afonso. *Curso de direito constitucional positivo*. 36. ed. rev. e atual. até a Emenda constitucional n. 71, de 29.11.2012. São Paulo: Malheiros, 2013.

SOUSA, Rubens Gomes de. *Compêndio de legislação tributária*. Ed. póstuma. São Paulo: Resenha Tributária, 1981.

_____; ATALIBA, Geraldo; CARVALHO, Paulo de Barros. *Comentários ao Código Tributário Nacional*: parte geral. 40 anos do Código Tributário Nacional. 2. ed. São Paulo: Quartier Latin, 2007.

STRECK, Lenio Luiz. *Hermenêutica jurídica em crise*: uma exploração hermenêutica da construção do direito. Porto Alegre: Livraria do Advogado, 1999.

TELLES JUNIOR, Goffredo. *O direito quântico*. 8. ed. São Paulo: Max Limonad, 2006.

TOMÉ, Fabiana Del Padre. *A prova no direito tributário*. 3. ed. São Paulo: Noeses, 2012.

_____. Vilém Flusser e o constructivismo lógico-semântico. In: HARET, Florence; CARNEIRO, Jerson (Coords.). *Vilém Flusser e juristas*: comemoração dos 25 anos do grupo de estudo de Paulo de Barros Carvalho. São Paulo: Noeses, 2009, p. 321-342.

TORRES, Heleno Taveira. *Direito constitucional tributário e segurança jurídica*: metódica da segurança jurídica do sistema constitucional tributário 2. ed. rev., atual. e ampl. São Paulo: Revista dos Tribunais, 2012.

TORRES, Ricardo Lobo. *O direito ao mínimo existencial*. Rio de Janeiro: Renovar, 2009.

VILANOVA, Lourival. *Causalidade e relação no direito*. São Paulo: Saraiva, 1989.

_____. *Escritos jurídicos e filosóficos*. São Paulo: Axix Mundi; IBET, 2003. v. 1-2.

_____. *As estruturas lógicas e o sistema do direito positivo*. São Paulo: Noeses, 2005.

_____. Notas para um ensaio sobre a cultura. In: ____. *Escritos jurídicos e filosóficos*. São Paulo: Axix Mundi; IBET, 2003. v. 2, p. 285-286.

_____. O problema do objeto da teoria geral do Estado. In: ____. *Escritos jurídicos e filosóficos*. São Paulo: Axix Mundi; IBET, 2003, v. 1.

VILANOVA, Lourival. Proteção jurisdicional dos direitos numa sociedade em desenvolvimento. In: CONFERÊNCIA NACIONAL DA ORDEM DOS ADVOGADOS DO BRASIL, 4., 1970, Recife, PE. *Anais...* São Paulo: Ordem dos Advogados do Brasil, 1970. p. 134-153.

WALDRON, Jeremy. Dignity and rank. *European Journal of Sociology*, v. 48, n. 2, p. 201–237, 2007.

WITTGENSTEIN, Ludwig. *Tractatus logico-philosophicus*. São Paulo: EDUSP, 1994.

WRÓBLEWSKI, Jerzy. Principes du droit. In: ARNAUD, André-Jean et al. (Dir.). *Dictionnaire encyclopédique de théorie et de sociologie du droit*. Paris: Librairie Générale de Droit et de Jurisprudence; Bruxelles: E. Story-Scientia, 1988.

ZILVETI, Fernando Aurelio. Capacidade contributiva e mínimo existencial. In: SCHOUERI, Luis Eduardo; ZILVETI, Fernando Aurelio (Coords.). *Direito tributário*: estudos em homenagem a Brandão Machado. São Paulo: Dialética, 1998.